Susanne Fuchs

Der Verlust der Eindeutigkeit

Annäherung an Individuum und Gesellschaft

Klett-Cotta

Klett-Cotta
www.klett-cotta.de
© J. G. Cotta'sche Buchhandlung Nachfolger GmbH, gegr. 1659,
Stuttgart 2007
Alle Rechte vorbehalten
Fotomechanische Wiedergabe nur mit Genehmigung des Verlages
Printed in Germany
Schutzumschlag und Foto: Roland Sazinger, Stuttgart
Gesetzt aus der Carniola von Kösel, Krugzell
Auf säure-und holzfreiem Werkdruckpapier gedruckt und gebunden von
fgb, freiburger graphische betriebe
ISBN 978-3-608-94455-6

Bibliographische Information der Deutschen Nationalbibliothek
Die Deutsche Bibliothek verzeichnet diese Publikation in der Deutschen
Nationalbibliographie; detaillierte bibliographische Daten sind im
Internet über <http://dnb.d-nb.de> abrufbar.

Inhalt

EINLEITUNG

Als ich mich 1993 zum ersten Mal in den Vereinigten Staaten auf-
hielt, nahm mir das Ausmaß der Produktdifferenzierung, mit dem
ich dort unter anderem auch im Nahrungsmittelbereich konfrontiert wurde, zunächst den Atem, später dann den Appetit. Tapfer
machte ich von meiner neuen Wahlfreiheit Gebrauch, kostete hier
ein Sandwich mit *tuna*, dort eins mit *egg salad* und schreckte auch
vor den unendlich vielen Variationen der *bagels* (inklusive verschiedener Belag-Kombinationen) und *muffins* nicht zurück, ganz zu
schweigen von den *pancakes* mit verschiedenen *toppings*. Nicht nur
mein Magen war hier gefordert, sondern auch Entscheidungsfreude,
denn die – wie ich bald zugeben mußte – manchmal wunderbar
handlungsentlastende Sentenz »Ham wa nich!«, die ich in der Hei-
mat so oft und so leichtfertig verflucht hatte, war im Land der unbegrenzten Möglichkeiten nie zu hören. Im Gegenteil: Man kam gar
nicht dazu, etwas zu begehren, das nicht auf der Karte stand, weil
das unüberschaubare Angebot bereits die ganze Welt zu präsentieren schien.

Also entschied ich, was auch immer zu entscheiden war, und
lernte dabei dreierlei: Erstens führt die scheinbar unendliche Freiheit der Auswahl und der Kombination leicht zur Paralyse – allein
das Studium der Speisekarte, in der die vielfältigen Varianten der
einzelnen Module eines Sandwichs oder eines Frühstücks vorgestellt werden, dauert wesentlich länger als der Genuß der so mühe-
voll zusammengestellten Mahlzeit. Diese Speisekarte verdammt
den Gast zur Geschichtslosigkeit und macht die Ausbildung von stabilen Gewohnheiten unmöglich: Ich muß mich immer wieder, bei
jedem Frühstück, zwischen *allen* Zutaten in *allen* Variationen und
in *allen* Kombinationsmöglichkeiten entscheiden. Meine letzte Entscheidung führt also nicht etwa dazu, daß beim nächsten Mal weniger auf der Karte steht. Beharre ich auf meiner letzten Entschei-

dung, so kann ich sie nicht problemlos in den Status der Gewohnheit überführen, sondern bin immer wieder mit der immerwährenden Präsenz der Alternativen konfrontiert. Ich muß also auch die immer gleiche Entscheidung immer wieder neu, nämlich gegen alle anderen Möglichkeiten, bestätigen. Die Freiheit zur Entscheidung entpuppte sich hier bald als enervierender Zwang, der um so lästiger wurde, je näher ich Lektion zwei kam.

Sie bestand in der Einsicht, daß die meisten der möglichen Kombinationen so unterschiedlich nicht schmecken, *strawberry topping* und *blueberry topping* sind nämlich vor allem eins: süß, und zwar beide gleichermaßen. Die Produktdifferenzierung, die etwa im *house of pancakes* mit dem schier unglaublichen Angebot von mehr als 40 verschiedenen *toppings* auf dem Gebiet der möglichen Aufstriche für Eierkuchen immer neue Geschmackserlebnisse garantieren soll, erweist sich auch dem aufgeschlossenen Testesser schnell als Oberflächendifferenzierung und damit als Enttäuschung.[1]

Drittens, mir wird nach fünf *pancakes* übel, und ein ordentliches *crêpe* ist im *house of pancakes* trotz aller Wahlmöglichkeiten nicht zu bekommen.

Kurz gesagt geht es in dieser Studie um die drei Lektionen aus dem *house of pancakes*, die, wie ich meine, die wesentlichen Herausforderungen im täglichen Leben eines Bewohners der reflexiv gewordenen Moderne umfassen. Lektion 1 formuliert die Einsicht in die Probleme, die eine zunehmende Freisetzung individueller Handlungsentwürfe von sozial normierten Wertvorstellungen verursacht und in den daraus resultierenden Zwang zur intelligenten Selbstbindung unter der Zumutung der immer vorhandenen Präsenz von Alternativen. Die Welt präsentiert sich hier als scheinbar

---

[1] Damit löste sich ein anderes Problem: Wurden mir nämlich die verschiedenen Wahlmöglichkeiten von einem beseelten Dienstleister mit offenbar unerschöpflicher Gedächtniskapazität in rasender Geschwindigkeit vorgetragen, so war ich dazu verdammt, nicht nach Geschmack, sondern nach Maßgabe meiner eigenen, höchst unzulänglichen Merkfähigkeit zu entscheiden. Aber es machte nichts, siehe Lektion 2, und allzu gewagte Wunsch-Kombinationen wurden vom Personal stets taktvoll mit dem Verweis auf erprobte Alternativen beantwortet.

unerschöpfliche bunte Produktpalette und legt selbst auf den ersten Blick nicht nur keine Auswahl nahe, sie schließt auch keine Kombinationsmöglichkeiten oder -abfolgen aus. Die Speisekarte der Welt bleibt nicht nur immer gleichermaßen überausgestattet, sondern, so werde ich in dieser Arbeit argumentieren, die Welt belohnt auch die individuelle Fähigkeit, sich diese Ausstattung zu erhalten und möglichst wenig, möglichst spät erst auszuschließen. Konkret wird dies in der jüngeren Generation bereits ganz unsentimental konzediert, wie jeder erfahren kann, der Studenten nach den Fähigkeiten fragt, derer es ihrer Ansicht nach bedarf, um sich erfolgreich auf dem Arbeitsmarkt zu etablieren. Weder wird hier angegeben, berufsspezifische Fähigkeiten seien von Vorteil, noch werden Sekundärtugenden wie Pünktlichkeit oder Zuverlässigkeit angesprochen. »Sich schnell in neue Zusammenhänge einarbeiten«, »offen sein für neue Entwicklungen«, »Teamfähigkeit«, »soziale und kommunikative Kompetenz«, das sind die neuen Schlüsselqualifikationen.[2] Die Aneignung von Qualifikationen, die auf einer etwas konkreteren Ebene lokalisiert sind, wird dagegen für problematisch, wenn nicht sogar für gefährlich gehalten. Sie werden durch neue Entwicklungen schnell überflüssig, und dies ist um so ärgerlicher, je mehr Zeit man in ihren Erwerb investiert hat. Ich behaupte, daß diese »Anreizstruktur« erstens für die Kohorten, die nach 1965 geboren sind, zunehmend relevant wird, daß sie zweitens weit über die Teilnahme an der Erwerbsökonomie hinaus die Gestaltung der gesamten Biographie bestimmt und daß sie drittens beschrieben werden kann als *double bind*, also als eine Konstellation, die in der Psychologie als pathogen verstanden wird. Diese Struktur halte ich für das eigentliche Charakteristikum einer reflexiv gewordenen Moderne. Damit unterscheidet sich meine Verwendung des Konzepts der reflexiven

---

[2] Jahrelang rätselte ich, warum immer mehr Studenten sozialwissenschaftlicher Fächer auf die Nachfrage, weshalb sie nun gerade Soziologie oder Politikwissenschaft studierten, regelmäßig angaben: »Um später gute berufliche Aussichten zu haben.« Genau hier jedoch werden relativ unspezifische analytische Fähigkeiten vermittelt, die es zwar nicht erlauben, die Welt zu formen oder sie gar zu beherrschen, aber doch sie zu verstehen und ihr auf der Spur zu bleiben.

Moderne weitgehend von der Deutung von Ulrich Beck (vgl. 1986; 1993; mit Bonß 2001; mit Lau 2004).

Der *double bind* konfrontiert das Individuum nicht primär mit der Gefahr, eine falsche Entscheidung zu treffen, sie war für jeden Entscheidenden zu jeder Zeit präsent. Es geht auch nicht um die Versuchung, getroffene Entscheidungen zu revidieren; auch mit dieser Last wurde wohl zu allen Zeiten gelebt, wenn die Opportunitätskosten für die Revisionen auch variierten. Es geht um die Diskreditierung des Entscheidens an und für sich oder auch um die Belohnung der Entscheidungsvermeidung, denn jede echte Entscheidung, die also Möglichkeiten ausschließt und Pfadabhängigkeiten etabliert, ist hier potentiell falsch.

Schlimmer noch: Sie ist banal, wenn die präsenten und erreichbaren Alternativen offenbar gleichwertig sind, wie es Lektion 2 nahelegt. Lektion 3 verschärft das Dilemma dadurch, daß die Handlungsentwürfe *de facto* so freigesetzt dann doch nicht sind, aber ihre Beschränkungen und Festlegungen durch die Vielfalt der *sichtbaren* und *verfügbaren*, doch letztlich wenig unterschiedenen Optionen wesentlich schwerer zu fassen und damit zu verändern sind als jemals zuvor. Die Illusion, alles sei gleichermaßen verfügbar, aber auch gleichermaßen (wenig) begehrenswert, führt dann unter Umständen zu einem Verlust der Unterscheidungsfähigkeit. Das heißt also, Oberflächendifferenzierung produziert Oberflächennivellierung.

Zusammengenommen evozieren diese drei Thesen eine Situation, in der die Dyade moderne Gesellschaft und individualisierte Persönlichkeit nicht mehr in einem sich gegenseitig bedingenden Spannungsverhältnis, sondern einander feindlich gegenüberzustehen scheinen. Das behauptet auch der Autor Michel Houellebecq in seinem Roman »Elementarteilchen« (1999), der wohl nicht umsonst den Status eines Schlüsselromans der späten Moderne errungen hat. Houellebecqs Entscheidung gegen den Individualisten und für die Gesellschaft in Form der Masse der geklonten Sozialwesen, die den Menschen ersetzen, ist motiviert durch die Leiden des modernen Individualisten. Er scheitert daran, die eigene Person jenseits der Banalität der unbeschränkten Freiheit, das *dressing* selbst zu wählen, zu verankern. Durch diese Vergeblichkeit, die er als Unfähigkeit allein dem Individuum zuschreibt, sieht Houellebecq *Gesellschaft* bedroht. Sie gilt es in seiner Sicht gegen die vollindividualisierten Elementarteilchen zu bewahren. Damit ist sein Roman zwar immer noch literarisch bemerkenswert, aber in seinem Thesen eher dem *mainstream* der Kulturkritik zuzuordnen.

Ich werde mich in dieser Arbeit mit den weithin geteilten Beobachtungen dieser Leiden befassen und sowohl eine Analyse der Ursachen als auch der möglichen Zukunftsszenarien anbieten. Ein außer Rand und Band geratener Individualismus, so der Verdacht, der an dieser Stelle üblicherweise formuliert wird, führt zu bindungsunfähigen Egomanen, die, scheinbar paradox, an ihrer Freiheit in unappetitlicher und sozialschädlicher Manier zugrunde gehen. Zu weit ging die Befreiung von inneren und äußeren Zwängen, zu heftig wurde väterliche und kulturelle Autorität demontiert, und nun führt kein Weg mehr zu einem »gesünderen« Verhältnis zwischen Zwang und Entfaltung zurück. Exemplarisch wird diese Situationsanalyse immer wieder in der Diskussion um die narzißtische Gesellschaft angeboten, die als Zeitdiagnose seit über 30 Jahren die geisteswissenschaftliche Krisenliteratur anregt (dazu exemplarisch Lasch 1995; Ehrenberg 2004).

Gegen dieses Verständnis der späten Moderne wende ich mich mit einem Modernisierungsversuch eines brillanten Essays von Georg Simmel, in dem er den Idealtypus von Gesellschaft entwirft – und unmißverständlich deutlich macht, daß Gesellschaft und individualisierte Persönlichkeit einander nicht nur sozial, sondern auch logisch voraussetzen und also auch nicht ohne einander zu denken sind.

Georg Simmel, einer der Gründerväter der Soziologie, gehört, anders als seine Kollegen Max Weber und Emile Durkheim, nicht unbedingt zur Pflichtlektüre eines angehenden Soziologen. Das mag sich aus der thematischen Vielfalt seiner Schriften und dem (im besten Sinne) essayistischen Stil seiner Abhandlungen erklären, der es schwierig macht, eine Fragestellung mit Simmelscher Methode zu bearbeiten. Dies liegt einerseits an der Methode selbst, die sich als solche nicht auf den ersten Blick zu erkennen gibt. Andererseits scheint es bei flüchtiger Betrachtung, als hätte der Autor Simmel sich in seinen Schriften zu fast allen möglichen Themen, sei es die Mode oder die Eifersucht, sei es der Adel, das Geld oder das urgermanische Sippschaftsverhältnis, geäußert und als sei die Einheit des Werkes weniger in einem expliziten Verständnis der soziologischen Disziplin, sondern eher in einer inspirierten und spezifisch Simmelschen Betrachtung der *faits sociaux* zu finden. Ist das sicher nicht ganz von der Hand zu weisen, so unterschätzt diese Herangehensweise an sein Werk doch den programmatischen Gehalt und die inhaltliche Kontinuität seiner Schriften, die weniger in den konkret abgehandelten Sujets zu finden ist als in der Form der Analyse, die immer wieder aus soziologischen Miniaturen die Prinzipien der Vergesellschaftung zu verstehen sucht und von diesen wieder zurück zur Miniatur geht.

Die Leitfrage in Simmels Untersuchungen ist die nach der individuellen Natur des Sozialen und der sozialen Natur der Individualität. Eine für Simmelsche Verhältnisse schon fast pointiert zu nennende Antwort findet sich in seiner großen »Soziologie« (1992 [1908]) in dem Essay »Wie ist Gesellschaft möglich?« (ebd. 42–61). Auf 19 Seiten formuliert Simmel hier drei Bedingungen (A priori), die erfüllt sein müssen, damit ein Individuum vergesellschaftet ist. Die ersten beiden entwickelt er als Kategorien der Wahrnehmung, das dritte A priori dagegen beschreibt auch eine gesellschaftliche Strukturbedingung. Die erste Bedingung besteht in der Sozialisierung der Individualität des Anderen in meiner Wahrnehmung durch die »... Veränderungen und Ergänzungen ... der Umbildung jener gegebenen Fragmente zu der Allgemeinheit eines Typus und zu der Vollständigkeit der ideellen Persönlichkeit« (Simmel 1992 [1908]: 49).

Die zweite Bedingung beschreibt nicht nur eine soziale, sondern auch eine logische Bedingung für Gesellschaft, die darin besteht, »... daß das Leben nicht ganz sozial ist, wir formen unsere Wechselbeziehungen nicht nur unter der negativen Reserve eines in sie nicht eintretenden Teiles unserer Persönlichkeit; dieser Teil wirkt nicht nur auf die sozialen Vorgänge in der Seele ein, sondern gerade die formale Tatsache, *daß* er außerhalb der letzteren steht, bestimmt die Art dieser Einwirkung« (ebd. 53).

Das dritte A priori formuliert nicht nur eine Kategorie der Wahrnehmung, sondern auch eine Strukturbedingung, die den Charakter des Verhältnisses zwischen System und Lebenswelt bestimmt. Idealtypisch »…(verläuft) … das Leben der Gesellschaft … nicht psychologisch, sondern phänomenologisch, rein auf seine sozialen Inhalte als solche gesehen – so, *als ob* jedes Element für seine Stelle an diesem Ganzen vorherbestimmt wäre; bei aller Disharmonie von den idealen Forderungen her, verläuft es so, *als ob* alle seine Glieder in einem einheitlichen Verhältnis ständen, das jeden, gerade weil er dieser besondre ist, auf alle anderen und alle anderen auf diesen anwiese« (ebd. 58).

Diese drei Bedingungen dienen mir in der vorliegenden Arbeit als Leitfaden für die Untersuchung des Verhältnisses von Individualität und Gesellschaft zwischen Antagonismus und Abhängigkeit. Dabei werde ich sowohl die Simmelschen A priori auf den Grad ihrer Einlösung in der reflexiven Moderne hin überprüfen als auch nach Strukturen Ausschau halten, die eine Modifikation und Erweiterung der Simmelschen Antwort auf die Frage »Wie ist Gesellschaft möglich?« erlauben.

Im ersten Abschnitt gebe ich eine Einführung in das Programm der formalen Soziologie, wie Georg Simmel sie 1894 in seinem Aufsatz »Das Problem der Soziologie« formuliert hat. Damit stecke ich einen methodischen Rahmen ab, der zwar einerseits beansprucht, allgemeine Prinzipien der Vergesellschaftung zu diskutieren, dies andererseits aber immer auch im Rückgriff auf Alltagsbeobachtungen tut. Letztere sind für Simmel zwar nicht im engeren Sinne »Soziologie«, sie sind aber das Material, das »Fleisch« auf dem Skelett der eigentlichen Soziologie und als solches unverzichtbar.

Im nächsten Abschnitt entwickle ich dann die ersten beiden Bedingungen für die Vergesellschaftung des Einzelnen als Kategorien der individuellen Wahrnehmung und diskutiere mögliche Erosionserscheinungen. Die hier behandelten Krisensymptome führen mich dann zur Debatte um die »narzißtische Gesellschaft«, die seit den 1970er Jahren mit wechselnder Popularität genau diese Symptome im Kontext einer fundamentalen Veränderung des intrapsychischen Geschehens des modernen Menschen erklärt. Ich zeige, nach einer Einführung in die psychoanalytische Dimension des *sujets*, daß es hier offenbar tatsächlich eine feststellbare Veränderung gegeben hat.[3]

Etliche der hier verhandelten Beobachtungen liegen jedoch ziemlich genau in der Logik der Entwicklung einer bürgerlichen Gesellschaft und stützen insofern kaum die These eines grundlegenden Paradigmenwechsels in der Programmatik dieser Gesellschaft. Veränderungen der medialen und technologischen Umwelt der bürgerlichen Kindheit und der bürgerlichen Existenz führen dagegen in der Tat zu einem Verlust der Distinktion dahingehend, daß sie einen Spielraum für individuelle Entscheidungen hinsichtlich der Frage, was oder wer man sein kann, will und darf, suggerieren. Zudem wird die Vermittlung medialer, sozialer und kommunikativer Kompetenzen zum Schlüssel für den Erfolg in der modernen Erwerbsökonomie. Gleichzeitig geschieht diese Vermittlungsleistung immer weniger im Rahmen der Kleinfamilie und immer stärker in der Schule oder unter Gleichaltrigen. Damit wird die Kompetenzhierarchie zwischen den Generationen empfindlich gestört und auch für die Vermittlung von Wertvorstellungen hinterfragbar. Daß dies wiederum tatsächlich die psychische Innenausstattung des Bewohners der Moderne fundamental verändert hat, ist jedoch nicht plausibel. Dennoch zeigen die im dritten Abschnitt diskutierten Beiträge deutlich, daß das Verhältnis zwischen sozialer und individueller Existenz des Einzelnen, wie Simmel es im ersten und zweiten A priori festgeschrieben hat, in der zweiten Hälfte des 20. Jahrhunderts offenbar

---

[3] Interessant ist, daß die Autoren, die diese Veränderung als Grundlage für sehr weitreichende Thesen nehmen (unter ihnen auch Jürgen Habermas) das nicht tun; sie begnügen sich damit, ein Gerücht von zweifelhafter Herkunft zu kolportieren. Ein Autor gibt sogar auf der ersten Seite zu, daß es keinerlei empirische Basis für diesen Wandel gebe. (Stimmer, 1987:13, Fn 2)

krisenhafte Veränderungen erlitten hat. Diese scheinen jedoch besser dadurch beschrieben zu sein, daß die Bedingungen, unter denen die gesellschaftliche Integration des Einzelnen erfolgreich ist, unklar geworden sind, daß also Systemimperative wesentlich weniger eindeutig in die Sozialisation des Individuums eingreifen, als es noch für die Autoren der frühen Frankfurter Schule evident war.

Diese These konkretisiere ich im vierten Abschnitt mit der Diskussion des dritten A priori aus Simmels Exkurs. Die hier vermuteten Veränderungen des Verhältnisses zwischen System und Lebenswelt werde ich dann mit Habermas' Überlegungen aus der »Theorie des kommunikativen Handelns« und mit Niklas Luhmanns Systemtheorie vorstellen und auf die hier oft nur implizit vorausgesetzte Vorstellung über die Bedingungen einer erfolgreichen gesellschaftlichen Integration, im Falle Luhmanns: eines erfolgreichen Agierens in den jeweiligen Subsystemen, überprüfen. Die durch diese Auseinandersetzung gewonnene Vorstellung über die neue Gestalt des Verhältnisses zwischen System und Lebenswelt und die Wirkungsweise von Systemimperativen in der Lebenswelt läßt sich als reflexiv und damit potentiell selbstwidersprüchlich charakterisieren.

Die These lautet hier also nicht Kolonialisierung der Lebenswelt durch die Systemimperative, aber ebensowenig Verbindungslosigkeit zwischen System und Lebenswelt, sondern mehrdeutige Beziehung, die nicht mehr eine bestimmte Palette von Tugenden und Eigenschaften mit Erfolg belohnt, sondern vielmehr die Fähigkeit, situationsadäquat zwischen verschiedenen Repertoires zu wechseln. Wer diese Fähigkeit nicht besitzt, steht immer wieder vor der Gefahr, in seinem Lebensentwurf negiert zu werden. Der Mehrdeutigkeit kann also nur der entgehen, der selbst die Eindeutigkeit verweigert. Unschwer ist hier der »liberale Ironiker« zu erkennen, den Rorty als den idealen Bewohner der späten Moderne charakterisiert hat. Denn ironische Distanz in allen Lebenslagen und zu allen die eigene Lebensbühne bevölkernden Protagonisten – inklusive zur eigenen Person – ist die Voraussetzung für eine erfolgreiche Etablierung unter unklaren Bedingungen.

Andererseits ist lebenslange Uneindeutigkeit selbst ein schwer auszuhaltender Zustand, dem man in Zeiten der universellen Verhandelbarkeit von Situationsparametern nur durch einen persönlichen Dezisionismus entkommt. Dessen Ergebnisse bleiben allerdings immer in dem Maße prekär, soweit sie dem Entscheidenden als kontingent erinnerlich und damit reflexiv und revidierbar bleiben. Nicht die Moderne ist dann reflexiv geworden, sondern sie hat es ihren Bewohnern gestattet und sie gleichzeitig dazu verurteilt, selbst zu reflexiven, selbstreferentiellen Schöpfern ihrer Person und Geschichte zu werden. *Biographie* ist dann nur noch denkbar als mehr oder minder kontrollierte Selbstverletzung, als Folge der eigenen Entscheidungen – und sei es nur für einen Augenblick – greifbar zu sein.[4]

Der Begriff »Reflexivität« steht dann also, ebenso wie die Selbstreferentialität, im Zentrum der letzten drei Kapitel dieser Arbeit. Zunächst erläutere ich im fünften Abschnitt seinen technischen Gehalt in kritischer Auseinandersetzung mit dem Komplexitätsbegriff von Niklas Luhmann. Seine Bestimmung des zentralen Problems komplexer Gebilde führt mich zu der ursprünglichen Formulierung dieses Paradoxons in den »Principia Mathematica« von Alfred Whitehead und Betrand Russell. Der Vorschlag dieser beiden Autoren zur Lösung des Problems, ihr endgültiges Scheitern und ein neues Verständnis von Komplexität stelle ich in den zu diesem Kapitel gehörigen Exkursen vor. Dabei wird deutlich, daß das zentrale Kennzeichen reflexiver Gebilde in der Potenz besteht, eine Struktur zu erzeugen, die ich hier *double bind* nenne und die man als unauflösbaren Widerspruch verstehen kann.

Die äußerst problematische, weil potentiell pathogene Wirkung des *double bind* im Sozialisationsprozeß und die Voraussetzungen für die Entschärfung dieser Wirkung bespreche ich im sechsten Abschnitt, nachdem ich erläutert habe, was der Gehalt eines echten

---

[4] Die Versuchung, diese Entscheidung dann besser doch nicht zu treffen, ist entsprechend groß und führt zu Gestalten, deren Persönlichkeit durch eine ganz eigentümliche Abwesenheit von biographischen Spuren gekennzeichnet ist.

Widerspruchs in sozialen Zusammenhängen ist und worin die einzige »harmlose« Möglichkeit seiner Auflösung besteht. Einen weiteren Mechanismus, der den Widerspruch zwar nicht auflöst, aber entschärft, stelle ich als soziale Unschärferelation vor. Anhand einer Lern- und Kontexttheorie erläutere ich weiter, was genau bei der Erzeugung eines echten *double bind* in strategischer Absicht durcheinandergebracht wird und welche Folgen die kontinuierliche Erfahrung dieser Struktur haben kann.

In letzten und siebten Abschnitt entwickle ich dann auf der Basis meiner *double bind*-These ein viertes A priori, das erfüllt sein muß, damit Gesellschaft weiterhin möglich ist. Diese neue Bedingung für Gesellschaft verändert allerdings den Charakter der Simmelschen A priori und damit auch den Charakter von Gesellschaft erheblich. Von einem Gebilde, in dem das delikate Gleichgewicht zwischen sozialer und privater Existenz durch eine strukturelle Klammer in einem neurotischen Gleichgewicht gehalten wurde, gerät sie durch die Erosion dieser Klammer zu einem Selbstbindungsunterfangen, dessen Stabilität folglich von der Fähigkeit der Beteiligten abhängt, den Augenblick der Selbstbindung und damit ihre Revidierbarkeit mindestens temporär zu vergessen. Dennoch, so behaupte ich, liegt hier die einzige Möglichkeit für Gesellschaft im Simmelschen Sinne einerseits und für die stabile Konstitution von Individualität in der späten Moderne andererseits und nicht in einer ohnehin nicht mehr möglichen Rückwendung zu eindeutigen Gewißheiten, die wenigstens einen Teil der Freiheitszumutungen aufheben. Aus dieser These resultiert die Einsicht in den hier kaum noch zu vermeidenden Clubcharakter, den diese Gesellschaft dann annehmen muß, denn allzu viele werden an dieser Hürde dauerhaft scheitern.

1 DAS PROBLEM DER SOZIOLOGIE

In diesem Kapitel stecke ich das Feld ab, auf dem ich meine Arbeit situiere. Ich tue dies mit Hilfe des Aufsatzes »Das Problem der Soziologie« (1894, in Simmel, 1992 [1908]: 13–62)[5], in dem Georg Simmel das Programm einer formalen Soziologie entwirft. Er schlägt vor, das soziale Geschehen nicht wie bisher ausschließlich in Einzelwissenschaften, wie der Nationalökonomie oder historischen Disziplinen, zu untersuchen und so gleichzeitig Formen der Vergesellschaftung und ihre Inhalte einer sozialwissenschaftlichen Untersuchung zuzuschlagen. Statt dessen soll sich die soziologische Disziplin allein mit den *Formen* der Vergesellschaftung, wie Ober- und Unterordnung, Konkurrenz, Nachahmung, Arbeitsteilung befassen (ebd. 21 f.). Er schlägt also vor, die Gesellschaftswissenschaft in zwei Komplexe zu teilen:

> Der Begriff der Gesellschaft deckt zwei, für die wissenschaftliche Behandlung streng auseinander zu haltende Bedeutungen. Sie ist einmal der Komplex vergesellschafteter Individuen, das gesellschaftlich geformte Menschenmaterial, wie es die ganze historische Wirklichkeit ausmacht. Dann aber ist »Gesellschaft« auch die Summe jener Beziehungen, vermöge deren aus den Individuen eben die Gesellschaft im ersten Sinne wird... Wenn man von Gesellschaftswissenschaften jener ersten Bedeutung nach spricht, so ist ihr Objekt alles, was in und mit der Gesellschaft vorgeht; Gesellschaftswissenschaften im zweiten Sinne haben die Kräfte, Beziehungen und Formen zum Gegenstand, durch die die Menschen sich ver-

---

[5] Dieser Aufsatz wurde von Simmel bis zum Erscheinen in der »Soziologie« noch umgeschrieben, weil sich auch seine Vorstellung von Soziologie in den folgenden zehn Jahren veränderte. Vgl. dazu den editorischen Bericht im selben Band, S. 877–905.

gesellschaften, die also, in selbstständiger Darstellung, die »Gesellschaft« sensu strictissimo ausmachen... (ebd. 23)

Auch wenn Simmel hier ein Programm für die Etablierung der zweiten Form der Gesellschaftswissenschaft formuliert, so liegt ihm die konsequente Durchführung der Geometrie-Analogie doch fern, denn:»...die Herauslösung dessen, was wirklich die reine Vergesellschaftung ist, aus der komplexen Gesamterscheinung ist nicht logisch zu erzwingen«. Er will die»...formalen Wechselwirkungsformen...« (ebd. 29) an individuellen Existenzen einmal auf ihre Form und einmal auf ihren Inhalt hin untersuchen. Die Fundamente der»reinen Soziologie« sollen sich so über die gewählten Beispiele erschließen, die zwangsläufig auch Elemente enthalten, die dieser nicht ohne weiteres zuzurechnen sind.

Dennoch distanziert sich Simmel von der Soziologie der»organisierten« Gesellschaft, die überindividuelle Formen der Vergesellschaftung, wie Familie, Gewerkschaften, etc. zu ihrem Thema hat. Er möchte die Gesellschaft»...im status nascens zeigen – natürlich nicht in ihrem überhaupt ersten, historisch unergründbaren Anfang, sondern in demjenigen, der jeden Tag und zu jeder Stunde geschieht...« (ebd. 33).

Mit diesem Vorsatz setzt er sich in zunächst in Konkurrenz zur Psychologie, vor allem dann, wenn er behauptet,

...daß Vergesellschaftung ein psychisches Phänomen ist und daß es zu ihrer fundamentalen Tatsache: daß eine Mehrheit von Elementen zu einer Einheit wird – in der Welt des Körperlichen nicht einmal eine Analogie gibt, da in dieser alles in das unüberwindliche Außereinander des Raumes gebannt bleibt. (ebd. 35)

Dennoch sei die Soziologie hier außer Gefahr, ein rein psychologisches Sujet zu bearbeiten, weil sie sich zwar, wie jede Wissenschaft, auf»...ein Bewußtseinsereignis, das eine vollendete Psychologie rein aus seelischen Bedingungen und Entwicklungen restlos dedu-

zieren könnte…«< (ebd. 36), beschränke und sich auch ihr Gegenstand in der eben gegebenen Definition als seelisches Phänomen
darstelle. Allerdings

> …kann eine besondere wissenschaftliche Absicht dies seeli-
> sche Geschehen als solches ganz außer acht lassen und die
> Inhalte desselben, wie sie sich unter dem Begriff der Verge-
> sellschaftung anordnen, für sich verfolgen, zerlegen, in Bezie-
> hung setzen. (ebd. 27).[6]

So also sind die Gegebenheiten der Soziologie seelische Vorgänge, deren unmittelbare Wirklichkeit sich zunächst den
psychologischen Kategorien darbietet; aber diese, obgleich für
die Schilderung der Tatsachen unentbehrlich, bleiben außerhalb des *Zweckes* der soziologischen Betrachtung, der vielmehr
nur in der von den psychischen Vorgängen getragenen und oft
nur durch sie zu schildernden Sachlichkeit der Vergesellschaftung liegt – wie etwa ein Drama von Anfang bis Ende nur psychologische Vorgänge enthält, nur psychologisch verstanden
werden kann, und dennoch seine Absicht nicht in psychologischen Erkenntnissen hat, sondern in den Synthesen, die die
Inhalte der seelischen Vorgänge unter den Gesichtspunkten
der Tragik, der Kunstform, der Lebenssymbole bilden. (ebd.
38 f.)

Die Psychologie hat Simmel damit umgangen, es bleibt noch die
Pflicht, sich zur Philosophie zu stellen. Dies tut er, selbst Philosoph,

---

[6] Dennoch billigt Simmel der Analogie zwischen sozialem und individualpsychologi-
schem Geschehen einen großen Stellenwert zu: »Wie jeder Mensch für uns ›eine
Vorstellung‹ ist – in höherem Maße ›eine‹ als die übrigen, mehr als Typen auftreten-
den, mehr in die Verknüpfungen des Gesamtseins hineingezogene Objekte – so ist
gewissermaßen jede Vorstellung für uns ein Mensch, d. h. unser Vorstellen erscheint
uns als das Spiel von Wesenheiten, die, wie wir es an den Menschen sehen, sich
behaupten und nachgeben, sich vereinigen und trennen, zulängliche und unzuläng-
liche Kräfte einsetzen. Die uns unmittelbar nicht ergreifbare, nicht ausdrückbare Einheit des Individuums und der Gesellschaft offenbart sich darin, daß die Seele das Bild
der Gesellschaft und die Gesellschaft das Bild der Seele ist.« (Simmel, ebd. 854 f.)

nicht weniger souverän. Jede Wissenschaft sei umgrenzt von zwei Gebieten: erstens von der Epistemologie jener Wissenschaft und zweitens von ihrer Metaphysik. Die Epistemologie konstituiere sich aus dem Bedürfnis, die Grundlagen, Begriffe und Voraussetzungen einer Disziplin zu bestimmen und zu klären, die Metaphysik aus dem Wunsch, den fragmentarischen Charakter der konkreten Forschungsergebnisse zu überwinden, Leerstellen auszufüllen und diese in ein kohärentes Gesamtbild einzuordnen. Zusätzlich ist dies der Ort, an dem Sinnfragen gestellt werden können, in diesem Falle Fragen nach Sinn und Zweck der Gesellschaft.

In den Fragen, die Simmel der Metaphysik zuschlägt, wird sein Erkenntnisinteresse in der Soziologie deutlicher formuliert als in seinen soziologischen Untersuchungen selbst:

> Der Gesellschaft gegenüber ergibt diese geistige Attitüde Fragen wie diese: Ist die Gesellschaft der Zweck der menschlichen Existenz oder ein Mittel für das Individuum? Ist sie etwa für dieses nicht einmal ein Mittel, sondern umgekehrt eine Hemmung? Liegt ihr Wert in ihrem funktionellen Leben oder in der Erzeugung eines objektiven Geistes oder in den ethischen Qualitäten, die sie an den Einzelnen hervorruft? Offenbart sich in den typischen Entwicklungsstadien der Gesellschaften eine kosmische Analogie? – so daß die sozialen Beziehungen der Menschen in eine allgemeine, für sich nicht in die Erscheinung tretende, alle Erscheinungen aber fundamentierende Form oder Rhythmus einzuordnen wären, die auch die Wurzelkräfte der materiellen Tatsachen lenkt? Kann es überhaupt eine metaphysisch-religiöse Bedeutung von Gesamtheiten geben oder ist diese den individuellen Seelen vorbehalten? (ebd. 40)

Eine Formenlehre des Sozialen, die über das Soziale hinausgeht und es in den Kosmos aller Erscheinungen einordnet und auflöst, ist also sein Anliegen. In dieser Formenlehre will er das Verhältnis Individuum-Gesellschaft in seiner gegenseitigen Bedingtheit untersuchen und dafür mit der epistemologischen Untersuchung die Begriffe liefern und mit der Metaphysik den Sinn seiner Unternehmung.

Beide Bereiche gehören jedoch unwiderruflich zur Philosophie, nur in dem »Dazwischen« der Einzelergebnisse ist die Soziologie zu lokalisieren. Sie bestehe in der

> ...Abstraktion dessen ... was an der komplexen Erscheinung, die wir soziales Leben nennen, wirklich nur Gesellschaft, d. h. Vergesellschaftung ist; indem sie (die Soziologie, SF) aus der Reinheit dieses Begriffes alles das entfernt, was zwar nur innerhalb der Gesellschaft soziologisch realisiert wird, was aber die Gesellschaft *als solche*, als einzigartige und autonome Existenzform, nicht konstituiert... (ebd. 61 f.)

Noch einen weiteren Bereich schlägt Simmel der Philosophie zu:

> Nicht anders steht es mit dem Typus philosophischer Probleme, die nicht, wie die bisherigen, die Gesellschaft zur Voraussetzung haben, sondern vielmehr nach den Voraussetzungen der Gesellschaft selbst fragen ... nicht um die einzelnen Triebe handelt es sich hier, die ihr Subjekt, indem es anderen Subjekten begegnet, zu den Wechselwirkungen bewegen, deren Arten die Soziologie beschreibt. Sondern darum: wenn ein derartiges Subjekt besteht – welches sind die Voraussetzungen seines Bewußtsein, ein Gesellschaftswesen zu sein? ... Wie sind nicht nur die empirisch entstehenden Einzelgestaltungen, die unter dem Allgemeinbegriff der Gesellschaft stehen möglich, sondern die Gesellschaft überhaupt als eine objektive Form subjektiver Seelen? (ebd. 41)

Eine »Erkenntnistheorie der Gesellschaft« (ebd. 47) muß es also sein, die die Vorabklärung des Spielfeldes übernimmt. Sie soll Auskunft geben über einige Kategorien, die als formale Voraussetzungen für Gesellschaft *im individuellen Bewußtsein* gegeben sein müssen. Die A priori der Einsicht in die eigene Vergesellschaftung und die meines Gegenübers erschließen sich jedoch nur aus soziologischen Miniaturen, die die Ableitung dieser Kategorien erlauben. So ist dann zwar die Formulierung der A priori selbst der Philosophie zuzurechnen, aber ihre Analyse und Begründung bewegt sich in einer Sphäre zwischen reinster Abstraktion und bodenständiger Gegenständlichkeit, die für Simmel die eigentliche Domäne der Soziologie ist.

In seinem Exkurs: »Wie ist Gesellschaft möglich?« (ebd. 42–61) analysiert er diese Bedingungen in lockerer Analogie zu und zugleich in Abgrenzung von den Kantschen A priori der Naturerkenntnis.

Das Sujet der Soziologie – Wie ist Gesellschaft möglich?

Simmel stellt also seine Frage »Wie ist Gesellschaft möglich?« analog zur Frage Kants: Wie ist Natur selbst möglich? Kant konnte nur zu einer Antwort gelangen, weil er Natur als *Vorstellung von Natur* begreift. Damit hat er natürlich nicht die Existenz von Objekten in der Natur bezweifelt; diesen Vorwurf wies er bereits in den Anmerkungen zu seiner Abhandlung »Wie ist reine Mathematik möglich?« in den »Prolegomena zu einer jeden künftigen Metaphysik« von 1783 zurück:

> Der Idealismus besteht in der Behauptung, daß es keine anderen als denkende Wesen gebe, die übrigen Dinge, die wir in der Anschauung wahrzunehmen glauben, wären nur Vorstellungen in den denkenden Wesen, denen in der Tat kein außerhalb diesen befindlicher Gegenstand korrespondierte. Ich dagegen sage: es sind uns Dinge als außer uns befindliche Gegenstände unserer Sinne gegeben, allein von dem, was sie an sich sein mögen, wissen wir nichts, sondern kennen nur ihre Erscheinungen, d. i. die Vorstellungen, die sie in uns wirken, indem sie unsere Sinne affizieren. (Kant 1993 [1783]: 152)

Natur wird von Kant folglich in zwei Bedeutungen begriffen, einmal materiell und einmal formell:

> Wie ist Natur in *materieller* Bedeutung, nämlich der Anschauung nach, als der Inbegriff der Erscheinungen, wie ist Raum, Zeit, und das, was beide erfüllt, der Gegenstand der Empfindung, überhaupt möglich? Die Antwort ist: vermittelst der Beschaffenheit unserer Sinnlichkeit, nach welcher sie, auf die ihr eigentümliche Art, von Gegenständen, die ihr an sich selbst unbekannt sind, gerührt wird ... Wie ist Natur in formeller Bedeutung, als der Inbegriff der Regeln, unter denen alle Erscheinungen stehen müssen, wenn sie in einer Erfahrung als verknüpft gedacht werden sollen, möglich? Die Antwort kann nicht anders ausfallen, als: sie ist nur möglich vermittelst der Beschaffenheit unseres Verstandes, nach welcher alle jene Vorstellungen der Sinnlichkeit auf ein Bewußtsein notwendig bezogen werden, und wodurch allererst die eigentümliche Art unseres Denkens, nämlich durch Regeln, und vermittelst dieser die Erfahrung, welche von der Einsicht der Objekte an sich selbst ganz zu unterscheiden, möglich ist. (Kant, 1993 [1783]: 187)

Natur also »...ist eine besondre Art, auf die unser Intellekt die Sinnesempfindungen zusammensetzt, anordnet, formt.« (Simmel, 1992 [1908]: 42). Daher liegt die Antwort für Kant in der »...Aufsuchung der Formen, die das Wesen unsres Intellekts ausmachen und die Natur als solche zustande bringen« (ebd. 43). Natur als »Gesamtkunstwerk« entsteht folglich durch die Verbindungen zwischen zunächst unverbundenen Objekten, die allein im Betrachter realisiert werden.

Hier liegt der zentrale Unterschied zu Simmels Frage nach der Möglichkeit von Gesellschaft und seiner Antwort: Sind bei der Naturbetrachtung die Relationen zwischen den Objekten nur im Betrachter selbst vorhanden, so wird »...die gesellschaftliche Einheit von ihren Elementen, da sie bewußt und synthetisch-ak-

tiv sind, ohne weiteres realisiert und (bedarf) keines Betrachters.«
(ebd.)

Damit ist das Kantsche Diktum, Verbindungen realisieren sich
immer nur im Betrachter, nie jedoch im betrachteten Objekt, für die
Konstituierung von Gesellschaft nicht gültig. Sie bedarf nicht des
unbeteiligten Dritten, um zu sein, denn ...

> ... das Bewußtsein, mit den anderen eine Einheit zu bilden, *ist*
> hier tatsächlich die ganze zur Frage stehende Einheit. Dies
> bedeutet natürlich einerseits nicht das abstrakte Bewußtsein
> des Einheitsbegriffes, sondern die unzähligen singulären
> Beziehungen, das Gefühl und Wissen um die Bestimmungen
> und Bestimmtwerden dem anderen gegenüber, und schließt
> andrerseits ebensowenig aus, daß etwa ein beobachtender
> Dritter außerdem auch noch zwischen den Personen eine nur
> ihm begründetet Synthese, wie zwischen räumlichen Elemen-
> ten, vollzieht. Welcher Bezirk des äußerlich-anschaulichen
> Seins zu einer Einheit zusammenzufassen ist, das ergibt sich
> nicht aus seinem unmittelbaren und schlechthin objektiven
> Inhalt, sondern wird durch die Kategorien des Subjekts und
> von seinen Erkenntnisbedürfnissen her bestimmt. Die Gesell-
> schaft aber ist die objektive, des in ihr nicht mitbegriffenen
> Beschauers unbedürftige Einheit. (ebd. 43 f.)

Die Träger und Konstrukteure dieser Einheit zeichnen sich dadurch
aus, daß »... das Gefühl des seienden Ich eine Unbedingtheit und
Unerschütterlichkeit (hat), die von keiner einzelnen Vorstellung
eines materiellen Äußerlichen erreicht wird.« (ebd. 45) Das gilt
ebenso für unsere Vorstellung des Anderen in seinem Für-sich-Sein.
Auch der Andere hat eine Realität, die sich nicht zu unserer Vorstellung machen läßt, weil sie A priori unabhängig von dieser existiert
und wir um diese Unabhängigkeit wissen. Dies hindert uns dennoch
nicht daran, ihn zum Inhalt unserer Vorstellungen zu machen. In
diesem Paradoxon liegt bei Simmel der Schlüssel zum Verständnis
von Vergesellschaftung:

Innerhalb des eigenen Bewußtseins unterscheiden wir sehr genau zwischen der Fundamentalität des Ich, der Voraussetzung alles Vorstellens, die an der nie ganz zu beseitigenden Problematik seiner Inhalte nicht Teil hat – und diesen Inhalten, die sämtlich mit ihrem Kommen und Gehen, ihrer Bezweifelbarkeit und Korrigierbarkeit, sich als bloße Produkte jener absoluten und letzten Kraft und Existenz unseres seelischen Seins überhaupt darstellen. Auf die andere *Seele* aber, obgleich wir sie schließlich doch auch *vorstellen*, müssen wir eben diese Bedingungen oder vielmehr: Unbedingtheiten des eigenen Ich übertragen, sie hat für uns jenes äußerste Realitätsmaß, das unser Selbst seinen Inhalten gegenüber besitzt und von dem wir sicher sind, daß es auch jener andern Seele *ihren* Inhalten gegenüber zukommt. (ebd. 45)

Den stärksten Realitätsgehalt außerhalb des eigenen *egos* findet das Individuum demnach im Anderen, und nur zwischen diesen beiden, gleichermaßen un-bedingt realen Elementen kann eine Beziehung existieren, die ihrerseits eine Realität darstellt, die ohne einen Luhmannschen Beobachter nächster Ordnung besteht und seiner auch nicht bedarf.

Welches sind nun aber die Bedingungen, die erfüllt sein müssen, damit sich die Realität der Vergesellschaftung einstellt und stabil vorhanden bleibt? Diese Frage zielt nicht auf die historischen Voraussetzungen für Gesellschaft, sondern auf die sich täglich ereignenden »... Teilvorgänge der Synthese, die wir zusammenfassend Gesellschaft nennen« (ebd. 45f.). Diese Teilvorgänge müssen sich in der Simmelschen Definition im individuellen Bewußtsein vollziehen:

Ich sagte, daß die Funktion, die synthetische Einheit zu vollziehen, die der Natur gegenüber in dem anschauenden Subjekt ruht, der Gesellschaft gegenuber auf die Elemente eben dieser selbst übergegangen wäre. Das Bewußtsein, Gesellschaft zu bilden, ist zwar nicht in abstracto dem Einzelnen gegenwärtig, aber immerhin *weiß* jeder den anderen als mit ihm verbunden, so sehr dieses Wissen um den anderen als den Vergesellschafteten, dieses Erkennen des ganzen Komplexes als einer Gesellschaft – so sehr dieses Wissen und Erkennen sich nur an einzelnen, konkreten Inhalten zu vollziehen pflegt. (ebd. 46)

Die Herstellung einer gesellschaftlichen Einheit ist damit ähnlicher Natur wie die des Erkennens eines Sachverhalts: Verschiedene Inhalte werden nach einem Muster geordnet, ohne daß das Muster selbst gleichzeitig reflektiert wird. Das geschieht dann erst in der Theorie über das Erkennen selbst, der Epistemologie. Eine »Erkenntnistheorie der Gesellschaft« ist es also, die Auskunft geben kann über die »... spezifischen Kategorien, (die) der Mensch gleichsam mitbringen muß, damit dieses Bewußtsein (der Vergesellschaftung, SF) entstehe, und welche deshalb die Formen sind, die das entstandene Bewußtsein – die Gesellschaft als eine Wissenstatsache – tragen muß...« (ebd. 47).

Die soziologischen Aprioritäten werden dieselbe doppelte Bedeutung haben, wie diejenigen, die die Natur »möglich machen«; sie werden einerseits, vollkommener oder mangelhafter, die wirklichen Vergesellschaftungsvorgänge bestimmen, als Funktionen oder Energien des seelischen Verlaufes; andrerseits sind sie die ideellen, logischen Voraussetzungen der perfekten, wenngleich in dieser Perfektion vielleicht niemals realisierten Gesellschaft... (ebd. 46)

Diese Kategorien, in der Folge A priori genannt, beschreiben demnach sowohl die Struktur der inneren Realität des vergesellschafteten Individuums als auch die Struktur der äußeren Realität, die es in der Gesellschaft vorfindet. Folgende Möglichkeiten eines *mismatch* sind hier denkbar: Erstens können die A priori zwar im Individuum fest verankert sein, aber die äußere Realität mag sich dieser Paßform verweigern. Zweitens ist der umgekehrte Fall denkbar, in dem äußere Realität zwar durch die A priori strukturiert ist, diese aber nicht in der inneren Realität des Individuums verankert sind. So beschreibt die erste Möglichkeit des *mismatch* den Einzelfall, in dem ein Individuum mit Kategorien arbeitet, die in seiner Umwelt nicht mehr aktuell sind oder es nie waren – so scheitert dann also die Nonne in einem Bordell mit der Aufforderung zur Enthaltsamkeit. Die zweite Möglichkeit rollt die Angelegenheit eigentlich nur von der anderen Seite auf und beschreibt ein Individuum, das nicht in der Lage ist, die Kategorien, nach denen sich die äußere Realität gruppiert, zu entziffern, weil sie nicht in ihm verankert sind – und wieder scheitert die Nonne.

Diese beiden Formen des *mismatch* sind zwar im Einzelfall für den Betroffenen sicher unangenehm, können jedoch »Gesellschaft« nicht ernsthaft gefährden – wenn genügend Individuen betroffen sind, wird aus dem Bordell ein Kloster.

Interessanter und auch folgenreicher ist die dritte Möglichkeit, in der die A priori sowohl im individuellen Bewußtsein als auch in der Phänomenologie von Gesellschaft prekär oder zweideutig werden. Die Bedingungen für den Erfolg der synthetischen Vorgänge, die in Gesellschaft resultieren, sind dann für den Einzelnen kontingent geworden, d. h. er kann nicht mehr angeben, mit welchen Kategorien er den sozialen Kosmos strukturieren muß, um seiner Existenz als Element dieses Kosmos »Sinn« zu verleihen und sich in ihm erfolgreich zu situieren. Genausowenig kann er sicher sein, mit welchen Tugenden er Erfolg haben wird und welche Untugenden ihm diesen Erfolg verwehren können.

Diese drei Möglichkeiten des *mismatch* zwischen innerer und äußerer Realität der Vergesellschaftung sind Thema der nächsten drei Kapitel. Ich werde in Kapitel zwei die ersten beiden A priori diskutieren und Erosionserscheinungen identifizieren. Diese scheinen im wesentlichen dem Muster der ersten beiden Möglichkeiten, die durch die bereits erwähnte Nonne illustriert wurden, zu folgen – mit der Einschränkung, daß es sich hier offenbar nicht um Einzelfälle handelt und die prognostizierte Wandlung hin zum Kloster ausbleibt. Im dritten Kapitel werde ich dann einen Erklärungsansatz vorstellen, der mit Rückgriff auf die Psychoanalyse versucht, diese Disparitäten, auch wenn sie mehr und mehr Individuen betreffen, als Spezialfälle der ersten beiden Formen des *mismatch* zu erklären. Im vierten Kapitel werde ich dann das dritte A priori vorstellen, dessen heutige *Gestalt* eher die dritte Möglichkeit eines Ungleichgewichtes nahelegen: die einer Erosion sowohl der Kategorien der individuellen Wahrnehmung als auch der Phänomenologie der äußeren Realität, wie sie Simmel konzipiert hat.

2 Die ersten beiden A priori – Rollenkompetenz und Eigen-Sinn

In diesem Abschnitt werde ich die ersten beiden A priori aus Simmels Exkurs vorstellen, die spiegelbildlich zueinander gedacht sind. Das erste formuliert die soziale Zähmung der Individualität sowohl im Selbst- als auch im Fremdbezug. Es stellt ein Ordnungsprinzip dar, mit dessen Hilfe der soziale Kosmos kategorisiert wird und der Einzelne sich selbst in diesem komplexen Gebilde verorten kann.

Das zweite A priori leistet die Individualisierung des Sozialen, stellt also gewissermaßen ein Unordnungsprinzip dar. Insofern gibt das zweite A priori erst die Begründung dafür, weshalb das erste vonnöten ist. Andererseits ermöglicht jedoch die Ordnung des ersten A priori erst den Eigensinn des zweiten. Ich diskutiere die A priori in der Reihenfolge, die Simmel selbst vorgab.

Sowohl die soziale Dimension als auch die intrapsychische Dimension von Personen, wie sie im ersten und zweiten A priori formuliert werden, gehören der Sphäre der Lebenswelt an. Das erste A priori gewährleistet hier die Anschlußfähigkeit des Individuums an Systemimperative, und zwar trotz und teilweise auch gegen seine Individualität, wie sie im zweiten A priori festgeschrieben ist.

Rollenkompetenz und soziale Ordnung

Die erste Kategorie, die Simmel benennt, besteht in einem Ordnungsprinzip, das die Unübersichtlichkeit und Komplexität des sozialen Lebens strukturiert. Das Vehikel, das diese Vereinfachung ermöglicht, ist die Rolle oder der Typus, in dem wir die Individualität des Anderen in unserer Wahrnehmung zusammenfassen und vereinfachen.

Zwei Dimensionen der Verzerrung unserer Wahrnehmung können hier unterschieden werden: Die erste besteht in der Verallgemeinerung des Anderen in unserer Vorstellung. Die innere Nachbildung einer anderen Seele ist einerseits bestimmt durch Ähnlichkeit, andererseits durch Distanz und »...intellektuelle Fähigkeit, die sich jenseits der Gleichheit oder Nicht-Gleichheit des Seins hält...« (Simmel, 1992 [1908]: 48). Die Fähigkeit zur vollkommenen Nachbildung eines Anderen in meiner Vorstellung von ihm würde absolute Gleichheit bedeuten. Das Wesen der nicht überwindbaren Ungleichheit und Distanz zwischen zwei Menschen besteht in einem »...tiefsten Individualitätspunkt...« (ebd.) jedes Einzelnen, der von keinem anderen nachgeformt werden kann.

Unsere defizitäre Vorstellung der Individualität des Anderen irritiert uns selten, zumeist wird sie nur spürbar, wenn wir ihm so nah kommen, daß wir überhaupt etwas jenseits der Kategorien, mit denen wir den sozialen Kosmos ordnen, wahrnehmen. Diese Kategorien applizieren wir auf die Einzigartigkeit unseres Gegenübers, weil wir ihn nur selten tatsächlich als Einzelwesen sehen, sondern immer in Beziehung zu Anderen, denen er ähnelt oder von denen er sich unterscheidet. So kategorisieren wir also seine Individualität zu einem allgemeinen Typus, mit dem sie allerdings nicht deckungsgleich ist.

Selbst wenn wir uns aber redlich bemühen, den Anderen in all seinen Facetten wahrzunehmen, formen wir eine Vorstellung, die »...das Bild, das er zeigen würde, wenn er sozusagen ganz er selbst wäre, wenn er nach der guten oder schlechten Seite hin die ideelle Möglichkeit, die in jedem Menschen ist, realisiere...«, denn »...(w)ir alle sind Fragmente, nicht nur des allgemeinen Menschen, sondern auch unserer selbst.« (ebd. 49) Dies beschreibt die zweite Dimension der Verzerrung unserer Wahrnehmung des Anderen, also die Ergänzung der fragmentierten Erscheinung eines jeden hin zu ihrer ideellen, »typischen« Vollständigkeit. Diese Ergänzungen erfolgen im Regelfall jedoch nicht idiosynkratisch, sondern orientieren sich an bestimmten sozialen Merkmalen unseres Gegenübers:

Innerhalb eines Kreises, der in irgendeiner Gemeinsamkeit des Berufes oder der Interessen zusammengehört, sieht jedes Mitglied jedes andre nicht rein empirisch, sondern auf Grund eines Apriori, das dieser Kreis jedem anderen an ihm teilhabenden Bewußtsein auferlegt. In den Kreisen der Offiziere, der kirchlich Gläubigen, der Beamten, der Gelehrten, der Familienmitglieder sieht jeder den anderen unter der selbstverständlichen Voraussetzung: dieser ist ein Mitglied meines Kreises. Es gehen von der gemeinsamen Lebensbasis gewisse Suppositionen aus, durch die man sich gegenseitig wie durch einen Schleier erblickt. Dieser freilich verhüllt nicht einfach die Eigenart der Persönlichkeit, aber er gibt ihr, indem ihr ganz individuell-realer Bestand mit jenem zu einem einheitlichen Gebilde verschmilzt, eine neue Form. Wir sehen den anderen nicht schlechthin als Individuum, sondern als Kollegen oder Kameraden oder Parteigenossen, kurz als Mitbewohner derselben besonderen Welt und diese ganz unvermeidliche, ganz automatisch wirksame Voraussetzung ist eines der Mittel, seine Persönlichkeit und Wirklichkeit in der Vorstellung des andern auf die von seiner Soziabilität erforderte Qualität und Form zu bringen. (ebd. 49 f.)

Das erste A priori ermöglicht die Wahrnehmung des Anderen als jemanden, der in eine soziale Ordnung eingebunden ist.

Die Verortung des Anderen geschieht durch zwei Mechanismen: Einmal kann ich die Fragmente seiner Persönlichkeit, die mir zugänglich sind, zu einem Gesamtbild extrapolieren, wenn ich ihn in den Kontext einer Gruppenzugehörigkeit setzen kann. Ich fülle also die Leerstellen in meiner Wahrnehmung durch das, was ich über den Berufsstand der Professoren weiß, sowie über die, die jedes Wochenende Golf spielen, oder über die »junge Generation«.

Zum zweiten kann ich, mindestens ungefähr, die jeweilige Gruppe in das gesellschaftliche Gesamtgefüge einordnen und den Einzelnen so in Beziehung zur Gesellschaft setzen.

Damit diese beiden Mechanismen Erfolg haben, muß ein zu

nächst paradoxer Tatbestand erfüllt werden: Die Individualität muß durch bestimmte Gruppenzugehörigkeiten geformt werden, und bestimmte Ausformungen der individuellen Persönlichkeit müssen wiederum bestimmte Gruppenzugehörigkeiten nahelegen. Die erste Gruppenzugehörigkeit, die sich hier als Dämpfer für Individualität anbietet, ist die zu einer Berufsgruppe. Die zweite ist die Zugehörigkeit zu einem sozialen Kreis, wie dem Kaninchenzüchterverein oder dem Golfclub.

Was aber weiß ich wirklich, wenn ich weiß, mein Gegenüber spielt Golf oder arbeitet als Verkäufer in der Damenoberbekleidungsbranche?

In einer traditionalen Gesellschaft sind Profession und sozialer Kreis eng miteinander verbunden, der Einzelne wurde als Mitglied einer Berufs- und/oder Statusgruppe, also als Schmied oder Tischler, als Patriarch oder Knecht und nicht als Individuum, neuen Kreisen einverleibt. In der modernen Gesellschaft dagegen strukturiert der Umstand, »einen Beruf zu haben«, zwar noch Leben, wie durch Arbeitszeiten und Nicht-Arbeitszeiten,[7] *was* ich aber in meinem Berufsleben tue, bestimmt mein privates, eigentlich persönliches Sein kaum noch:

> Daß ein Mensch überhaupt einen Beruf hat, wird mit der Gesamtheit seines Lebens immer verknüpft bleiben, dieses ganz Formal-Allgemeine wird immer als ein Zentrum wirken, daß viele andre Punkte des Lebensumfanges nach sich orientiert. Dies aber bleibt selbst eine formale, funktionelle Leistung des Berufes und verträgt sich mit der steigenden Lockerung jeglichen Berufsinhaltes von dem eigentlich persönlichen Leben. (ebd. 505 f.)

---

[7] Allerdings sind auch die Arbeitszeiten nicht mehr komplett standardisiert, insofern strukturiert zwar der Beruf *mein* Leben durch Arbeitszeiten und Nicht-Arbeitszeiten, standardisiert im Sinne der Erzeugung ähnlicher Lebenslagen wird es dadurch aber immer weniger.

Dazu trägt auch räumliche Trennung zwischen Arbeitsplatz und Heim bei, die ein von der Erwerbstätigkeit abgeschlossenes Sein ermöglichen, genauso auch die standardisierte Arbeitszeit, die erst eine definierte »Nicht-Arbeitszeit« schafft. Auch die immer größer werdende Anzahl an möglichen Berufen in der arbeitsteilig organisierten Gesellschaft forciert diese Entwicklung:

> Wenn also die Berufsangehörigkeit die übrigen Lebensinteressen von sich abhängig machte, so mußte sich diese Abhängigkeit mit der Zunahme der Beschäftigungszweige lockern, weil, trotz der Verschiedenheit dieser, vielerlei Gleichheiten in allen übrigen Interessen an den Tag traten. (ebd. 504)

Damit ist die offensichtliche Abhängigkeit unseres privaten Lebens vom Beruf gelockert oder besser: kaschiert. Das Individualisierungspotential einer arbeitsteiligen Gesellschaft ist damit jedoch noch nicht erklärt, vervielfältigt hätten sich hier lediglich die Funktionen, die in einer Gesellschaft besetzt werden müssen, nicht aber die individuellen Präferenzen und Fähigkeiten ihrer Mitglieder oder die Möglichkeiten, diese wirklich unabhängig vom Beruf wahrzunehmen. Dazu muß eine Trennung zwischen Erwerbs- und Privatleben institutionalisiert werden und die berufliche Tätigkeit selbst auch Raum und Energie für eine von ihr relativ unabhängige weitere Tätigkeit gewähren. Ersteres gewährleistet die moderne Gesellschaft durch die räumliche Trennung zwischen Arbeit und Leben, letzteres ermöglicht eine tayloristisch organisierte Produktion:

> Die Enge des Bewußtseins bewirkt, daß eine vielgliedrige Beschäftigung, eine Mannigfaltigkeit zu ihr gehöriger Vorstellungen, auch die übrige Vorstellungswelt in ihren Bann zieht. Sachliche Beziehungen zwischen dieser und jener brauchen dabei garnicht zu bestehen; durch die Notwendigkeit, bei einer nicht arbeitsgeteilten Gesellschaft die Vorstellungen relativ schnell zu wechseln, wird – mit der symbolischen Ausdrucks-

> weise, an die man bei komplizierteren psychologischen Problemen gebunden ist – ein solches Maß von psychischer Energie verbraucht, daß die Bebauung andrer Interessen darunter leidet, und nun die so geschwächten um so eher in assoziative oder sonstige Abhängigkeit von jenem zentralen Vorstellungskreise geraten… Hier liegt eine der wichtigsten inneren Folgen der Arbeitsteilung; sie gründet sich auf die erwähnte psychologische Tatsache, daß in einer gegebenen Zeit, alles Übrige gleichgesetzt, um so mehr Vorstellungskraft aufgewandt wird, je häufiger das Bewußtsein von einer Vorstellung zur andern wechseln muß… Deshalb wird eine nicht arbeitsgeteilte Beschäftigung… eher als eine sehr spezialisierte zu einer zentralen, alles Übrige in sich einsaugenden Stellung in dem Lebenslaufe eines Menschen kommen, und zwar besonders in Perioden, in denen es in den übrigen Lebensbeziehungen noch an der Buntheit und den wechselvollen Anregungen der modernen Zeit fehlt. (ebd. 503 f.)

Damit gerät auch das Endprodukt aus dem Blick. Der so produzierende Mensch kann sich nicht mehr über sein Produkt definieren, weil er es nie zu Gesicht bekommt und für seine materielle Reproduktion letztlich auch egal ist, wofür er z.B. Schrauben dreht. Die Gleichförmigkeit der ausgeübten Tätigkeiten führt also zu einem Überschuß an psychischer Energie, der nach Feierabend in Tätigkeiten investiert wird, die nicht mehr durch die Inhalte des Berufslebens bestimmt sind. Damit weiß ich also wenig über mein Gegenüber, wenn ich weiß, daß es in der Damenoberbekleidungsbranche tätig ist.

Diese Entwicklung wird auch forciert durch die monetäre Entlohnung, die »Arbeit« in ihrer Zielrichtung endgültig weg vom produzierten Gut hin zum konsumierten Gut lenkt. Dies ist ein wesentlicher Faktor der Individualisierung, wie Simmel in der »Philosophie des Geldes« (1989 [1907]) anschaulich macht:

In dem reinen zweiseitigen Finanzgeschäft ist das Geld nicht nur in dem Sinne Selbstzweck, daß es von vornherein das auf nichts anderes hinweisende Interessenzentrum, das also auch ganz eigene Normen ausbildet, gleichsam ganz autochthone Qualitäten entfaltet und eine nur von diesen abhängige Technik erzeugt. Unter diesen Umständen, wo es wirklich eine eigene Färbung und eigentümliche Qualifikation besitzt, kann sich in der Gebarung mit ihm viel eher eine Persönlichkeit ausdrücken, als wenn es das an sich farblose Mittel zu schließlich anders gearteten Zwecken ist. Vor allem: es gelangt in diesem Falle, wie erwähnt, zu einer ganz eigenartigen und tatsächlich sehr ausgebildeten Technik; und allenthalben ermöglicht nur eine solche den individuellen Stil der Persönlichkeit. Nur wo die Erscheinungen einer bestimmten Kategorie in solcher Fülle und inneren Abgeschlossenheit auftreten, daß eine besondere Technik zu ihrer Bewältigung erwächst, wird das Material eben durch diese so geschmeidig und bildsam, daß der Einzelne in der Handhabung desselben einen eigenen Stil zum Ausdruck bringen kann. (ebd. 412)

Die Entlohnung in Geld hat jedoch zunächst eine entdifferenzierende und egalisierende Wirkung, denn…

…Eigentum an Geld (bedeutet) die Möglichkeit der Nutznießung unbestimmt vieler Sachen … Das Geld erzeugt so eine höhere Potenz des allgemeinen Eigentumsbegriffes; eine solche, in der schon durch die Rechtsverfassung der spezifische Charakter jedes sonstigen Sachbesitzes aufgelöst und das geldbesitzende Individuum einer Unendlichkeit von Objekten gegenübergestellt wird, deren Genuß ihm gleichmäßig durch die öffentliche Ordnung garantiert ist: es legt also von sich aus nicht seine weitere Ausnutzung und Fruktifizierung fest, wie einseitig bestimmte Objekte es tun. (ebd. 413 f.)

Und hier hat dann auch wieder die Art der Tätigkeit spezielle Auswirkungen auf das Sein des Einzelnen, nun jedoch nicht mehr durch die Tätigkeit als solche, sondern durch die differenzierte Entlohnung, die wiederum unterschiedliche Konsumstile ermöglicht oder verbietet. Die Quantität des Besitzes, nicht mehr seine Qualität unterscheidet die potentiellen Konsumenten, und dieser Unterschied kommt erst im Augenblick des tatsächlichen Konsums zum Tragen. Wenn also das, was ich beruflich tue, was ich produziere, mich nicht mehr so ohne weiteres und automatisch sozialen Kreisen einverleibt, ist dann der Konsumstil das, was an die Stelle des Berufes getreten ist?

In Zeiten des Massenkonsums kann dies wohl nur äußerst begrenzt und auf knappe und teure Güter bezogen der Fall sein. Ansonsten gilt: Vom Professor bis zum Dreher kaufen alle bei IKEA. Doch sind es auch hier zusätzlich die ganz besonderen Eigenschaften des Mediums »Geld«, die Konsumstile als soziales Ordnungsprinzip kaum geeignet scheinen lassen (ebd. 465):

> Die sachliche Zusammenhangslosigkeit des Subjektes mit dem Objekt, an dem es ein bloßes Geldinteresse hat, spiegelt sich in seiner personalen Zusammenhangslosigkeit mit den anderen Subjekten, mit denen ihn ein ausschließliches Geldinteresse verbindet. Hiermit ist nun eine der wirkungsvollsten kulturellen Formungen gegeben: die Möglichkeit des Individuums, sich an Assoziationen zu beteiligen, deren objektiven Zweck es fördern oder genießen will, ohne daß für die Persönlichkeit... irgendeine Bindung mit sich brächte. Das Geld hat es bewirkt, daß man sich mit Anderen vereinigen kann, ohne etwas von der persönlichen Freiheit und Reserve aufgeben zu brauchen. Das ist der fundamentale, unsäglich bedeutungsvolle Unterschied gegen die mittelalterliche Einigungsform, die zwischen dem Menschen als Menschen und dem Menschen als Mitglied einer Vereinigung nicht unterschied; sie zog das gesamtwirtschaftliche wie das religiöse, das politische wie das familiäre Interesse gleichmäßig in ihren Kreis.

Erst die beginnende Durchsetzung des »Zweckverbandes« in der
Moderne, also der sach- und nicht personenbezogenen Assoziation
formierte das Verhältnis von sozialen Kreisen zu Persönlichkeit in
für die Moderne charakteristischer Weise:

> … daß die Persönlichkeit durch die bloß formale Tatsache der
> mehrfachen Assoziation eine individuelle Situation gewann, in
> der die Bindungen auf die Persönlichkeiten hin orientiert
> waren, während in den früheren, sozusagen alleinherrschen-
> den Synthesen die Persönlichkeiten auf die Bindungen hin
> orientiert blieben. (Simmel 1992 [1908]: 475 f.)

Individualität wird hier als relationale Eigenschaft konstruiert, die
der Assoziation bedarf, um sich zu konstituieren und ihren Ausdruck zu finden. Ohne Bindungen ist Individualität für Simmel folglich nicht denkbar, sie ist das je einzigartige Mischverhältnis verschiedener Gruppenzugehörigkeiten des Individuums. Gleichzeitig
konzediert Simmel jedoch in der »Philosophie des Geldes«, daß
eben diese Gruppenzugehörigkeiten recht folgenlos für die Persönlichkeit bleiben, so sie über einen finanziellen Beitrag vermittelt
sind. So weiß ich also wenig über den, der Golf spielt, abgesehen
davon, daß er offenkundig die Vereinsbeiträge zahlen kann. In Zeiten sinkender Beiträge, die eigentlich für jeden erschwinglich sind,
weiß ich also de facto nichts über den Golfspieler, denn keines seiner Persönlichkeitsmerkmale ist notwendigerweise in Abhängigkeit
zu seiner Mitgliedschaft im Golfclub ausgebildet oder war ihre Voraussetzung.

Damit rekurriert das erste A priori eigentlich auf eine vormo-
derne Logik der Vergesellschaftung: Sind nämlich die Persönlichkeiten auf die Bindungen hin orientiert, so ist mir der Rückschluß
von Kreiszugehörigkeit auf Gegenüber und damit die Sozialisierung
seiner Individualität in meiner Wahrnehmung möglich und wird
mich auch nicht allzu sehr in die Irre führen, denn der andere bildet
ja seine Persönlichkeit in Korrespondenz zu und in Abhängigkeit
von seinen Bindungen aus. In dem Falle, den Simmel der »Moderne«

zuschlägt, nämlich dem, in dem die Bindungen auf die Persönlichkeit hin orientiert sind, ist das erste A priori in Gefahr, kläglich zu versagen. Es kann nicht nur geschehen, daß ich die Leerstelle, den blinden Fleck in meiner Wahrnehmung des Anderen völlig falsch ausfülle, zusätzlich ist es mir nun auch nicht mehr möglich, mein Gegenüber in den sozialen Kosmos einzuordnen: Damit löst sich die soziale Ordnung selbst auf, denn es fehlt das Ordnungsprinzip, das einem jeden Element seinen Platz zuweist, also die Clanzugehörigkeit, der Stand, der Beruf oder auch, wenn auch schon merklich geschwächt, die Zugehörigkeit zu irgendeinem sozialen Kreis. An die Stelle eines Ganzen tritt also die Summe der Teile, und anders als in dem bekannten Paradox ist sie nicht nur mehr als das Ganze, sondern einfach zuviel.

Sind also die Bindungen tatsächlich auf die Persönlichkeit hin orientiert, so hilft auch der Zirkelschluß, der darin besteht, daß die Persönlichkeit Summe der Bindungen ist, nicht gegen die Einsicht, daß die Freiheit, eine Bindung einzugehen, auch die Freiheit, dies nicht zu tun, impliziert.

Es wird bei dieser Differenzierungsbewegung dann auch fraglich, ob man noch mit Simmel den Ausdruck und die Formation der Individualität als je einzigartige Schnittmenge der Mitgliedschaften in oder der Teilhabe an sozialen Kreisen deuten kann:

> Nachdem die Synthese des Subjektiven das Objektive hervorgebracht hat, erzeugt nun die Synthese des Objektiven ein neueres und höheres Subjektives – wie die Persönlichkeit sich an den sozialen Kreis hingibt und sich in ihm verliert, um dann durch die individuelle Kreuzung der sozialen Kreise in ihr wieder ihre Eigenart zurückzugewinnen. (ebd. 467)

Die Persönlichkeit, die sich an den sozialen Kreis hingibt und sich in ihm verliert, scheint mir ebenfalls eher an der »älteren« Form der Vergemeinschaftung orientiert zu sein, eben der, in der die Persönlichkeit sich an den Bindungen orientiert und nicht umgekehrt.

Die Synthese des Subjektiven, an die Simmel hier denkt, hat

zudem als implizite Voraussetzung eine Beschränkung der *exit*-Option für die Mitglieder eines sozialen Zusammenhanges, ansonsten ist das durch sie hervorgebrachte Objektive immer prekär, weil es von der Kraft individueller Selbstverpflichtung abhängig ist. Die individuelle Kreuzung der sozialen Kreise kann dann, wiederum im Extremfall, dann nicht der Persönlichkeit ihre Eigenart wiedergeben, sondern sie zu einem Epiphänomen des Sammelsuriums ihrer unverbindlichen Verbindlichkeiten degradieren.

Das ist sicher bei den Gestalten der Fall, die sich in atemberaubender Geschwindigkeit nacheinander bei der Diskussionsgruppe über den Klimawandel/den Umbau der Arbeitsgesellschaft/die Bepflanzung von schattigen Hanggrundstücken in der südlichen Toskana/selbst erfahren. Ihre Geschichte ist eine der permanenten Neukreuzung sozialer Kreise, aber in keinem verweilen sie lange genug, um tatsächlich Sozialisationseffekte zu erfahren.

Es steht hier nicht so sehr der Wunsch, ständig *etwas* Neues, sondern vielmehr ständig *sich selbst neu* zu erleben. Die Seminar-Folklore dient dabei weniger als Hintergrund für die eigene Präsentation denn als Füllung für die entleerten Innenräume. Dabei wird allerdings nicht individuelle »Geschichte« geschrieben, sondern es werden immer wieder neue Geschichten erlebt, die spurlos von den jeweils allerneuesten abgelöst werden – oft mit der Begründung, man sei in dem gerade verlassenen Zusammenhang nicht wirklich »authentisch« gewesen.

Auch eine weitere Funktion des ersten A priori wird hier deutlich: die der gesellschaftlichen Repräsentation und Formierung individueller Interessen als Mitglied verschiedener Kreise und nicht als Paula Müller. Erst als solche werden sie gesellschaftlich verhandelbar, und erst als solche erlauben sie es dem Einzelnen, sich repräsentiert zu fühlen. So kann ich als Kaufmann einer entsprechenden Vereinigung beitreten und werde meine Interessen in Aushandlungsprozessen zwar modifizieren müssen, aber gesellschaftlich repräsentiert und beachtet finden. Schwieriger wird es, eine Vereinigung zu finden, die mein Unglück als betrogener Ehemann oder unglücklich Verliebte repräsentiert. Man kann diese Unterscheidung auf die Formel bringen: Interessen sind verhandelbar und prinzipiell kompromißfähig, Emotionen jedoch nicht und daher auch nicht gesellschaftlich zu repräsentieren. Der Anspruch, im öffentlichen Leben als Mensch erkannt zu werden, zieht hier die Unmöglichkeit nach sich, als Mitbürger anerkannt zu werden.

So bleibt es dann auch fraglich, ob die von Simmel beschriebene Differenzierungsbewegung am Ende tatsächlich zur »Ausbildung des öffentlichen Geistes« führt:

> Die Ausbildung des öffentlichen Geistes zeigt sich nun darin, daß genügend viele Kreise von irgendwelcher objektiven Form und Organisierung vorhanden sind, um jeder Wesensseite einer mannigfach veranlagten Persönlichkeit Zusammenschluß und genossenschaftliche Betätigung zu gewähren. Hierdurch wird eine gleichmäßige Annäherung an das Ideal des Kollektivismus wie des Individualismus geboten. Denn einerseits findet der Einzelne für jede seiner Neigungen und Bestrebungen eine Gemeinschaft vor, die ihm die Befriedigung derselben erleichtert, seinen Tätigkeiten je eine als zweckmäßig erprobte Form und alle Vorteile der Gruppenangehörigkeit darbietet; andrerseits wird das Spezifische der Individualität durch die Kombination der Kreise gewahrt, die in jedem Fall eine andre sein kann. So kann man sagen: aus Individuen entsteht die Gesellschaft, aus Gesellschaften entsteht das Individuum. (ebd. 485)

Wenn sich der öffentliche Geist herausbilden soll, müssen die Kreise ebenso, wie eine bedeutungtragende Bindung des Individuums stabil sein. Dafür ist auch ein Minimum an Nicht-Beliebigkeit der Kombinationen von Mitgliedschaften erforderlich.[8] Ist dies nicht gegeben, kann die Gleichung nicht aufgehen. Denn im Simmelschen Verständnis entsteht nur aus einigermaßen dauerhaften

---

[8] So gilt es gemeinhin als unüblich, Mitglied in verschiedenen Parteien zu sein; auch den Fleischer wird man kaum auf Veganer-Veranstaltungen treffen.

»Gesellschaften« ein Individuum und nur für Individuen, die dauerhaft Gesellschaft suchen, entsteht Individualität. Diese Beschränkungen individuellen Ausdrucks von (wechselnden) Präferenzen in der Phase der Modernisierung einer traditionalen Gesellschaft werden jedoch durch eine Modernisierung der Moderne aufgehoben.

Das erste A priori scheint somit davon zu leben, daß seine impliziten Voraussetzungen einer vormodernen Welt entlehnt sind, die Individualisierung und Freiheitsgewinn für den Einzelnen erträglich machen. Hat sich die Moderne erst einmal selbst eingeholt, ist sie also reflexiv geworden, so ist sie offenbar auch dadurch definiert, daß dieses A priori nicht mehr eingelöst werden kann. »Rollenkompetenz« und auch soziale Deutungskompetenz sind damit in der modernen Moderne nicht mehr so ohne weiteres gewährleistet. Wie sich diese Entwicklung auf das zweite A priori auswirkt, das ja das Spiegelbild des ersten ist, werde ich im nächsten Abschnitt behandeln.

Eigen-Sinn und Respekt

Das zweite A priori komplettiert das erste A priori, indem es als Gegengewicht zur sozialen Natur des Individuums die individuelle Qualität des sozialen zur zweiten Bedingung für Gesellschaft erhebt. Hat das erste A priori Individualität sozialisiert, so individualisiert das zweite die sozialen Rollen. Der Andere tritt uns nicht nur als Typus, als Vertreter einer bestimmten Kategorie gegenüber, sondern versieht seine Rolle mit dem *air* seiner Individualität. Dann ist der Beamte eben nicht nur Beamter, sondern auch phlegmatisch, schwatzhaft oder ein Erbsenzähler.

Dies ist jedoch nicht nur unvermeidbare Folge der Individualität des Funktionärs, sondern Voraussetzung für Vergesellschaftung überhaupt. Denn…

> …der Umstand, daß der Einzelne mit gewissen Seiten nicht Element der Gesellschaft ist, bildet die positive Bedingung

dafür, daß er es mit anderen Seiten seines Wesens ist: die Art
seines Vergesellschaftet-Seins ist bestimmt oder mindestens
mitbestimmt durch die Art seines Nicht-Vergesellschaftet-
Seins. (ebd. 51)

Das Apriori des empirischen sozialen Lebens ist, daß das
Leben nicht ganz sozial ist, wir formen unsere Wechselbeziehungen nicht nur unter der negativen Reserve eines in sie nicht
eintretenden Teiles unserer Persönlichkeit; dieser Teil wirkt
nicht nur auf die sozialen Vorgänge in der Seele ein, sondern
gerade die formale Tatsache, daß er außerhalb der letzteren
steht, bestimmt die Art dieser Einwirkung. (ebd. 53)

Daraus resultiert eine Frontstellung zwischen Individuum und
Gesellschaft, die latent immer gegeben ist, denn »... die individuelle
Seele ... (kann) ... nie innerhalb einer Verbindung stehen ... außerhalb derer sie nicht zugleich steht, ... sie ... (ist) ... in keine Ordnung
eingestellt ... ohne sich zugleich ihr gegenüber zu finden« (ebd. 53).
So sehr wir also Produkt der Gesellschaft sind, so klar fühlen wir in
jedem Augenblick, daß wir nicht deckungsgleich mit ihr sind:

So wenig wir als Naturwesen ein Fürunssein haben, weil die
Kreisung der natürlichen Elemente durch uns wie durch völlig
selbstlose Gebilde hindurchgeht und die Gleichheit vor den
Naturgesetzen unser Dasein ohne Rest in ein bloßes Beispiel
ihrer Naturnotwendigkeiten auflöst – so wenig leben wir als
Gesellschaftswesen um ein autonomes Zentrum herum, sondern sind Augenblick für Augenblick aus den Wechselbeziehungen zu anderen zusammengesetzt und sind so der körperlichen Substanz vergleichbar, die für uns nur noch als die
Summe vielfacher Sinneseindrücke, aber nicht als eine für sich
seiende Existenz besteht. Nun aber fühlen wir, daß diese
soziale Diffusion unsere Persönlichkeit nicht vollkommen auflöst; ... der gesamte Lebensinhalt, so restlos er aus den sozialen
Antezedentien und Wechselbeziehungen erklärbar sein mag,
ist doch zugleich unter der Kategorie des Einzellebens zu

betrachten, als Erlebnis des Individuums und völlig auf dieses hin orientiert. (ebd. 55)

Die soziale Natur der Individualität und die individuelle Natur des Sozialen sind also zwei Kategorien, die denselben Inhalt unterschiedlich beleuchten. Gesellschaft ist nicht gekennzeichnet durch ein Nebeneinander dieser Kategorien innerhalb einer Person, sondern durch ihre jeweils gleichermaßen totale Gültigkeit. Denn »...(d)ie Gesellschaft besteht nicht nur ... aus Wesen, die zum Teil nicht vergesellschaftet sind, sondern aus solchen, die sich einerseits als völlig soziale Existenzen, andrerseits, den gleichen Inhalt bewahrend, als völlig personale empfinden.« (ebd. 56)

Genau darin besteht der *Clou* der Simmelschen Soziologie. Ging es ihm in der »socialen Differenzierung« von 1890 noch allein um die Formen der Vergesellschaftung, so konzentriert er sich in seiner »Soziologie« auf die für Gesellschaft konstitutiven Wechselwirkungen zwischen der Form und der Einsicht in die Form, für die er mit dem zweiten A priori die logische Voraussetzung formuliert hat.

Ich erläutere dies mit einem Gedankengang, der sich an Helmuth Plessners Anthropologie anlehnt, wie er sie in seinem Buch »Die Stufen des Organischen und der Mensch« (1928) und in seinen Aufsätzen »Mensch und Tier« (1946) und »Der Mensch im Spiel« (1967) niedergelegt hat: Die soziale Natur des Menschen ist Folge seiner Abhängigkeit von seiner Umwelt als unfertiges Wesen zum Zeitpunkt seiner Geburt. Weltoffenheit und Triebunspezifik charakterisieren den Neuankömmling, so daß die endgültige Formung seiner Begierden und Präferenzen im Rahmen einer sozio-kulturellen und nicht biologischen Entwicklung stattfindet. Die Sozialisierbarkeit der Triebe ist wiederum Voraussetzung für sozial normierten Triebverzicht und damit für Sublimierung in zivilisatorischen Leistungen (Plessner, 1946: 63). Daraus resultiert nicht nur Kultur, sondern auch der Zwang zum Selbst-Verhältnis: Das »Für-sich-Sein« (Simmel, 1992 [1908]: 54) des Subjekts ist Folge der biologischen Unfähigkeit, von Beginn der eigenen Existenz an für sich zu sein. Der Prozeß des »Für-sich-Werdens« ist ein mittelbarer, der erlaubt, sich an sich selbst in diesem Prozeß zu erinnern und daraus eine Identität zu konstruieren, die über die Unmittelbarkeit der Gegenwart hinausgeht und diese der Reflexion zugänglich macht, ebenso wie die Imagination von zukünftigen Selbstbildern. Die erlebte Gegenwart gewinnt dann an Tiefe vor dem Hintergrund einer reflektierten Vergangenheit und einer projizierten Zukunft. Gleichzeitig ist es mir dann auch in einer reflexiven Wendung möglich, meine Jetztzeit entweder als Vergangenheit zu imaginieren oder als geträumte oder gefürchtete Zukunft zu erinnern. Mit Plessner gesprochen wird hier die animalische Ebene des »Körper-Seins« zugunsten des »Körper-Habens« verlassen und damit Selbst-Erfahrung möglich oder besser gesagt: unausweichlich (Plessner, 1967: 310).

Erst diese Befähigung und Verdammung zum Selbstverhältnis begründet jenen »tiefsten Individualitätspunkt«, dessen Realitätsgehalt in unserem eigenen Erleben von nichts anderem übertroffen wird und den wir dennoch unserem Gegenüber ebenfalls zugestehen, ohne ihn perfekt in uns nachbilden zu können. Dies war ja in Simmels Soziologie die Voraussetzung für Gesellschaft als eines Phänomens, das im Gegensatz zur Natur keines Betrachters bedarf, um zu sein. Da die verbundenen Subjekte sich eben gegenseitig Subjektstatus zubilligen, verwirklicht sich ihre Verbindung allein in ihnen. Diese Anerkennung ist auch die Vorbedingung für die Anerkennung von Differenz und damit für Respekt, für Zuneigung und für Solidarität.

Das zweite A priori hat also noch eine weitere Aufgabe jenseits der Individualisierung der sozialen Rolle: Gäbe es nicht beide Kategorien, also die soziale *und* die personale, sondern nur die soziale, dann wäre es nicht möglich, daß das Individuum sich als vergesellschaftet *erkennt,* und damit wäre Gesellschaft dann in Simmels Diktion unmöglich, denn sie verwirklicht sich ja allein in dem Bewußtsein der beteiligten Subjekte.[9] Das zweite A priori ist damit sowohl logische als auch soziale Bedingung für Gesellschaft.

---

[9] Das illustriert Simmel sehr eindrücklich am Beispiel der religiösen Hingabe: »...um dieser Einschmelzung auch nur einen Sinn zu geben, muß er irgend ein

Eine Erosion des zweiten A priori würde sich in einem prekären Selbsterleben des Einzelnen niederschlagen. Damit wäre die Einsicht in die soziale Verbundenheit mit dem Anderen ebenfalls gefährdet, denn sie setzt ja die stabile Präsenz der personalen Kategorie neben der sozialen voraus. Ist diese Präsenz nicht gegeben, so kann auch der Andere nicht als eigenständige Person erkannt werden, und die Beziehung zu ihm wird nur noch unter funktionalen Gesichtspunkten eingegangen oder beendet. Damit ist eine wichtige Voraussetzung für Gesellschaft nicht mehr gegeben, die unter dem Gesichtspunkt des zweiten A priori nicht dadurch angegriffen wird, daß die Ordnung des Sozialen nicht mehr zu entziffern ist (wie im ersten A priori), sondern dadurch, daß das Versagen dieses Ordnungsprinzips nur begrenzt individualisierte und souveräne Persönlichkeiten hervorbringt. Diese Gestalten geben sich dann entweder der Authentizitätssucht hin und wollen sich in jeder Rolle »wiederfinden«, oder sie fassen ihr gesamtes Sein als Rolle auf, auch das »eigentlich persönliche«:

> In einer Gesellschaft, die konträre Welten öffentlich auf dem Markt feilbietet, werden für die subjektive Wirklichkeit und Identität gewisse Konsequenzen gezogen. Das allgemeine Gefühl für die Relativität aller Welten nimmt zu – einschließlich der eigenen, die subjektiv als eine Welt, nicht als die Welt angesehen wird. Dementsprechend faßt man das eigene institutionalisierte Verhalten als »Rolle« auf, die man ablegen kann. Man »füllt sie aus« und »hält sie durch«, das heißt, man arbeitet mit ihr und hat sie unter Kontrolle ... Diese Situation hat größere Konsequenzen als die bloße Möglichkeit für den Einzelnen, einen oder den zu spielen, für den man ihn nicht

---

Selbst Sein bewahren, irgend ein personales Gegenüber, ein gesondertes Ich, dem die Auflösung in dies göttliche All-Sein eine unendliche Aufgabe ist, ein Prozeß nur, der weder metaphysisch möglich noch religiös fühlbar wäre, wenn er nicht von einem Fürsichsein des Subjekts ausginge: das Eins-Sein mit Gott ist in seiner Bedeutung durch das Anders-Sein als Gott bedingt.« (ebd. 53 f.)

hält. Er spielt auch einen oder den, für den man ihn hält. (Berger/Luckmann, 1996: 184)

Die Konsequenzen dieser Entwicklung sind jedoch nicht nur für das soziale Sein des Individuums erheblich, sondern auch für jenen Teil, »... den das Individuum für sich reserviert.« (Simmel 1992 [1908]: 52) Auch dieser muß unter dem Rollenverdacht stehen und kann hier unter Umständen nicht mehr sein, als das Epiphänomen meines (wechselnden) Repertoires. Man ist hier also permanent gleichermaßen Schauspieler, Publikum und Archivar der eigenen Gegenwart. Die Welt präsentiert sich hier als schier unerschöpflicher Süßwarenladen, für dessen Angebot man unbegrenzt Kredit hat. Allerdings schmecken die Leckereien alle erstaunlich ähnlich.

Die andere Seite der Störung wird durch die Sucht nach Authentizität repräsentiert, die bereits in den möglichen Erosionserscheinungen des ersten A priori diskutiert wurde:[10] Nicht alles wird als Rolle gespielt, nicht ein Übermaß an Distanz verhindert ein dauerhaftes Engagement in *einer* Rolle, sondern die völlige Abwesenheit der Fähigkeit zu Rollenverhalten führt hier zu ganz ähnlichen Ergebnissen. Der Anspruch, überall man selbst zu sein, immer als »ganzer Mensch« wahrgenommen zu werden, und mangelnde Distanz zum eigenen Tun verhindern sowohl stabile soziale Beziehungen als auch die Entwicklung einer reifen Persönlichkeit, die sich (in der dafür angemessenen Sphäre) ausdrücken könnte. Ist der Meister der Rollenprosa dadurch gekennzeichnet, daß ihm alles zum Spiel gerät, so ist der »Authentische« dadurch charakterisiert, daß jeder Zusammenhang, in dem er sich bewegt, allein durch seine Mitwirkung sehr bald an eine Selbsthilfegruppe erinnert.

Beide Typen stehen also nicht mehr automatisch in einer latenten Opposition zur jeweiligen Ordnung, in der sie sich bewegen. Der Spieler fühlt sich tatsächlich in keine Ordnung mehr eingebunden, sondern imaginiert sich bestenfalls noch als gebunden, und dieser

---

[10] Die übergroße Distanz kann unter der Prämisse des ersten A priori allein noch nicht als Problem auftauchen.

Umstand ist Teil seiner Imagination. Es ist fraglich, ob dieser Prozeß bereits damit eingeleitet wird, daß es mehr als eine mögliche Ordnung gibt – man muß annehmen, daß Menschen zu jeder Zeit mit Phantasie begabt waren und somit Alternativen denkbar waren und auch erdacht worden sind. Zudem waren Ordnungssysteme selten konkurrenzlos; entweder die konkurrierende Ordnung kam als Bedrohung von außen, oder sie war bereits Substruktur der bestehenden Ordnung. So hat das christliche Weltbild eben nicht nur die Ordnung des irdischen Jammertals inkorporiert, sondern auch die der paradiesischen Nachwelt. Nicht das Nebeneinander, sondern die Verwechslung der beiden Systeme stand hier unter Strafe. Die Beliebigkeit der Ordnungen beginnt jedoch erst mit dem Ende ihrer Konkurrenz bzw. mit dem Ende ihrer Unvereinbarkeit. Das Fatale an diesem Prozeß ist, daß er unumkehrbar ist und exponentiell verläuft: Einmal vorgenommen, ist eine Relativierung eines Kontextes kaum rückgängig zu machen, einmal begonnen, ist es kaum möglich, Bereiche vor potentieller Relativierung zu schützen, denn ist erst einmal eine Ordnung vom Ruch der Einzigartigkeit befreit, so werden Argumente dafür, andere Ordnungsvorstellungen vor dem gleichen Schicksal zu bewahren, knapp. Der »Authentische« reagiert genau auf diese Situation mit der verzweifelten Suche nach dem *einen* Kontext, der all seine Bedürfnisse befriedigt und damit automatisch alle denkbaren Alternativen ausschaltet.

Alle Erosionserscheinungen der ersten beiden A priori, die auf den vorhergehenden Seiten besprochen worden sind, waren spätestens seit den fünfziger Jahren[11] immer wieder Thema, nicht nur in den Feuilletons, sondern auch in gesellschaftstheoretischen Diskussionen in Sozialwissenschaften und Psychologie. Die einflußreichste Debatte ist hier die Narzißmus-Diskussion, die in den siebziger Jahren über die Psychoanalyse hinaus an Bedeutung gewann und mittlerweile als Standarddiagnose für die verschiedensten gesellschaftlichen Phänomene verwendet wird – und das nicht nur in den Nachmittagstalkshows (vgl. etwa Diamond 2005; Ehrenberg 2004;

---

[11] Ich denke hier etwa an Riesman, »Die einsame Masse« (1956).

Gourgé 2000: 19–48; Röhr 2002: 155–158; Wirth 2002). Besonders eindrücklich hat Christopher Lasch in seiner bereits 1979 erstmals erschienenen Monographie »Das Zeitalter des Narzißmus« (1995) die hier unter dem Gesichtspunkt einer Störung des Gleichgewichts zwischen dem ersten und dem zweiten A priori diskutierten Phänomene zu einer Diagnose eines fundamentalen Wandels der psychische Innenausstattung des Bewohners der Moderne verdichtet. Erkenntnisgewinn und -grenzen einer so expliziten Psychologisierung gesellschaftlichen Wandels im Rahmen dieser Debatte sind Thema des nächsten Kapitels.

3 *NARZISS* OHNE *ECHO* – INTROSPEKTION IM VAKUUM

Im griechischen Mythos um *Narziß* und *Echo* weist der schöne Halbgott seine Bewunderer kalt und beharrlich ab und bringt ihnen damit den Tod. Dieses Schicksal widerfährt auch der Bergnymphe *Echo*, die an ihrer unerwiderten Liebe zugrunde geht. Sie ist das Gegenbild zu *Narziß*, der in seiner Selbstbezogenheit zur Liebesunfähigkeit (oder genauer: zur Unfähigkeit zu jedwedem Außenbezug) verurteilt ist, während *Echo* in Gänze außengeleitet lebt.[12] *Narziß* wird verflucht für seine Grausamkeit und kann nun lieben, allein – das eigene Spiegelbild ist das Objekt seiner Begierde. Verzweifelt über die Unmöglichkeit der Vereinigung mit dem geliebten Wesen stürzt er sich in den Teich, der ihm sein Antlitz widerspiegelt, und ertrinkt.

In der Figur des *Narziß* findet die Psychoanalyse ihr Vorbild für einen Zustand der Selbstgenügsamkeit, der sowohl als frühkindliche Entwicklungsphase als auch als erwachsene Pathologie beschrieben wird. In der Diskussion um die narzißtische Gesellschaft, die seit den siebziger Jahren andauert, wird *Narziß* sowohl aus der Enge der Pathologie als auch aus den Höhen der Mythologie befreit und zum typischen Bewohner der modernen Gesellschaft des ausgehenden 20. Jahrhunderts erklärt.

Ein neuer Sozialcharakter, wenn auch ohne ausdrückliche Referenz auf Psychopathologien, wurde in den USA bereits zu Beginn der fünfziger Jahre mit Riesmans These vom Übergang vom innengeleiteten zum außengeleiteten Menschen geschildert (Riesman, 1956).[13]

---

[12] Vgl. dazu Stimmer, 1987: 33.

[13] Auch Adornos Studien zum autoritären Charakter enthalten mit der Figur der manipulativen Persönlichkeit bereits in groben Zügen den dann in den siebziger Jah-

Auch wenn Riesman den Terminus »narzißtische Gesellschaft« nicht verwendet,[14] so ist er doch häufig als Stammvater dieser Debatte (miß)verstanden worden. Riesman verknüpft, inspiriert von Thorstein Veblens »The Theory of the Leisure Class« (1899) demographische Entwicklungen mit dem Auftreten und der Dominanz bestimmter Sozialcharaktere. Nach dem traditionsgeleiteten Typus der traditionalen Gesellschaft und dem innengeleiteten Typus der klassischen Moderne sieht er nun in den USA den außengeleiteten Menschen in allen gesellschaftlichen Sphären dominieren. Dieser zeichnet sich durch eine »Verbraucherhaltung« gegenüber allen Bereichen des Lebens, durch eine extreme Orientierung an der *peer group* und nicht mehr an Eltern oder Vorfahren und starkes Harmoniebedürfnis aus. Analog verschiebt sich im schulischen und beruflichen Bereich die Aufmerksamkeit zunehmend von fachlichen Leistungen auf Kooperationsfähigkeit und -bereitschaft sowie auf persönliche Qualitäten. Nicht mehr, was man kann, ist ausschlaggebend für das schulische und berufliche Fortkommen, sondern wie man mit seiner Umgebung umgeht, in welchen Netzwerken man präsent ist und welche Informationen man über diese Netzwerke akquirieren kann. Dabei ist Rollenkompetenz immer weniger gefragt, das »eigentlich Persönliche« tritt in den Vordergrund und erzwingt so eine scheinbare Authentizität. Es gewinnt hier weniger derjenige, der tatsächlich »echt« ist, als der, der überzeugend die Gesten und Rituale des »Echt-Seins« kommuniziert. Riesman hält die von ihm beobachteten Veränderungen für eine Anpassung an veränderte Rahmenbedingungen in der modernen Gesellschaft. Unklare und wechselnde Vorstellungen hinsichtlich dessen, was eine Normalbiographie ist und was nicht, Einebnung von Hierarchien in der Angestellten-Gesellschaft und permanenter technologischer Wandel lassen die oben geschilderten Fähigkeiten wichtiger

---

ren in den USA als dominant beschriebenen narzißtischen Typus (Adorno, 1995 [1950]: 334–339).

[14] Den Begriff »Narzißmus« verwendet er dagegen durchaus (beispielsweise 1956: 90).

3 Narziss ohne Echo 53

werden als fachliche Qualifikation, eigentlich jede faßbare Qualität, die durch ihre Zugänglichkeit und Begreifbarkeit immer von der Gefahr der Entwertung bedroht ist.

In der Rezeption seines Werks durch die Narzißmus-Debatte ist Riesman vorgeworfen worden, er habe den außengeleiteten Typ insofern mißverstanden, als dieser eigentlich zutiefst innengeleitet sei und ein »Außen« gar nicht wahrnehmen könne, und er habe die »…Oberfläche irrtümlich für die tieferliegende Realität…« gehalten (Lasch, 1995: 103). Ich denke, die Kritiker irren, wenn sie Riesman hier so umstandslos ihrer eigenen Diskussion einverleiben. Riesman geht es um etwas anderes als um eine psychologische Erklärung sozialen Wandels: Er möchte einen Veränderung der »…wesentlichen Arten der Konformitätssicherung des städtischen amerikanischen Mittelstandes…« (Riesman, 1956: 76 f.) untersuchen. Er verknüpft diesen Wandel mit einer Einebnung der Hierarchien in der Angestelltengesellschaft und einer daraus resultierenden Statusunsicherheit hinsichtlich des aktuellen wie auch des angestrebten Status. Das Grundgefühl, das in dieser Gesellschaft bezüglich der eigenen Lebensplanung dominiert, ist »…diffuse Angst…« (ebd. 91) davor, den Anschluß an die *peer group* zu verlieren, der für die Orientierung in der *lonely crowd* überlebenswichtig ist. Daraus resultiere die starke Außenlenkung des gegenwärtigen Bewohners der Moderne.[15] Sie löse den »Kreiselkompaß« (ebd. 47) des innengeleiteten Individuums ab, der sich in Abhängigkeit von einer internalisierten Moral ausrichtete. Neu sei hier weniger das ausgeprägte Lenkungsbedürfnis der Individuen an sich, sondern der Wunsch, durch die *peer group* gelenkt zu werden (ebd. 55) und nicht durch die eigenen Vorfahren bzw. überlieferte Vorstellungen oder verinnerlichte Ge- und Verbote. Riesman behauptet also einen neuen Modus der Konformitätssicherung in modernen Gesellschaften:

---

[15] Gegenwärtig meint hier natürlich zunächst den Bewohner der USA in den fünfziger Jahren. Ob Riesmans Diagnose auch heute noch Gültigkeit hat, bleibt zu prüfen.

Antwort: Ich mag Superman lieber als die anderen, weil sie nicht alles das können, was Superman kann. Batman kann nicht fliegen, und das ist sehr wichtig.

Frage: Möchtest du denn fliegen können?

Antwort: Ich möchte wohl fliegen können, wenn alle anderen es auch könnten, aber so wäre es verdächtig. (ebd. 141)

Etwas ist nicht gegen einen alten Brauch, es ist auch nicht falsch oder moralisch verwerflich – es ist verdächtig, und zwar deswegen, weil es einzigartig ist.

Was Riesmans Thesen gegen die nun folgende Debatte, die ich hier vorstellen werde, abhebt, ist sein Versuch, den dominanten Sozialcharakter über gesellschaftliche und nicht intrapsychische Strukturveränderungen zu erläutern. Der Schritt von Soziologie zur Psychologie in der hier noch zu besprechenden Debatte wird zumeist legitimiert durch die Ausgangsbeobachtung, daß der narzißtische Typus in der Psychiatrie den Neurotiker als prominente Pathologie ablöst (so Lasch, 1995; Stimmer, 1987; Wangh, 1983). Mit der nur implizit vorausgesetzten und selten explizit formulierten These, der psychisch Kranke stelle so etwas wie die Avantgarde einer Gesellschaft dar, wird dann der dominante Sozialcharakter, der sich durch mangelnde soziale Kompetenz, emotionale Flachheit, überzogene Selbstinszenierung, Egoismus und innere Leere auszeichnet, mit der Psychiatrie verknüpft. Der narzißtische Charakter werde produziert durch einen Verfall familialer – genauer: väterlicher – und kultureller Autorität, der sich je nach Autor in den letzten 40, gelegentlich auch den letzten 80 Jahren unaufhaltsam fortgesetzt hat. Eine weitere Ursache seien die narzißtischen Defizite der modernen Mütter, die die »frühe Störung« genannte Pathologie des Narzißten im Gegensatz zur »reifen Störung« des Neurotikers in der prä-ödipalen Phase verursache.[16] Diese Zeitdiagnosen haben ihren Weg ins Feuilleton gefunden, wenn auch hier nicht immer von

---

[16] Zu einer konkurrierenden Erklärung, die die Diskreditierung einer ganzen Generation von Müttern verwirft, vgl. Wangh, 1983.

»Narzißmus« die Rede ist, sondern von der Ego-Gesellschaft, der Erlebnis-Gesellschaft, Entsolidarisierung oder auch der apolitischen Jugend, die lieber Techno statt Deutschlandfunk hört.

Um die *Gestalt* der hier verwandten Schablone »Narzißmus« ein wenig genauer zu entwerfen, werde ich im nächsten Abschnitt die psychoanalytische Diskussion zum Thema zusammenfassen, soweit sie für ein Verständnis der sozialwissenschaftlichen Dimension der Diagnose unabdingbar ist.

Pathologie und Alltag

Bei der Bandbreite der möglichen Positionen zum Thema »Narziß-mus« in der Psychoanalyse selbst ist eine kohärente, kurze und voll-ständige Abhandlung kaum möglich. Ich werde hier also im wesent-lichen einen kurzen Abriß zur Geschichte des Konzepts seit Freud geben und dann etwas näher auf die Werke von Heinz Kohut und Otto F. Kernberg eingehen, die in den letzten 40 Jahren die wichtig-sten Arbeiten zum Thema publiziert haben:

Die Ätiologie der narzißtischen Charakterstörungen kann nach wie vor keineswegs als geklärt gelten,[17] auch wenn heute bei der Differentialdiagnose und Behandlung schwerer Persönlichkeits-störungen wesentliche Fortschritte erzielt wurden. Einen guten Überblick zu den neuesten Entwicklungen gibt Kernberg (2006).

So identifiziert etwa Cremerius (1982a: 488) noch elf verschie-dene Narzißmus-Konzepte, die in wesentlichen Punkten inkompa-tibel sind. Fast 15 Jahre später sind es bei Hartmann (2005: 3–17) kaum weniger.

Die *genauen* Ursachen narzißtischer Störungen sind konkret

---

[17] So ist die narzißtische Störung auch in der aktuellsten zehnten Revision der ICD (International Statistical Classification of Diseases and Related Health Problems) nach wie vor nur unter »Sonstige spezifische Persönlichkeitsstörungen« (F60.8) auf-gelistet ohne weitere Angaben zu Symptomen und Verlauf. (vgl. http://www.dimdi. de/static/de/klassi/diagnosen/icd10/htmlgm2007/fr-icd.htm)

kaum zu benennen, und dies wird sich wohl auch nie ändern, ».. . weil eine unübersehbare Reihe von Folgebedingungen und Einflußfaktoren in der Entwicklung und auch aktuelle, gegenwärtige soziale Einflüsse das Störungsbild zum einen prägen und zum anderen immer wieder verändern« (Greß et al. 1994: 101). Die prinzipielle Ursache narzißtischer Störungen wird in traumatisierenden Erfahrungen in der frühesten Kindheit angenommen – doch auch hier gibt es genügend kritische Stimmen, die darauf hinweisen, daß die Gleichung, je schwerer eine Persönlichkeitsstörung ausfalle, desto früher sei sie verursacht, nicht immer aufgeht (Reiche, 1991; Schüssler, 1994: 28).

Auch wird die Freudsche Grundlegung der Narzißmustheorie von einigen Autoren als spekulativ und mit den Ergebnissen experimenteller Säuglingsforschung in humanethologischen Untersuchungen nicht zu vereinbaren, zurückgewiesen (so etwa Lichtenberg, 1990; Schüssler, 1994: 25; Stimmer, 1987: 118 f.; zur Bedeutung der Säuglingsforschung in der Behandlung Erwachsener vgl. Beebe/ Lachmann 2004).

Trotz der bereits hier erkennbaren Inkohärenz und Widersprüchlichkeit werde ich einen kurzen Überblick zu den wichtigsten Ansätzen zur Erklärung der Psychogenese narzißtischer Störungen geben: Der primäre Narzißmus wird von Freud beschrieben als libidinöse Besetzung des eigenen Ichs des Säuglings. Der Säugling nimmt sein eigenes Ich noch nicht als getrennt von der Außenwelt, von der Mutter wahr und »rechnet« so auch die Befriedigung der eigenen Bedürfnisse der eigenen Omnipotenz zu.[18] In »Zur Einführung des Narzißmus« entwirft Freud diesen Zustand als ein Ineinsfallen von Libido und Ichtrieben:

> Endlich folgern wir für die Unterscheidung der psychischen
> Energien, daß sie zunächst im Zustande des Narzißmus bei-

---

[18] Es handelt sich hier im strengen Sinne natürlich nicht um eine aktive Zurechnung – diese setzt ja bereits eine Fähigkeit der Trennung von Ich und Außenwelt hinsichtlich der Verursachung von Ereignissen voraus.

sammen und für unsere grobe Analyse ununterscheidbar sind und daß es erst mit der Objektbesetzung möglich wird, eine Sexualenergie, die Libido, von einer Energie der Ichtriebe zu unterscheiden. (Freud, 1989 [1914]: 44)

Freud führt diesen Seinszustand in seinen Spekulationen zur Erklärung jenes rätselhaften »ozeanischen« Gefühls an, auf das er von seinem Freund Romain Rolland aufmerksam gemacht wurde, als dieser sich zu seinen Ausführungen zu Religion als Illusion äußerte (Freud, 1974 [1930]: 197 f.). Dieses ozeanische Gefühl, »...die Empfindung der ›Ewigkeit‹...« (ebd.) sei die eigentliche Quelle jedes religiösen Gefühls, das daher weder des Glaubens noch der Illusion bedürfe. Freud übersetzt diese Empfindung der Ewigkeit als »...ein Gefühl der unauflösbaren Verbundenheit der Zusammengehörigkeit mit dem Ganzen der Außenwelt...« (ebd. 198) und führt es auf eine ferne Erinnerung an den vorgeburtlichen Zustand der Bedürfnislosigkeit zurück, in der »Ich« und »Welt« noch nicht voneinander geschieden seien.[19] Das Ich-Gefühl des Erwachsenen sei Produkt einer Entwicklung, die Freud folgendermaßen rekonstruiert:

Der Säugling sondert noch nicht sein Ich von einer Außenwelt als Quelle der auf ihn einströmenden Empfindungen. Er lernt es allmählich auf verschiedene Anregungen hin. Es muß ihm den stärksten Eindruck machen, daß manche der Erregungsquellen, in denen er später seine Körperorgane erkennen wird,

---

[19] Daß dieses ozeanische Gefühl jedoch ursächlich für Religiosität sei, bezweifelte Freud: »Mir erscheint dieser Anspruch nicht zwingend. Ein Gefühl kann doch nur dann eine Energiequelle sein, wenn es selbst der Ausdruck eines starken Bedürfnisses ist. Für die religiösen Bedürfnisse scheint mir die Ableitung von der infantilen Hilflosigkeit und der durch sie geweckten Vatersehnsucht unabweisbar, zumal, da sich dies Gefühl nicht einfach aus dem kindlichen Leben fortsetzt, sondern durch die Angst vor der Übermacht des Schicksals dauernd erhalten wird. Ein ähnlich starkes Bedürfnis aus der Kindheit wie das nach dem Vaterschutz wüßte ich nicht anzugeben. Damit ist die Rolle des ozeanischen Gefühls, das etwa die Wiederherstellung des uneingeschränkten Narzißmus anstreben könnte, vom Vordergrund abgedrängt.« (Freud 1974 [1930]:204; vgl. auch Chasseguet-Smirgel, 1996: 236)

ihm jederzeit Empfindungen zusenden können, während andere sich ihm zeitweise entziehen – darunter das Begehrteste: die Mutterbrust – und erst durch ein Hilfe heischendes Schreien herbeigeholt werden. Damit stellt sich dem Ich zuerst ein »Objekt« entgegen, als etwas, was sich »außerhalb« befindet und erst durch eine besondere Aktion in die Erscheinung gedrängt wird. Einen weiteren Antrieb zur Loslösung des Ichs von der Empfindungsmasse, also zur Anerkennung eines »Draußen«, einer Außenwelt, geben die häufigen, vielfältigen, unvermeidlichen Schmerz- und Unlustempfindungen, die das unumschränkt herrschende Lustprinzip aufheben und vermeiden heißt. Es entsteht die Tendenz, alles, was Quelle solcher Unlust werden kann, vom Ich abzusondern, es nach außen zu werfen, ein reines Lust-Ich zu bilden, dem ein fremdes, drohendes Draußen gegenübersteht. Die Grenzen dieses primitiven Lust-Ichs können der Berichtigung durch die Erfahrung nicht entgehen. Manches, was man als lustspendend nicht aufgeben möchte, ist doch nicht Ich, ist Objekt, und manche Qual, die man hinausweisen will, erweist sich doch als unabtrennbar vom Ich, als innerer Herkunft. (ebd. 199 f.)

Die »Einsetzung des Realitätsprinzips« (ebd.) ist ein frustrierender, störanfälliger Prozeß, der mit dem Verlust der Welt als Wille und Vorstellung beginnt und sich durch ständige Korrekturen der Grenzziehung fortsetzt. Der primäre Narzißmus beschreibt also einen Zustand, in dem der Säugling in den ersten Wochen vor und nach der Geburt seiner Existenz die primäre Quelle seiner Bedürfnisbefriedigung, seine Mutter, noch nicht von sich abgeschieden hat, sondern im Nachklang intrauteriner Glückseligkeit sich selbst mit der Welt verwechselt.

Diese libidinöse Besetzung des eigenen Ich[20] verschiebt sich bei

---

[20] Hier scheint mir ein logisches Problem vorhanden zu sein: Freud geht ausdrücklich davon aus, daß das »Ich« im strengen Sinne sich erst durch die Verschiebung der Libido konstituiert. Dann kann es auch nicht vor seiner Entstehung besetzt werden.

gelungener Entwicklung erstens auf ein Ich-Ideal, das von der sozialen Umwelt nahegelegt wird. Befriedigung wird in der Erfüllung oder der Annäherung an dieses Ich-Ideal gefunden. Dieses Ich-Ideal ist der »freundliche« Aspekt des Über-Ichs. Hier versammeln sich die positiven, geliebten Bilder früher Bezugspersonen, mit denen das aktuell erlebte Ich verglichen werden kann. Dabei setzt dann der zweite Aspekt des Über-Ichs ein, das Gewissen, das Abweichungen von diesen positiven Bildern negativ sanktioniert. Zweitens wird mit zunehmender Trennung des Selbst von Objekten der Außenwelt die Libido auch auf diese verschoben, also zumeist auf Personen in der sozialen Umwelt. Befriedigung kann dann in erfüllten Beziehungen zu diesen Personen gefunden werden.

Dennoch bleibt ein Restbestand dieses frühkindlichen Narzißmus auch im Erwachsenen erhalten und dient der Regulierung des Selbstwertgefühls. Wie groß dieser Restbestand ist, hängt wohl auch davon ab, wie weit die soziale Umwelt narzißtische Selbstwertregulierung toleriert und sogar nahelegt oder ob andere Mechanismen vorgelebt werden. Dies bedeutet, daß auch beim pathologischen Narzißmus die soziale Umwelt eine größere Rolle spielen könnte als bei anderen psychischen Krankheiten, und zwar in ihrer je aktuellen und nicht nur in ihrer vergangenen Konfiguration.[21]

Freud illustriert die verschiedenen Möglichkeiten der Entwicklung vom frühkindlichen Narzißmus hin zum narzißtischen oder nicht-narzißtischen Erwachsenen am Beispiel der Partnerwahl. Er identifiziert hier zwei Typen der Partnerwahl, den Anlehnungstypus und den narzißtischen Typus:

> Die Sexualtriebe lehnen sich zunächst an die Befriedigung der Ichtriebe an, machen sich erst später von den letzteren selbständig; die Anlehnung zeigt sich aber noch darin, daß die Personen, welche mit der Ernährung, Pflege, dem Schutz des Kindes zu tun haben, zu den ersten Sexualobjekten werden, also zuerst die Mutter oder ihr Ersatz. Neben diesem Typus und

---

[21] Vgl. dazu Stimmer, 1987: 75, Greß et al. 1994.

dieser Quelle der Objektwahl, den man den *Anlehnungs*typus heißen kann, hat uns aber die analytische Forschung einen zweiten kennen gelehrt, den zu finden wir nicht vorbereitet waren. Wir haben, besonders deutlich bei Personen, deren Libidoentwicklung eine Störung erfahren hat, wie bei Perversen und Homosexuellen, gefunden, daß sie ihr späteres Liebesobjekt nicht nach dem Vorbild der Mutter wählen, sondern nach dem ihrer eigenen Person. Sie suchen offenkundigerweise sich selbst als Liebesobjekt, zeigen den *narzißtisch* zu nennenden Typus der Objektwahl. In dieser Beobachtung ist das stärkste Motiv zu erkennen, welches uns zur Annahme des Narzißmus genötigt hat. Wir haben nun nicht geschlossen, daß die Menschen in zwei scharf geschiedene Gruppen zerfallen, je nachdem sie den Anlehnungs- oder den narzißtischen Typus der Objektwahl haben, sondern ziehen die Annahme vor, daß jedem Menschen beide Wege zur Objektwahl offenstehen, wobei der eine oder der andere bevorzugt werden kann. Wir sagen, der Mensch habe zwei ursprüngliche Sexualobjekte: sich selbst und das pflegende Weib, und setzen dabei den primären Narzißmus jedes Menschen voraus, der eventuell in seiner Objektwahl dominierend zum Ausdruck kommen kann. (Freud, 1989 [1914]: 54)

Der sekundäre, pathologische Narzißmus wird bei Freud als eine Restitution des primären Narzißmus des Säuglings beschrieben (vgl. ebd. 57 f.). Diese wird besonders begünstigt durch ein schwach ausgeprägtes Ich-Ideal, weil libidinöse Objektbesetzungen nicht zur Selbstwertregulierung ausreichen oder aufgrund der defizitären Gestalt des Ich-Ideals ebenfalls nur unvollkommen gelingen und deswegen auch kaum befriedigende Objektbeziehungen zulassen. Folge sind entweder Personen, die auch die soziale Regression oder Isolation suchen, oder Personen, deren Partnerwahl dadurch bestimmt wird, inwieweit ein potentieller Gefährte Aspekte des Ichs widerspiegelt und selbst aufweist. Es wird im Extremfall also im Anderen nur das Eigene geliebt.

Die triebtheoretische Begründung des Narzißmus im Freudschen Œuvre wurde schon früh (und konfliktreich von Autoren wie Alfred Adler) kritisiert. Alfred Adlers »Individualpsychologie« und Karen Horneys Neo-Psychoanalyse sind heute immer noch für moderne Narzißmuskonzepte von Bedeutung, die sich zwar selten explizit auf beide Autoren beziehen, aber häufig nicht wesentlich über die Überlegungen von Adler und Horney hinausgehen (vgl. hier etwa Kohut, 1976, 1977; zu einer Kritik der Relativierung oder Abwendung von der triebtheoretischen Grundlegung der Psychoanalyse am Beispiel des Narzißmus vgl. Gast 2005: 132–157).

Besonders die Adlersche Betonung der beiden Pole Minderwertigkeitsgefühl und Geltungsstreben im intrapsychischen Geschehen, ihre sozio-kulturelle Verankerung in der »Individualpsychologie« (etwa in der Figur des »Gemeinschaftsgefühls«) und Adlers Beschreibungen der selbstbezogenen Kompensationen von Personen mit überdurchschnittlich starkem Minderwertigkeitsgefühl weisen hier auf eine andere Dimension der Konstituierung und Konsolidierung des Selbst hin.

In Karen Horneys Neo-Psychoanalyse ist dagegen das Streben nach Sicherheit und deren Erfüllung in der kindlichen Umgebung zentral für die Ich-Entwicklung und den Aufbau von gesundem Selbstvertrauen. In einer ungünstigen familiären Umgebung wird dagegen ein Ich-Ersatz entwickelt, der sowohl Aspekte der Überhöhung als auch der Erniedrigung enthält und in jedem Fall nur unvollkommen mit der Selbst-Realität korrespondiert. Auch Horneys Beschreibungen der Kompensationstechniken dieser Personen finden sich in modernen Narzißmus-Konzepten wieder, wie etwa bei Kohut (1976, 1977) und bei Kernberg (1975, 1988, 1993). Horney und Adler sind Vorläufer der modernen Psychoanalyse, weil sie die triebtheoretische Fixierung Freuds aufgeben und dem Lustprinzip auch das Streben nach Sicherheit und Geltung/Anerkennung als gleichursprünglich an die Seite stellen.

Diese Entwicklung wird von modernen Autoren, meist gemeinsam mit einer Aufgabe oder starken Modifikation Freudscher Annahmen zum primären Narzißmus weitergeführt. Dabei wird z. B.

in der selbstpsychologischen Schule das Freudsche Konzept des
»Ich« dahingehend modifiziert, daß eine von Anfang an vorhandene
psychische Substanz, das »Selbst«, im Rahmen der Entwicklung
der Beziehung zur ersten Bezugsperson libidinös besetzt wird (Kohut) beziehungsweise selbst Resultat früher Objektbeziehungen ist
(Kernberg). Störungen dieser Beziehungen können im pathologischen Narzißmus resultieren.

Heinz Kohut konstruiert den primären Narzißmus ähnlich wie
Freud und sieht den Übergang zum reifen Ich in der Zuweisung der
vormals dem Ich zugeschriebenen Allmacht an allmächtige Eltern-
imagines. Dies erlaubt dem Ich des Kleinkindes weiterhin, sich
selbst Vollkommenheit als Teil der allmächtigen Eltern-Imago zuzurechnen. Die Internalisierung dieser vollkommenen Eltern-Imago
ist ein wesentlicher Bestandteil der Bildung des Ich-Ideals ebenso
wie die Einsicht in die reale Unvollkommenheit der Eltern. Im positiven Fall wird das narzißtische »Größenselbst« durch Selbstvertrauen und eine positive Selbsteinschätzung ersetzt. Den sekundä-
ren pathologischen Narzißmus versteht Kohut als eine Regression
des Erwachsenen auf primärnarzißtisches Selbsterleben als Folge
maximaler Frustration durch die Pflegeperson in früher Kindheit.
Dadurch werden Zuwendungswünsche des Kindes vom Ich abge-
spalten, und durch die Abwesenheit von liebevoller Bestätigung
wird kein stabiles Selbstwertgefühl entwickelt. Die pathologische
Regression unterscheidet sich nach Kohut strukturell nicht von der
normalen Regression des psychisch gesunden Erwachsenen. Kohut
gehört also zu den Analytikern, die in narzißtischen Charakterstörungen Ergebnis einer »frühen Störung«, also eines zeitlich mehr
oder weniger klar abgrenzbaren Ereignisses, eines Defizits an Zu-
wendung und Bestätigung in früher Kindheit sehen.

Kohut schreibt den Patienten, die an narzißtischen Störungen leiden, folgende Symptome zu: Ihre Ich-Grenzen sind nur unvollkommen ausgeprägt, weder wird das eigene Ich als stabil unterschieden
von der Umwelt erlebt, noch werden Objekte (gemeint sind andere
Personen) als eigenständige Wesen akzeptiert, sondern als Erweite-
rungen des eigenen Ich erfahren, dessen immer prekäre Struktur

durch Idealisierung aktueller oder Verächtlichmachung früherer »Selbst-Objekte« gesichert wird. Dies kann zu diffusen Äußerungen von Wut führen, die durch die Erfahrung der Eigenständigkeit und damit Unkontrollierbarkeit des so vereinnahmten »Selbst-Objekts« verursacht werden. Die Trennung von einem geliebten Partner würde also hier eher zu Wut als zu Trauer führen.

Die Oberflächlichkeit der sozialen Beziehungen dieser Menschen ist nicht nur der mangelnden Differenzierung zwischen Selbst einerseits und Welt andererseits geschuldet, sondern auch der Instabilität des Ichs, dessen Fragmentierung/Auflösung durch Naherlebnisse mit anderen Menschen befürchtet wird. Ich-Empfinden, Bestätigung der eigenen Existenz wird hier häufig durch Eigenstimulation erreicht, Gefühlssensationen werden insofern nicht um ihrer selbst willen gesucht, sondern um dem Ich-Erleben Realitätsgehalt zu geben. Realität ist auch ansonsten für diese Menschen ein Problem, weil ihre narzißtische Libido kaum auf ein »Außen«, in Form von sinnvollen Beziehungen zu anderen Menschen oder sinnvollen Aufgaben, gelenkt wird, sondern an das »Größenselbst« gebunden bleibt, das Sammellager für phantastische Vorstellungen von eigenen Fähigkeiten und eigener Bedeutung ist, gegen die reale Leistungen und Anerkennung notwendigerweise verblassen (Kohut 1976, 1977; Wiederkehr-Benz, 1982).

Kohut selbst sieht seine Überlegungen als die Begründung einer grundlegend neuen Richtung in der Psychoanalyse, die im Begriff des Selbst, das zwar Inhalt des Psychischen sei, aber nicht Instanz, wie das Ich (und das Es und das Über-Ich) mündet. Dabei handelt es sich um eine schwer faßbare Substanz, die freien Willen und Eigenständigkeit enthält und nicht in Freuds Instanzenlehre zu verorten ist. Um diese Wesenheit, die Kohut nicht theoretisch begründet, sondern phänomenologisch in seiner Praxis erfaßt haben will, konstruiert er eine Psychologie des Selbst, die in Theorie und Praxis in Konkurrenz zur Konfliktpsychologie Freudscher Prägung steht, der er eine der Selbstpsychologie untergeordnete Rolle zuweist (Kohut, 1977). Deren Wurzeln und zum nicht ganz geringen Teil auch deren konkrete Formulierungen muß man allerdings wohl früheren Autoren wie Alfred Adler und Karen Horney zuschreiben. Zudem bleibt Kohut näher an der Lehre Freuds, als er bisweilen zugibt (s. o. und Cremerius, 1982, Stimmer, 1987: 91–104).[22] So übernimmt er von Freud wesentliche Annahmen zur frühkindlichen Ich-Entwicklung und die Überzeugung, beim pathologischen Narzißmus handele es sich um eine einfache Regression auf diesen frühkindlichen Zustand des Ich-Erlebens. Zu guter Letzt darf man bei Kohut sicher nicht den manifest politischen Aspekt seiner Theorie übersehen, der sich in einer oft primitiven Diskreditierung der erwerbstätigen Frau als narzißtisch gestörter Mutter niederschlägt.

Weiter entfernt von Freud situiert sich Kernberg, neben Kohut der wichtigste Vertreter in der Narzißmus-Debatte in der Psychoanalyse.[23] Er konkretisiert den diffusen Selbstbegriff von Kohut und begreift pathologischen Narzißmus als Folge einer pathologischen Entwicklung. Damit hält er eine narzißtische Charakterstörung »...nicht einfach für eine Entwicklungshemmung der idealisierten Vorläufer des Über-Ichs ... sondern für eine pathologische Verdichtung dieser Vorläufer mit Ich-Anteilen, so daß die normalen Über-Ich-Grenzen verwischt sind und die Integration der primitiven Über-Ich-Strukturen in ein gereiftes, normale Über-Ich gestört ist« (Kernberg, 1975: 898). Er führt weiter aus:

> Es handelt sich hier also nicht einfach um das »Fehlen« der Internalisierung gewisser normaler, idealisierter Überich-Vorläufer, sondern um eine aktive Verzerrung solcher idealisierten Überich-Vorläufer mit gleichzeitig pathologischen Entwertungsvorgängen in bezug auf die äußeren Objekte. Allgemeiner ausgedrückt handelt es sich nicht um ein einfaches Fehlen gewisser Strukturen, sondern um eine pathologische Entwick-

---

[22] Zur Kritik an Kohut s. a. Cremerius, 1982; Kernberg, 1988: 265–275).

[23] Hinsichtlich der Beschreibung der Symptomatik narzißtischer Störungen unterscheidet sich Kernberg kaum von Kohut, abgesehen von seiner Betonung des chronischen Neids und der spezifischen Abwehrformen gegen diesen Affekt durch Entwertung, Kontrolle und Rückzug (Kernberg, 1993: 302).

lung von Vorläufern, so daß sich später keine normalen Strukturen entwickeln können. (Kernberg, 1975: 898)

Dennoch geht Kernberg nicht so weit, die Freudsche Vorstellung eines undifferenzierten Selbst-Objekt-Erlebens aufzugeben.[24] In seiner Konzeption muß eine erfolgreiche Ich-Entwicklung mit einer anspruchsvollen Aufgabe fertig werden: Die Mutter-Kind-Interaktion wird durch Verschmelzungserlebnisse als undifferenziert und symbiotisch wahrgenommen; hier werden libidinös besetzte Selbstrepräsentationen beim Kind angeregt. Gleichzeitig werden durch nicht-optimale Frustrationen durch die Mutter aggressiv besetzte Selbstrepräsentationen entwickelt. Die Integration dieser widersprüchlichen Selbst-Bilder resultiert in der Konsolidierung des Selbst:

> Das Selbst ist demnach eine Ichstruktur, die ihren Ursprung in Selbstvorstellungen hat, die in der undifferenzierten symbiotischen Phase im Kontext der Interaktion zwischen Säugling und Mutter, unter dem Einfluß sowohl befriedigender als frustrierender Erfahrung, konstituiert wird. Gleichzeitig entwickelt sich auch das System Wahrnehmung – Bewußtsein hin zu breiteren Ichfunktionen: der sich entwickelnden Kontrolle über die Wahrnehmung, über die spontane Motorik, der Festlegung affektiver Gedächtnisspuren und dem System Vorbewußtsein. Das Selbst als psychische Struktur hat seinen Ursprung in zugleich libidinös und aggressiv besetzten Selbstvorstellungen. Kurz, es ist eine Ichfunktion und -struktur, die sich allmählich aus der Integration ihrer Teil-Selbstvorstellungen zu einer übergeordneten Struktur entwickelt, die andere Ichfunktion wie Gedächtnisstrukturen und kognitive Strukturen einverleibt und zu den dualistischen Merkmalen führt, die in Freuds *Ich* implizit vorhanden sind. (Kernberg, 1988: 340)

---

[24] Er folgt hier explizit nicht Melanie Klein (1962) und ihrer Lehre von den Partial-Objekten.

»Selbst« ist damit wieder innerhalb der Freudschen Lehre der psychischen Instanzen Es, Ich und Über-Ich situiert. Der pathologische Narzißmus resultiert dann aus einer mangelnden Integration konfligierender Selbst-Vorstellungen. Die Scheidung der Innen- (und Außen)welt in »rein« gute und böse Bilder wird in diesem Fall nicht überwunden. Das Selbstkonzept verschmilzt bei diesen Patienten mit dem Ich-Ideal; äußere Objekte und ihre inneren Repräsentanzen werden dagegen entwertet (Kernberg, 1993: 277).

Die pathologischen Objektbeziehungen werden bei Kernberg qualitativ unterschieden sowohl vom frühkindlichen primären Narzißmus als auch vom »normalen« narzißtischen Rest bei reifen Erwachsenen. Auch aus diesem Grunde lehnt Kernberg die Verknüpfung narzißtischer Persönlichkeitsstörungen mit Kulturdiagnosen jedweder Couleur ab:

> Man hat die Frage gestellt, ob die sozialen und kulturellen Veränderungen in unserer Zeit sich nicht auch auf die gängigen Muster von Objektbeziehungen auswirken. Auf der Basis der Analysen, die meinen bisherigen Ausführungen zugrunde liegen, glaube ich eigentlich nicht, daß die zeitgenössischen soziokulturellen Veränderungen die Grundmuster von Objektbeziehungen beeinflussen – *sofern man »Objektbeziehungen« nicht einfach nur in Begriffen von realen äußeren zwischenmenschlichen Interaktionen definiert, sondern im Hinblick auf die intrapsychischen Strukturen, die diese Interaktionen bestimmen, und die innere Fähigkeit, tieferreichende Gefühlsbeziehungen zu anderen Menschen auszubilden...* Man muß, wie mir scheint, sorgfältig unterscheiden zwischen den Auswirkungen sozialer Desintegration, zerrütteter Familienstrukturen und traumatischer Schädigung der frühkindlichen Entwicklung (die allesamt ohne Zweifel die Persönlichkeit ganz erheblich beeinflussen) und andererseits den möglichen Auswirkungen des raschen kulturellen Wandels, wie er sich in Veränderungen der sozialen und sexuellen Sitten und Umgangsformen niederschlägt: Diese zuletzt genannten Faktoren bringen als

solche meines Erachtens noch keineswegs das beschriebene Empfinden von chronischer Leere und Sinnlosigkeit hervor, sofern nicht gleichzeitig schwere Störungen der verinnerlichten Objektbeziehungen bestehen, deren Ursache bis in die frühe und früheste Kindheit zurückreichen. (Kernberg, 1993: 256 f.; Hervorhebung SF)

Dennoch weist Kernberg dem sozialen Umfeld eine wichtige Rolle bei der Genese und Stabilisierung narzißtischer Charakterstörungen weit über die frühe Kindheit hinaus zu. [25] Dies wird besonders deutlich in seiner Auffassung über die enge Verwandtschaft zwischen Symptomatik und Genese narzißtischer und antisozialer Persönlichkeiten (Kernberg, 1993: 292; 1988: 160). Er sieht hier ein Kontinuum zwischen narzißtischen und antisozialen Persönlichkeiten, die er »…als Extremform eines pathologischen Narzißmus bei völligem Fehlen eines integrierten Über-Ichs (neben anderen Besonderheiten)…« (ebd.) versteht. [26] Kernberg weist hier auf zwei wichtige Umstände hin:

Schließlich sollte diese Konzeption … die Überzeugung verstärken, daß die Prozesse, mit deren Hilfe das Überich sich entwickelt und integriert wird, sich über eine viel längere Zeitspanne erstrecken, als man ursprünglich angenommen hat. Signifikante normale und pathologische Überich-Entwicklungen finden vom zweiten und dritten Lebensjahr an statt; sie gehen der Integration des ödipalen und post-ödipalen Überichs voran und beeinflussen sie entscheidend. Weitere Überich-Entwicklungen treten in der Adoleszenz und wahrscheinlich auch noch im Erwachsenenalter auf. (Kernberg, 1988: 416)

---

[25] Für eine Diskussion der Ursache narzißtischer Störungen, insbesondere in der Auffassung von Otto F. Kernberg, vgl. Dümpelmann/Meyer zum Wischen, 1994: 140–142.

[26] Zu den verschiedenen Stadien dieses Kontinuums vgl. Kernberg, 1988: 396–416.

Das heißt, daß narzißtische Persönlichkeitsstörungen nicht immer oder zumindest nicht allein als »frühe Störungen« begriffen werden können, sondern Entgleisungen ebenso wie Korrekturen auch auf späteren Entwicklungsstufen möglich sind. Zum andern weist Kernberg auf die sehr negativen Einflüsse hin, die eine Umgebung ausübt, die gerade die antisozialen Aspekte einer narzißtischen Persönlichkeit toleriert oder die Ausbildung sozialer Kompetenz nicht genügend einklagt (Kernberg, 1988: 98–103). Damit wird nicht behauptet, daß pathologischer Narzißmus durch die aktuelle Konfiguration der sozialen Umwelt erklärt werden kann, sondern daß die Pathologie durch bewußtes oder unbewußtes Einverständnis der sozialen Umwelt geschützt werden und bei entsprechenden negativen Reaktionen dieser Umwelt im Laufe eines Lebens durchaus »ausbrennen« kann (McGlashahn/Heinssen, 1996: 185 f.).

Zusammenfassend kann man sagen, daß Kernberg sich von Kohut unterscheidet erstens durch seine Auffassung, bei der Psychogenese des pathologischen Narzißmus handele es sich nicht um eine Entwicklungshemmung oder eine frühe Störung im Sinne eines zeitlich eingrenzbaren Defizits, das durch die Pflegeperson verursacht wurde, sondern um eine »entgleiste« Entwicklung, die pathologische Objektbeziehungen, eine libidinöse (mitunter auch stark aggressive) Besetzung eines pathologisch entwickelten Selbst und Über-Ich-Pathologien zur Folge hat. Zweitens unterscheidet er strikt zwischen dem primären frühkindlichen Narzißmus, dem normalen narzißtischen »Rest« beim Erwachsenen und dem pathologischen Narzißmus. Er versteht also pathologischen Narzißmus nicht primär als eine Regression auf den primären Narzißmus. Drittens situiert er sowohl »Selbst« als auch Narzißmuskonzept wieder in der Nähe der Freudschen Triebtheorie.[27]

Von einer unumstrittenen Konzeption kann man allerdings auch bei Kernberg nicht sprechen, auch in seiner Theorie sind Wider-

---

[27] Dieser Aspekt kam bei meiner Darstellung etwas zu kurz, ist aber auch für mein Thema nicht von großem Interesse. Vgl. zur Kritik an Kohut: Kernberg, 1975, 1988: 265–275, zur Darlegung seiner eigenen Position: Kernberg 1988, insbesondere 275–279, und Kernberg, 1993; 2006.

sprüche zu entdecken. So beendet auch er nicht die Debatte über Narzißmus. Denn die Beliebigkeit mit der verschiedenste Ebenen der Selbstbetrachtung und des Selbstbezugs als »narzißtisch« klassifiziert werden und – womöglich problematischer – die ebenso offenkundige Uneinigkeit darüber, was denn nun nicht narzißtisch, bzw. wie sich pathologischer Narzißmus und »normaler Rest« bzw. der kulturelle Individualismus voneinander unterscheiden, findet ihren Niederschlag auch in seinen Schriften (speziell zum letzten Problem und seiner aktuellen Variante vgl. Diamond 2005).

Alles in allem kann sich der Sozialwissenschaftler, der mit leiser Verzweiflung auf diese Vielfalt blickt, des Eindrucks nicht erwehren, daß es sich bei einem großen Teil der Debatte offenbar um Themen handelt, die erstens viel zu heterogen sind, um unter einer Überschrift abgehandelt zu werden (so etwa »primärer Narzißmus«, »Narzißmus als gewöhnliches Element im Repertoire der Regulierung des Selbstwertes von Erwachsenen«, »pathologischer Narzißmus« oder auch die Abgrenzung zu Borderline-Störungen und natürlich die immer wieder problematische Verquickung von Pathologie und Kultur).[28]

Zweitens mag mindestens ein Teil der hier diskutierten Phänomene nicht oder nicht ausschließlich verursacht sein durch »frühe Störungen«, sondern ist möglicherweise besser beschrieben als Aspekte neurotischer Erkrankungen, die »…zu sich selbst kommen« (Reiche, 1991: 1050). Unter dem Einfluß von entsprechenden Konzepten werden diese Störungen dann als etwas Neues diagnostiziert.[29]

---

[28] Vgl. McGlashahn/Heinssen, 1996; Plakuhn, 1996; Stone, 1996.

[29] Obwohl auch hier eine eigentümliche Widersprüchlichkeit in der Debatte herrscht: Einerseits ist das Phänomen »Narzißmus« brandneu und gibt Analytikern und Sozialwissenschaftlern Rätsel auf, andererseits werden Freuds publizierte Analysen eifrig auf narzißtische Symptome durchforstet (und die Autoren werden meist auch fündig), und zudem werden auch gern Philosophen und Schriftsteller des 19. und 20. Jahrhunderts als narzißtisch retro-diagnostiziert (so etwa Thomas Mann, Robert Musil oder Friedrich Nietzsche). Es ist unter diesen Umständen erstaunlich, daß Freud überhaupt eine Neurosentheorie entwickelt hat, anstatt gleich die Narzißmus-Debatte zu beginnen, weil offenbar bereits zu seiner Zeit echte Neurotiker knapp wurden.

Drittens wird auch in der Psychologie selbst die *soziale* Qualität der beobachteten Phänomene wahrgenommen, also der Einfluß, den die familiäre Umwelt auch in der Ausbildung von sozial-moralischen Dispositionen in der Adoleszenz und im Erwachsenenleben hat. Hier bemüht man sich einerseits verstärkt um die Erklärung der Soziogenese des narzißtischen Charakters, allerdings häufig auf Kosten einer klaren Trennung zwischen pathologischem Narzißmus und kulturellem Individualismus (vgl. Diamond 2005). Andererseits tendieren allerdings gerade auch die Kliniker dazu, vor einer allzu schnellen Übernahme ihrer Befunde in die Gesellschaftstheorie zu warnen, und verweisen immer wieder auf die kategorialen Unterschiede zwischen der Genese psychologischer und gesellschaftlicher Strukturen (vgl. Akhtar, 1996: 25, Kernberg, 1993: 256 f.).

Diese Mahnung wird jedoch von Autoren, die wie Lasch (1995: 64 f.) die Gestalt einer narzißtischen Gesellschaft zu erkennen glauben, zurückgewiesen. Sie begreifen den pathologischen Narzißmus als eine extreme Erscheinung des kulturellen Individualismus, der auch durch ein Versagen der Sozialisationsinstanz »Familie« (hier insbesondere durch »narzißtische Mütter«)[30] und eine »Therapeutisierung der Gesellschaft« außer Rand und Band gerät. Daraus resultieren mangelnde Rollenkompetenz, Sinnverlust, die Unfähigkeit zur politischen Betätigung ebenso wie zur ernsthaften Bindung an Andere. Diese Thesen basieren auf der Annahme einer Veränderung der prominenten Pathologien in der Psychiatrie, die in dieser Lesart zum dominanten Sozialcharakter einer Gesellschaft wird. Die empirische Basis für diese Annahme werde ich im nächsten Abschnitt untersuchen, um dann die Gesellschaftsdiagnose »Narzißmus« anhand der Thesen von Lasch kritisch zu diskutieren.

---

[30] vgl. Wangh, 1983.

Epidemiologische Evidenzen aus der Psychiatrie

Die Ausgangsthese der Narzißmusdebatte, die von einem Wandel weg von Zwangsneurosen und Phobien hin zu narzißtischen Ich-Störungen als dominante Pathologie ausgeht, ist bei näherem Hinsehen empirisch schwer zu belegen. Zwar bemüht sich mancher Autor redlich, wie zum Beispiel Christopher Lasch (1995). Er gibt insgesamt zehn Referenzen für die »wechselnden Grundstrukturen der Pathologie« an, aber keine einzige enthält empirisches Material, mit dem sich eine solche Veränderung belegen ließe. Noch deutlicher wird dieses peinliche Problem an einer anderen Untersuchung zur Psycho- und Soziogenese des Narzißmus (Stimmer, 1987):

> Genaue Zahlenangaben hierzu (zum Wandel der Pathologien in der Psychiatrie, SF) fehlen allerdings bisher und sind wohl exakt kaum zu erheben, solange unter »narzißtischer Störung« inhaltlich ein recht diffuses Gemisch unterschiedlicher Symptome zusammengefaßt wird. Es ist auch zu fragen, inwiefern neue – und auch »modisch« gewordene – theoretische Konzepte den Blick des Analytikers (und auch anderer Therapeuten) nun verstärkt auf Symptome lenken, die er vorher für nicht so bedeutsam angesehen hat oder in einem anderen theoretischen Zusammenhang und mit anderen Begriffen bearbeitet hat. (ebd. 13, Fn. 2)

Man kann sich des Eindrucks kaum erwehren, daß sich hier ein Autor gerade selbst um sein Thema gebracht hat (dies vorsorglich allerdings nur in einer Fußnote). Und es fehlen nicht nur »genaue Zahlenangaben« – es fehlen Zahlenangaben überhaupt. Stimmers Versuch, dieses epidemiologische Vakuum durch Daten über Suizid und Suizidversuche oder Drogenabhängigkeit als Indikatoren für eine Zunahme von narzißtischen Störungen aufzufüllen, leidet unter dem unabweisbaren Verdacht, andere Störungen in mehr oder weniger großem Umfang mitzuenthalten.

Insgesamt scheint es nur schwer möglich zu sein, diese Veränderung tatsächlich festzustellen. Jedenfalls können schon Versuche, die Prävalenz psychischer Erkrankungen in einer gegebenen Bevölkerung zu messen, kaum überzeugen. So gibt Schepank (1994: 162) in einer Überblickstabelle nicht weniger als 24 Feldstudien aus Europa und Nordamerika nach 1950 wieder, die die Prävalenzraten für Neurosen bestimmen wollten. Die Ergebnisse schwanken zwischen 0,28 und 53,51 Prozent![31]

Einige Hinweise zu etwaigen Veränderungen mindestens in der Häufigkeit von psychogenen Erkrankung in Abhängigkeit zur Kohortenzugehörigkeit kann man aber der Mannheimer Untersuchung zu neurotischen und psychogenen Störungen in einer repräsentativen Bevölkerungsstichprobe von deutschen Erwachsenen des Stadtkreises Mannheim entnehmen. In dieser Studie, die die Geburtsjahrgänge 1935, 1945 und 1955 untersucht, findet sich kein Hinweis auf eine absolute Zunahme psychischer Krankheiten in der jüngeren Kohorte (Schepank 1987: 275, Reiche 1991: 1050f., Tress 1986: 60). Auch hinsichtlich der Verteilung der erhobenen Erkrankungen lassen sich nur wenige Unterschiede zwischen den Kohorten finden (Tress, 1986: ebd). Nur in der 1945er Kohorte gibt es mehr psychosomatische Störungen als in den anderen Kohorten, allerdings nicht auf signifikantem Niveau. Das Fehlen größerer Unterschiede ist vor allem deswegen erstaunlich, weil sich die Kollektivschicksale gerade dieser drei Kohorten erheblich voneinander unterscheiden.

Ein signifikanter Unterschied zwischen den Kohorten, der Hinweise in Richtung eines Wandels der psychischen Struktur Nachkriegsgeborener belegen könnte, findet sich dagegen in der bevorzugt anzutreffenden Neurosenstruktur. So überwiegen in der Kohorte 1955 die schizoiden Strukturen, während in den Kohorten 1935 und 1945 zwangsneurotische oder depressive und zwangsneurotische Strukturen dominierten (Schepank, 1987: 126f.). In dem Projekt wurden allerdings die Termini und Konzepte, die die

---

[31] Detaillierte Begründungen für diese erstaunliche Varianz findet man ebenfalls bei Schepank (1994: 164–166).

Debatte um die narzißtische Gesellschaft prägen, explizit nicht berücksichtigt, weil sie den Autoren als »…zu wenig deskriptiv und zu spekulativ-genetisch…« erschienen (ebd. 117). Daher läßt sich von diesem zwar interessanten Ergebnis nicht so ohne weiteres darauf schließen, daß die der Narzissmus-Debatte zugrundeliegende These zutrifft.[32]

Schepank selbst hält mindestens von der These einer Zunahme psychogener Krankheiten wenig:

> Vermutlich haben die so beschriebenen psychogenen Erkrankungen insgesamt nicht zugenommen! Rasant zugenommen hat – wenigstens hier in den letzten 2 Jahrzehnten – die Zahl der Psychotherapeuten und Psychiater sowie das öffentliche Interesse an den psychogenen Erkrankungen in der Mediendiskussion (Schepank 1994: 160)

Einem eindeutigen Zusammenhang zwischen sozio-kulturellen Veränderungen und einem Wandel der dominanten Psychopathologien steht Schepank, auch auf der Basis seiner eigenen klinischen Tätigkeit, ebenfalls zurückhaltend gegenüber, auch wenn er soziokulturell bedingte Verschiebungen des Krankheitsspektrums nicht ausschließt. Beispiele dafür seien u. a. der Symptomwandel bei Kriegsneurosen im Ersten und Zweiten Weltkrieg oder der Wegfall hysterischer Erkrankungen (ebd. 171 – 174.).[33] Epidemiologisch fundierte Evidenzen für eine solche Veränderung gäbe es jedoch nicht.[34]

---

[32] Um so weniger, als die Autoren, die diese Diagnose unbeschwert ihren gesellschaftstheoretischen Überlegungen voranstellen, diese Studie zumeist nicht kennen.
[33] Fanden die Kriegsneurosen des Ersten Weltkriegs ihren Ausdruck noch in Hysterie und ähnlichen Erscheinungen, so zeigten sich die Kriegsneurosen des Zweiten als psychosomatische Erkrankungen. Die gesellschaftlich akzeptierten oder sogar nahegelegten Codes, um Krankheit auszudrücken, hatten sich offenbar gewandelt, die zugrundeliegende Ursache jedoch nicht (vgl. auch Reiche 1991; Wangh 1983)
[34] Schepank erläutert eine mögliche Erklärung für den starken Eindruck eines Wandels und einer Zunahme psychogener Erkrankungen am Beispiel der öffentlichen Wahrnehmung von Eßstörungen: »Es wird immer wieder davon gesprochen, daß die

Die in der Mannheimer Kohortenstudie festgestellten Unterschiede in den dominanten Neurosenstrukturen zwischen den untersuchten Jahrgängen werden von den Autoren nicht interpretiert, weil sie für die Frage nach der absoluten Zunahme psychogener Erkrankungen nicht relevant waren. Die Vermutung, es handle sich mindestens auch um die Effekte einer sozio-kulturellen Veränderung, weg von einer neurotischen Struktur, die das Ergebnis eines Leidens an der sozialen Formung des Individuums durch die preußische Pflicht- und Gehorsamsgesellschaft hin zu einem Leiden an der Freisetzung von eindeutiger sozialer Formung überhaupt, liegt nahe.

Eine der nach wie vor populärsten Konstruktionen der Beziehung zwischen Pathologie und Gesellschaft analysiere ich im folgenden Kapitel am Beispiel der einschlägigen Analyse der »narzißtischen Gesellschaft« von Christopher Lasch. Dabei werden auch die Auflösungserscheinungen der ersten beiden A priori, die in Kapitel 2 diskutiert wurden, im Rahmen der Narzißmus-Debatte wiederentdeckt und mit einer These über einen fundamentalen Wandel des Innenlebens des Bewohners der Moderne erklärt.

Die narzißtische Gesellschaft – Strukturmerkmale und Bevölkerung

Die grundlegende These, die den Konzepttransfer von Psychoanalyse in Gesellschaftstheorie legitimiert, kann man folgendermaßen paraphrasieren: Die jeweils prominenten Psychopathologien sind

---

Anorexia nervosa (und die Bulimie) zugenommen haben. Dieses Krankheitsbild habe ich als Faszinosum bezeichnet. Es fasziniert nicht nur die Fachleute, wie man auf jedem Kongreß sehen kann, sondern auch Laien. Die psychologischen Hintergründe für die eminente Attraktion sind m. E. bisher kaum diskutiert und durchdacht. Zweifellos bewirkt aber diese Tatsache eine bevorzugte Aufmerksamkeit und könnte auch eine Steigerung der Prävalenz nur vortäuschen. Es kommt hinzu, daß durch die zunehmende Kenntnis die entsprechenden Patientinnen sehr viel schneller an die Experten verwiesen werden und nicht mehr so häufig fehldiagnostiziert oder als rätselhafte Problemfälle in internistisch-endokrinologischen, gynäkologischen, pädiatrischen oder onkologischen Kliniken verharren wie früher.« (Schepank 1994: 173)

als Überzeichnung des dominanten Sozialcharakters einer Gesellschaft zu deuten:

> Wenn diese Beobachtungen (über die narzißtische Gesellschaft, SF) zutrafen, so war das Fazit, wie mir schien, nicht, daß die amerikanische Gesellschaft »krank« war oder daß die Amerikanerinnen und Amerikaner alle Kandidaten für psychiatrische Kliniken waren, sondern daß normale Menschen jetzt viele der Persönlichkeitsmerkmale zeigten, die, in extremerer Form, im Zusammenhang mit dem pathologischen Narzißmus auftraten. Freud betonte immer die fließenden Übergänge zwischen dem Normalen und dem Abnormen, und für einen Freudianer erschien es daher sinnvoll, davon auszugehen, daß die klinische Beschreibung der narzißtischen Störungen etwas über die typischen Persönlichkeitsmerkmale unserer Gesellschaft aussagen könnte – einer von großen bürokratischen Organisationen und Massenmedien beherrschten Gesellschaft, in der Familien als Übermittler der Kultur keine bedeutende Rolle mehr spielten und in der die Menschen demzufolge kaum Gefühle des Verbundenseins mit der Vergangenheit mehr hatten. (ebd. 333 f.)

Die Symptomatik, die Lasch den Mitgliedern der narzißtischen Gesellschaft zuschreibt, ist derjenigen, mit der ich die Erosionserscheinungen der ersten beiden A priori illustriert habe, zum Verwechseln ähnlich. War jedoch in meinen Ausführungen noch kein Schuldiger in Sicht, so hat Lasch die Ursache für die Entwicklung zur narzißtischen Gesellschaft im Verfall familiärer und kultureller Autorität ausgemacht:

> Die wachsende Bürokratie schafft ein kompliziertes Netz persönlicher Beziehungen, belohnt gesellschaftliche Fertigkeiten und macht den zügellosen Egoismus des amerikanischen Adams unhaltbar. Gleichzeitig aber baut sie alle Formen patriarchalischer Autorität ab und schwächt damit das kollektive

Über-Ich, das einst von Vätern, Lehrern und Pfarrern verkörpert wurde. Der Verfall der institutionalisierten Autorität in einer offenkundig permissiven Gesellschaft führt jedoch keineswegs zu einem »Verfall des Über-Ichs« bei den Individuen. Er fördert vielmehr die Entwicklung eines harten, strafenden Über-Ichs, das angesichts fehlender maßgebender gesellschaftlicher Verbote einen Großteil seiner psychischen Energie aus den destruktiven aggressiven Impulsen im Es herleitet. Das Über-Ich wird allmählich von unbewußten, irrationalen Elementen in ihm selbst beherrscht. In dem Maße, wie die Autoritätsfiguren in der modernen Gesellschaft ihre »Glaubwürdigkeit« verlieren, entwickelt sich das individuelle Über-Ich zunehmend aus den primitiven Phantasien des Kindes über seine Eltern – Phantasien, die mit sadistischer Wut aufgeladen sind – und kaum mehr aus verinnerlichten Ich-Idealen, wie sie aus der späteren Erfahrung mit geliebten und geachteten Vorbildern gesellschaftlichen Verhaltens erwachsen. (ebd. 32 f.)

Der Verfall gesellschaftlicher Autorität produziert hier umstandslos Patienten, denn die gesellschaftliche Ordnung führt bei Lasch mit atemberaubender Geschwindigkeit direkt ins Über-Ich. Das »harte, strafende Über-Ich« wird also gefördert durch die Veränderung gesellschaftlicher Strukturen. Mit anderen Worten: Laschs Über-Ich hat keine Eltern – es hat nur Gesellschaft.

Der Hauptschuldige an dieser Entwicklung ist die Therapie. Sie tritt, gemeinsam mit Rohkost und Extremsport,[35] an die Stelle von

---

[35] Lasch hat sich vielleicht einfach zuviel in Santa Barbara und ähnlichen Umfeldern mit den Angehörigen des weißen, akademisch gebildeten Mittelstandes vergnügt. Das würde auch seine häufige Betonung der Manie der »natürlichen Ernährung« erklären – jeder, der gelegentlich mit Bewohnern der kalifornischen Küstenregion diniert, kann das Entsetzen angesichts der ständig wechselnden Körner-, Rohkost-, lactosearmen oder -reichen, antialkoholischen oder auch nur noch aus Psychopilzen bestehenden Diäten teilen. Nur muß man hier einwenden, es handelt sich eben nicht um den Durchschnittsamerikaner, sondern um einen Teil der weißen, akademisch gebildeten Mittelschicht.

Autorität und Sinn im Leben des Einzelnen, der größere Ziele als momenthafte Begegnungen mit sich selbst nicht mehr ins Auge faßt:

> »Liebe« als Selbstopfer oder Selbsterniedrigung, »Sinn« als Loyalität gegenüber einer höheren Instanz – solche Sublimierungen gelten der therapeutischen Sensibilität als unerträgliche Unterdrückung, dem gesunden Menschenverstand unzumutbar und persönlichem Glück und Wohlbefinden abträglich. Die nachfreudianischen Therapien und insbesondere ihre populären Vertreter haben es sich zur vordringlichen Aufgabe gemacht, die Menschheit von solchen überholten Vorstellungen wie Liebe und Pflicht zu befreien. Für sie ist die psychische Gesundheit gleichbedeutend mit dem Überbordwerfen von Hemmungen und mit der unverzüglichen Befriedigung jeder impulsiven Regung. (ebd. 34 f.)

Für einen Freudianer hält Lasch erstaunlich wenig von den praktizierenden Kollegen ... vor allem aber läßt er die Frage offen, warum denn (seiner Ansicht nach massenhaft) Kundschaft deren Dienste nachfragt und sich in diesem Sinne indoktrinieren läßt. Welches Virus hat den einstmals aufrechten Bürger infiziert und anfällig gemacht für die Verlockungen der Innerlichkeit?

Dieser Frage werde ich in den nächsten beiden Kapiteln nachgehen, in denen ich mich mit Laschs Analyse des Verfalls der Politikfähigkeit des modernen Individualisten und der Erosion der bürgerlichen Kleinfamilie auseinandersetze. Ich werde dabei auch Alternativen zu der – wie ich meine – überstrapazierten psychoanalytisch fundierten Deutung der Phänomene vorstellen, die Lasch als Symptome der narzißtischen Gesellschaft diskutiert.

Politik als Selbsthilfe

Lasch stützt sich bei seiner Abhandlung über Privatsphäre und Öffentlichkeit im wesentlichen auf Sennetts Analyse des Verfalls des öffentlichen Lebens und der Tyrannei der Intimität (Sennett 1995). Dessen differenzierte Darlegung des Verschwindens des *homo politicus*, der durch den nähe-süchtigen Narzißten abgelöst wird, der nicht mehr in der Lage ist, Distanz zu seinem Tun aufrechtzuerhalten, und dadurch verurteilt wird, jede seiner Äußerungen mit dem knappen Gut der Authentizität zu durchtränken, wird von Lasch zwar durchaus geschätzt, aber korrigiert: Sennett unterstelle der Politik und öffentlichem Handeln eine Rationalität, die diese Sphäre nie gekannt habe, und stilisiere »Raubgier«, also die Fähigkeit zur strategischen Verfolgung der eigenen Interessen im öffentlichen Raum, als Alternative zu narzißtischem Verhalten (ebd. 55 f.). Damit dämonisiere er das Persönliche und dessen Eindringen in die öffentliche Sphäre als Ursache für die von ihm beschriebene Entwicklung. Lasch hält dagegen, es handele sich hier keineswegs um eine Glorifizierung des Privaten, sondern um dessen Zusammenbruch (ebd. 53; 57).

Der erste Einwand Laschs verwechselt Idealbild und Realität. Natürlich war Politik zu allen Zeiten auch ein irrationales Geschäft, genauso sicher spielten auch zu allen Zeiten immer wieder Emotionen im politischen Geschäft eine Rolle. Allerdings durften sie nicht explizit als solche in Erscheinung treten, sondern mußten sich als Interessen ausgeben. Der Wandel, den Sennett konstatiert, besteht also nicht so sehr in einer »Irrationalisierung« der Politik, sondern eher in einer Legitimierung und Veröffentlichung dieser Entwicklung.[36]

Sennett unterstellt auch keineswegs, ein allzu reiches Innenleben halte den Bürger davon ab, als solcher seine Interessen im öffentlichen Raum zu verfolgen. Ihm geht es um etwas anderes: um

---

[36] Vgl. dazu auch Hirschman, 1988, insbesondere S. 145–149.

den schleichenden Verlust dessen, was er als *Zivilisiertheit* bezeichnet:

> Zivilisiertheit ist ein Verhalten, das die Menschen voreinander schützt und es ihnen zugleich ermöglicht, an der Gesellschaft anderer Gefallen zu finden. Eine Maske zu tragen gehört zum Wesen von Zivilisiertheit. Masken ermöglichen unverfälschte Geselligkeit, losgelöst von den ungleichen Bedingungen und Gefühlslagen derer, die sie tragen. *Zivilisiertheit zielt darauf, die anderen mit der Last des eigenen Selbst zu verschonen.* (Sennett, 1995: 335, Hervorhebung SF)

Den Verlust der Zivilisiertheit lastet Sennett der »Psychologisierung der sozialen Realität der Gesellschaft« (ebd.) an. Diese Psychologisierung verunmögliche dem Bewohner der Jetzt-Zeit, Sinn in einer nicht-persönlichen (und also nicht mit der eigenen Persönlichkeit untrennbar verknüpften) Tätigkeit zu finden.

Sennett unterstellt hier nicht wie Lasch, dies sei eine Folge von »Therapie« als dunkler Macht, die Gesellschaft durch Orwellsche Eingriffe in individuelle Köpfe umstrukturiert, sondern Folge einer komplexen Entwicklung, in der der Einzelne und auch der Familienverband aus der unhinterfragbaren Wahrheit einer Naturordnung in eine Ordnung entlassen wurde, die nur noch durch den menschlichen Willen und ergo durch die persönlichen Qualitäten der Beteiligten aufrechterhalten und legitimiert wird (ebd. 237). Damit entfällt ein immer größerer Anteil von Aufmerksamkeit auf die Motivlage und die moralische Ausstattung von Personen auf Kosten der Bewertung des tatsächlichen Geschehens sozialer Interaktion. Das wiederum setzt den Handelnden dem Zwang aus, immer »als er selbst« zu agieren und von anderen das gleiche zu erwarten. Gemeinsame Verfolgung strategisch gesetzter Ziele, wie es politisches Handeln kennzeichnet, ist dann nicht mehr möglich. Es reicht nicht mehr aus, den politischen Verbündeten als Verbündeten im Wunsch nach der Erreichung des Ziels zu begreifen – man muß ihn liebhaben. Dazu ist es erforderlich, ihn auch wirklich gut zu kennen, seine Persönlichkeit auf mögliche Defekte hin zu untersuchen (die mit dem eigentlichen Ziel nichts zu tun haben müssen), seine Selbstentblößung zu fordern und auch die eigene nicht zu verweigern.

Dies – und Sennett ist sich dessen durchaus bewusst – läßt aber auch Sinn in genuin »persönlichen Angelegenheiten« kaum noch zu, weil diese nicht mehr in einer gesonderten und geschützten Domäne stattfinden und deshalb auch nicht mehr von »öffentlichen Angelegenheiten« zu unterscheiden sind. Darin besteht für Sennett also die Tyrannei der Intimität: Immer man selbst und vor allem auch immer echt sein zu müssen und damit nie mehr echt im Sinne von »unmittelbar sein« zu können. Deswegen kann er auch erkennen, worin der Wert der Fähigkeit besteht, *Interessen* im Gegensatz zu *Emotionen* zu verfolgen (vgl. auch den Abschnitt »Eigensinn und Respekt«). Nicht Raubgier, sondern Selbstdistanz, nicht ausbeuterische Tauschbeziehung, sondern Anerkennung der eigenen und der fremden Grenzen in der realistischen Einschätzung dessen, was man vom Anderen und mit dem Anderen bekommen kann, ist also die Alternative, die Sennett zu narzißtischer Leere sieht.

Lasch mißversteht Sennett auch an einem weiteren zentralen Punkt, wenn er ihm unterstellt, dieser diagnostiziere Ich-Stärke und nicht Ich-Schwäche als Ursache des Niedergangs des öffentlichen Lebens. Es sind auch bei Sennett eben nicht die starken Egozentriker, die brutal ihre Interessen durchsetzen, sondern die Gestalten, die auch im öffentlichen Diskurs noch kuscheln wollen und damit jeden sachlichen Zusammenhang durch persönliche Betroffenheitsrhetorik zur Selbsthilfegruppe verkommen lassen.

Das Gegenmittel kann dann nur eine Versachlichung der politischen Diskussion und ein Bestehen auf korrektem Rollenverhalten der Funktionsträger in der Öffentlichkeit sein – auch wenn die Erfolgsaussichten hier nicht unbedingt ermutigend sind. Laschs Einwand, mit diesem liberal motivierten Beharren auf einer sauberen Trennung zwischen Öffentlichkeit und Privatleben würden dann auch revolutionäre Traditionen diskreditiert, ebenso wie »...Politik als Instrument gesellschaftlicher Veränderungen...«

(Lasch 1995: 57) verabschiedet und außerdem negiert, wie heftig Öffentlichkeit ins Private eingreife, ist ein Eigentor: Nur ein Verständnis des Politischen, das auf einer kategorialen Unterscheidung von Interesse und Emotion, von Öffentlichkeit und Privatheit besteht, kann auch die illegitimen Verflechtungen beider Kategorien thematisieren und möglicherweise beenden. Wird jedoch das Private politisch und das Politische privat, geht man beider Sphären verlustig.

Laschs eigene Vision eines »reifen« Daseins als Bürger eines Gemeinwesens läßt dann auch eher den Schluß zu, daß er »echte Echtheit« in allen Sphären von seinen Mitbürgern verlangt, diese sollen also *wirklich* kuscheln wollen (Lasch, 1995: 56 f.).

Beide Autoren konstatieren also den Verfall des Politischen ebenso wie die Auflösung des Privaten im eigentlichen Sinne. Beide sind sich auch dahingehend einig, daß der Verlust dieser beiden für die bürgerliche Gesellschaft so zentralen Kategorien einerseits durch das Verschwinden eines allgemeinen Instrumentariums zum Entziffern der sozialen Ordnung, also allgemein geteilte Gesten und Floskeln, Rollen, die bestimmte Inhalte verbindlich diktierten und andere ebenso verbindlich ausschlossen, verursacht ist. So weit stimmen Sennett und Lasch also auf der Ebene der Symptome überein. Beide Autoren unterscheiden sich jedoch in ihren Überlegungen zur Ursache dieser beiden Entwicklungen, in denen man unschwer die Erosionserscheinungen der ersten beiden A priori wiedererkennen kann. Sennett findet sie in einer gesellschaftlichen Entwicklung, die die äußeren Rahmenbedingungen und -begrenzungen des Individuums immer weiter auflöst und damit nicht nur Rollenkompetenz entwertet, oder ihre Aneignung unmöglich macht, sondern auch den Einzelnen selbst und seine inneren Qualitäten an die Stelle einer gegebenen Ordnung setzt. Da sich aber ein differenziertes Innenleben nur in Auseinandersetzung mit einer äußeren Ordnung entwickeln kann, gerät dem solcherart befreiten Individuum auch politisches Handeln zur Selbsterfahrung, mit der die innere Leere und Orientierungslosigkeit wenigstens temporär gefüllt werden kann.

Lasch dagegen verweist auch hier eher undeutlich auf »Therapie« als Schuldigen (ebd. 57 f.), konkretisiert diesen Verweis jedoch
bei seinen Abhandlungen zum Verfall der Brutstätte für den bürgerlichen *homo politicus*, der bürgerlichen Kleinfamilie (ebd. 222–265;
Lasch, 1987). Es ist also notwendig, den Bereich »Familie« etwas
näher zu untersuchen.[37]

---

[37] Ich habe mich in diesem Kapitel auf die Analysen von Lasch (1995) einerseits und
Sennett (1995) andererseits konzentriert. Die ebenfalls einschlägige Publikation von
Thomas Ziehe »Pubertät und Narzißmus. Sind Jugendliche entpolitisiert?« (1978)
und die darauf folgende Diskussion (vor allem Häsing/Stubenrauch/Ziehe, 1980)
habe ich hier aus mehreren Gründen nicht besprochen: Erstens sind Vokabular und
Selbstverständnis der Reformpädagogik der frühen siebziger Jahre, in deren Rahmen
diese Monographie entstand, nicht mehr aktuell und können für die Techno-Genera-
tion keine Gültigkeit mehr beanspruchen. Zweitens ist die Verknüpfung von Psychologie und Soziologie in Ziehes These äußerst gewagt – symbiotische Mutter-Kind-
Beziehung wegen gesellschaftlich bedingter Verunsicherung der Eltern resultiert in
narzißtischer Störung der Kinder und damit auch im Ausbleiben politischer Aktivitäten. Denn der Autor will in seinem Buch auch die gesellschaftlichen Bedingungen für
eine Politisierung von Jugendlichen untersuchen, dafür wiederum müßte die Narziß-
mus-Theorie nicht bemüht werden. Darauf deutet auch eine Studie aus den achtziger Jahren hin, die Ziehes These empirisch belegen will. Die befragten Schüler, die
zu der in den neuen sozialen Bewegungen aktiven Generation gehörten, wiesen keine
narzißtischen Störungen oder Verhaltensweisen auf (Dambmann, 1985). Die gesellschaftlichen Bedingungen für die Politisierung von Jugendlichen mögen auch darin
bestehen, daß die Distanz zur vorhergehenden »politischen Generation« in Jahren
gemessen so groß ist, daß überhaupt ein Raum da ist für die Entwicklung einer eigenen kollektiven Identität als Generation, die sich von der vorhergehenden unterscheidet. Dies war für die Jugendlichen der siebziger Jahre vor dem Hintergrund der
auch in den Bildungsinstitutionen omnipräsenten »1968er« sicherlich nicht einfach,
wenn nicht unmöglich. Außerdem müssen auch Problemlagen existieren und gesellschaftlich als relevant diskutiert werden, die es dem Einzelnen erlauben, sich in
einem Zusammenhang zu engagieren, der über die eigene, singuläre Betroffenheit
hinausweist. Dazu gehören sicherlich die Themen Ökologie, Frieden und Atomkraft,
die für die Jugend der ersten Hälfte der achtziger Jahre wichtig waren. Genauso
sicher hat das Thema »Arbeitslosigkeit und sozialer Abstieg«, erlebt als individuelle
Bedrohung, seit den neunziger Jahren eher eine lähmende und isolierende Wirkung
und stellt kaum einen Anreiz für kollektive Aktionen dar.
  Ein weiteres Werk, das hier ebenfalls nicht berücksichtigt wurde, ist der »Anti-
Ödipus« von Deleuze/Guattari 1997 [1972]. Es kann als die sehr französische
Behandlung der Narzißmus-Debatte verstanden werden. Sie hier wiederzugeben
hätte jedoch erfordert, die ebenfalls recht spezielle Entwicklung der französischen
Psychoanalyse, v. a. im Gefolge von Lacan und seiner Isolation in der internationalen
Psychologie zu diskutieren. Aufwand und Ertrag für mein Thema würden hier aller-
dings in keinem Verhältnis stehen.

Die moderne Familie – Wohngemeinschaft oder Schutz- und Lehrraum?

Die Funktion der Familie, so behauptet Lasch, sei nach und nach von Experten/Therapeuten und staatlichen Organisationen übernommen worden. Dies führe einerseits zu einer Unterwanderung und Aushöhlung familialer Autorität und andererseits zur Sozialisierung von Individuen, denen die Vermittlung der Erfahrung eigener und fremder Grenzen durch diese Autorität fehlt. Die familiale Integration sei so auf Kosten der Integration in *peer groups* aufgegeben worden, Eltern und Kinder werden sozusagen eher nebeneinander als miteinander sozialisiert. Wieder sind die therapeutisch inspirierten Reformer Lasch ein Dorn im Auge. Sie hätten die Familie als Reproduktionseinheit angegriffen, ihre Defizite gerade in Familien der Unterschicht aufgezeigt und nach Verstaatlichung der Reproduktion gerufen. Die Kinder sollten zu nützlichen Mitgliedern der Gesellschaft und im Bewußtsein ihrer Klassenzugehörigkeit sozialisiert werden – und zwar durch die Gesellschaft.

Lasch siedelt den Beginn dieses Prozesses Ende des 19./Anfang des 20. Jahrhunderts an. Hier beginnt seiner Ansicht nach die Verschiebung der pädagogischen Aufmerksamkeit weg vom tatsächlichen Verhalten der Kinder hin zu deren Motivationen, Gefühlslagen und Biographien durch die Einführung von speziellen Jugendgerichten. Diese sollten idealiter nicht (nur) die zur Verhandlung stehende Tat, sondern auch die biographischen Ursachen der Verfehlung untersuchen. Mit der Einsicht in diese Ursachen von Jugendkriminalität hatte sich die Auffassung entwickelt, daß Erziehung durch gesellschaftliche Institutionen präventiv und gegen die Fehler der Eltern wirken sollte.

Dies setzt sich durch eine Alternativbewegung, die der expliziten »Elternerziehung« fort. Deren Protagonisten hätten sich besonders auf Einwandererfamilien konzentriert, die amerikanisiert werden sollten und möglichst nach den neuesten Moden der Pädagogik auf den jeweils letzten Stand gebracht werden sollten. So wurde in der Folge die Mutterliebe verteufelt und an ihre Stelle Expertenwissen gesetzt, mit der Folge völliger Verunsicherung der Eltern, die, folgt man Lasch, offenbar in den gesamten USA nichts Besseres zu tun hatten, als diese Literatur eifrig zu verschlingen. Auch diese Entwicklung sei in den späten dreißiger und vierziger Jahren rasch von einer weiteren pädagogischen Bewegung abgelöst worden, die in einer Kultur der Permissivität resultierte (ebd. 232).[38] Eltern sollten nun den Bedürfnissen der Kleinen nachgeben, wann immer sie von diesen geäußert wurden.

Diese Mode wurde von einem »Kult der Authentizität« (ebd. 238) abgelöst, der den Eltern nahelegte, »... (w)as immer sie auch taten, es war richtig, solange sie es spontan taten« (ebd.). Daraus erwuchs auch eine ebenso permissive Haltung gegenüber den Taten und dem Verhalten des Sprößlings, auch seine Regungen waren, so sie denn auch plausibel spontan entstanden, zu respektieren. Sowohl Kinder als auch Eltern standen damit unter dem Druck, die Spontaneität und Unmittelbarkeit ihrer Äußerungen ständig zu überprüfen und im Einzelfall nachzuweisen.

Die »emotionale Emanzipation« von Eltern und Kindern hätte außerdem der Professionalisierung der Erziehung weiter Vorschub geleistet und jeden Entwicklungsschritt des Kindes durch Experten beobachten und leiten lassen (ebd. 240f.). Außerdem hätten »... behavioristische und progressive Dogmen, in denen die elterliche Macht, das Kind zu mißhandeln, übertrieben dargestellt war...« (ebd.), ebenfalls zur Erziehung durch Experten beigetragen. Die »Funktionsübertragung« der Kernfamilie an staatliche Organisationen sei nicht mehr rückgängig zu machen, man kann nur noch ihre psychologischen Auswirkungen studieren (ebd. 242-244). Die Kultur der Permissivität verschleiere nun in der Familie, aber auch in der Schule und im Betrieb »... ein entscheidendes System von Kontrollen, die um so effektiver sind, als sie die direkte Konfrontation

---

[38] Hier wird ein Widerspruch in Laschs Argumentation deutlich: Er macht diesen permissiven Erziehungsstil für den narzißtischen Charakter unserer Zeit verantwortlich, der bereits in den vierziger Jahren US-amerikanische Praxen von Psychotherapeuten bevölkert haben soll. Entweder waren diese Patienten sehr jung, oder es stimmt etwas nicht in der Rechnung.

zwischen den Autoritäten und den Menschen, die sie zu beherrschen suchen, vermeiden.« (ebd. 258)

In Laschs Diktion ist es also die Entmündigung der Eltern durch den Experten und die Befreiung der Familienmitglieder von bürgerlichen Imperativen durch den Experten, der die Familie als Sozialisationsagentur zerstört hat. Die Hinwendung zum emotionalen, psychischen Geschehen des Kindes wird bei Lasch als eine Entwicklung beschrieben, die der Familie von außen oktroyiert wurde. Im folgenden Exkurs werde ich zeigen, daß diese Sichtweise die Anfänge der bürgerlichen Gesellschaft und Familie ignoriert, in denen sowohl die Hinwendung zur Innerlichkeit als auch die Subversion von Rollenkompetenz bereits angelegt war.

EXKURS:
Entwicklung des Bürgertums und der bürgerlichen Familie

Die Ideologie der bürgerlichen Familie und Lebensart entwickelte sich Ende des 18. Jahrhunderts in Abgrenzung zum adligen Lebensstil. *Natürlichkeit* ist hier das zentrale Stichwort, das allerdings in den frühen Benimm-Lehren des ausgehenden 18. Jahrhunderts zum Oxymoron gerät – sie muß nämlich erlernt werden. Der komplexen Zeichensprache des Adels, seiner expressiven Gestik, seinen Manierismen, seiner exzessiven Verwendung des Kompliments im sozialen Umgang, seiner dezidierten Ablehnung der »Natur« (an ihre Stelle wird die »Kunst« oder die »Anmut« gesetzt) wird von einem noch nicht selbstgewissen Stand, dem sich formierenden Bürgertum, die Gabe der natürlichen Schönheit entgegengesetzt, die durch einen mäßigen und vernünftigen Lebenswandel und strenge Selbstzucht gefördert wird. Dem offenkundigen Widerspruch zwischen dem Postulat der natürlichen, angeborenen Anmut und der Forderung nach strenger Schulung, nicht zuletzt des körperlichen Selbstausdrucks schenkten die zeitgenössischen Autoren, wie beispielsweise Freiherr von Knigge keine Aufmerksamkeit (vgl. dazu Döcker, 1994).

Der Wechsel der Aufmerksamkeit von den sichtbaren Taten einer Person auf ihre inneren Qualitäten wurde damit bereits in der Geburtsstunde des Bürgertums vollzogen und nicht, wie Sennett meint, erst im Verlauf des 19. Jahrhunderts. Genau darin bestand ein wesentliches Mittel zur Distinktion von dem verachteten, gelegentlich sicher auch beneideten Adel, dessen Kommunikationscode man zwar verstand und beherrschte – schließlich finanzierte man sich im wesentlichen durch adliges Mäzenatentum –, aber an dessen Stelle man den eigenen Code setzte, der nicht weniger kompliziert, dafür aber weniger expressiv war.

Steht hinter der höfischen Lehre der Höflichkeit, wie sie sich im 17. und 18. Jahrhundert ausprägte, noch die Vorstellung, sie sei »...ein notwendiges Korrektiv für die durch Selbstliebe verdorbene Menschennatur...(und)...nur sie ermögliche das Zusammenleben der Menschen...« (Döcker, 1994: 29), so setzte die neue Bürgerlichkeit auf das Gute in der Natur des Menschen, nach Rousseauschem Vorbild, aber dies paradoxerweise mit den Mitteln des Adels, nämlich der Selbstinszenierung, die das standesgerechte »Tragen« des Körpers als Spiegelbild einer makellosen Seele ermöglichte, gleichzeitig aber die Inszenierung des Geschehens in Vergessenheit geraten läßt. »Zivilisiertheit«, so wie Sennett sie versteht, nämlich als gesellschaftlich geteiltes Repertoire an Gesten, das es mir erlaubt, mit dem Anderen ungeachtet seiner menschlichen Qualitäten umzugehen, scheint also eher eine höfische Idee gewesen zu sein. Das Bürgertum dagegen will in letzter Konsequenz diese Gesten durch das »authentisch Zivilisierte« ersetzen. Statt der großen Geste wird nun die kleine eingeübt, anstelle der Präsentation von Größe, Klugheit und Weltläufigkeit will man nun Bescheidenheit, Mäßigung und Tiefe, vor allem aber die Fähigkeit zum natürlichen, offenen Umgang mit sich selbst und mit Anderen vermitteln.

Um die starke Abgrenzung gegen den Adel zu begreifen, muß man sich verdeutlichen, wo denn die sehr schmale Schicht des Bildungsbürgertums Ende des 18. Jahrhunderts sozialstrukturell zu verorten war. Diese wenigen Intellektuellen hatten zumeist nicht das Glück, sich unabhängig von irgendwelchen Gönnern, beispielsweise durch Erbschaften, finanzieren zu können. Sie waren abhängig von der Gunst eines Mäzens, der ihnen häufig intellektuell unterlegen war, und dennoch mußten sie ihm ihre Ehrerbietung im Code der üblichen Komplimente erweisen.

Zudem gab es Ende des 18. Jahrhunderts noch keine klare Selbstkonzeption des Bürgertums; es war durchaus nicht sicher, welche Berufsstände zu den neuen mittleren Schichten zwischen (Hoch-) Adel und Bauern gehörten. Ende des 18. Jahrhunderts zählten sich durchaus auch Mitglieder des Kleinadels zur bürgerlichen Schicht, während andere Berufsgruppen, wie Staatsbedienstete, noch kaum in nennenswerter Zahl vorhanden waren, wiederum andere, die für uns heute das »klassische Bürgertum« repräsentieren, »Gelehrte« oder »Advokaten«, diesem nicht zugerechnet wurden. (ebd. 169–171)

Die Selbstgewißheit, die das (Bildungs)Bürgertum als Kulturträger vor dem Ersten Weltkrieg erlangte, war eine Frucht der zweiten Hälfte des 19. Jahrhunderts und erneuter Distinktionsbemühungen, diesmal innerhalb des Bürgertums. Hatte vor 1848 noch eine verhältnismäßig kleine Bildungselite das Monopol auf bürgerliche Lebensart und Wesensverfassung, so dehnte sich der Kreis derer, die zum Bürgertum gehörten, spätestens mit der Möglichkeit, durch die Tätigkeit als Beamter im preußischen Staat nach der Reichsgründung ein von Gönnern unabhängiges Auskommen zu finden, erheblich aus.

Die rigide Verregelung bürgerlicher Lebensart in allen Bereichen wurde zudem noch forciert durch die Ausbildung einer bürgerlichen Öffentlichkeit im 19. Jahrhundert, an der nicht nur Bildungsbürgertum, sondern auch Kleinbürgertum und Wirtschaftsbürgertum partizipierten. Damit verlagerte sich das Problem des adäquaten Verhaltens zunehmend von der Aufgabe, sich einerseits von den Höhergestellten, also dem Hochadel, durch »offenen« Umgang mit Gleichgestellten zu unterscheiden und andererseits auch den Verkehrsformen eben dieser Höhergestellten zu genügen auf die Frage, wie man sich von den »Neu-Bürgern« unterscheiden könne. Diese waren soziale Aufsteiger, die einer weit strengeren Kodifizierung gesellschaftlicher Normen als die »gebürtigen Bürger« bedurften, um zu reüssieren. Es war ihnen verwehrt, die Spielarten bürgerlichen Verhaltens bereits in der Kinderstube kennenzulernen und entsprechend auf dem gesellschaftlichen Parkett zu entziffern oder gar zu variieren.

Die Distinktionsbemühungen, die sich gegen Ende des 18. Jahrhunderts noch auf Abgrenzung gegen Verkehrsformen des Hochadels konzentrierten, dann in den 1820er und 1830er Jahren zunehmend die Notwendigkeit betonten, sich deutlich vom Aufsteiger des Wirtschaftsbürgertums zu unterscheiden, verlegten sich gegen Ende des 19. Jahrhunderts auf die Abgrenzung vom Kleinbürgertum. Letzteres wiederum bemühte sich bis zum Ersten Weltkrieg noch darum, großbürgerlichen Lebensstil nachzuahmen und trotz deutlich geringerer finanzieller Mittel zu imitieren um dann, nach dem Ersten Weltkrieg, in Zeiten allgemeiner materieller Knappheit zur »Avantgarde« der bürgerlichen Gesellschaft aufzusteigen (Dökker, 1994:46–69).

Im Lauf des 19. Jahrhunderts fanden also die Distinktionsbemühungen des Bürgertums immer weniger im Adel ihr Gegenbild und verlegten sich mehr auf sogenannte neubürgerliche Schichten. Diese Entwicklung führte zu einem vergleichsweise dezenten, aber durchaus komplizierten Kommunikationscode, mit dem nicht nur mitgeteilt wurde, an welcher Stelle der Gesellschaft man zu verorten war, sondern zusätzlich auch die peinliche Situation entstand, dem Gegenüber durch Gestik und äußere Erscheinung Aufschluß über persönliche Qualitäten und Defizite zu geben. Da dieser Code aber für die Neubürger erlernbar sein mußte, wurde er in den Manierenbüchern des 19. Jahrhunderts stark formalisiert. Den »echten« Bürger in mindestens zweiter Generation erkannte man dann daran, daß er in der Lage war, jenseits starrer Regeln zu entscheiden, welche Verhaltensweise wann angemessen war, und diese auch gegebenenfalls nach individueller Präferenz zu variieren.

Man erkennt hier das diffizile Verhältnis zwischen dem ersten und dem zweiten A priori wieder. Die Individualisierung der Rolle, die man gerade einnimmt, setzt voraus, daß das Innenleben der jeweiligen Persönlichkeit sich noch den Anforderungen der Rolle zu fügen vermag und es also im Zuge seiner Sozialisation sowohl Tabus als auch Ideale internalisiert hat. Diese erzwingen einerseits Rollenkompetenz und ermöglichen andererseits ein Unterlaufen der Rolle durch individuelle Qualitäten. Das erfordert vom Einzelnen ein nicht unbeträchtliches Maß an Selbstkontrolle, die nur in einem langwierigen Sozialisationsprozeß zu erlernen war, der bis ins 20. Jahrhundert hinein nur bei den (bildungs)bürgerlichen Schichten ablief. Die Institution der Kindheit, in deren Rahmen dieser Prozeß stattfinden konnte, entwickelte sich nicht zufällig ebenfalls im 18. Jahrhundert.

Die bürgerliche Familie konstituierte sich auch in Abgrenzung zum Geschlechterverhältnis im Hochadel. Kannte man hier noch die »Damenphilosophie« und die weibliche Gelehrsamkeit, so konzipierte die neu entstehende Schicht Weiblichkeit um ein naturhaftes Modell sorgender Mütterlichkeit und bescheiden sittsamer Jungfräulichkeit, in dem intellektuelle Bestrebungen als unweibliche »Schöngeisterei« verdammt wurde (vgl. Döcker, 1994: 41 f., 219 bis 276). Hier stößt man auf ein wichtiges Konstituens der bürgerlichen Kernfamilie, nämlich die emotionale Aufladung der Mutter-Kind-Dyade und damit auch der Definition der (guten) Frau als sorgender Mutter, die sie entweder gewesen ist, gerade war oder sein sollte.[39]

---

[39] Die heute häufig als selbstverständlich in die Vergangenheit verlängerte anthropologische Konstante der Mutterliebe im bürgerlichen Familienrahmen ist durchaus keine. Bis Mitte des 18. Jahrhunderts war es übliche Praxis, die Neugeborenen so schnell wie möglich außer Haus zu geben, damit Ammen sie stillten und die Mutter entweder dem Produktionsprozeß oder dem gesellschaftlichen Leben zur Verfügung stehen konnte. In Familien (im wesentlichen bei Tagelöhnern und kleinbäuerlichen Gruppen), in denen das Einkommen der Mutter so gering war, daß die Beschäftigung einer Amme sich nicht lohnte, wurden die Säuglinge mit zur Arbeit, z. B. auf dem Feld genommen und am Feldrand abgelegt (Shorter, 1977: 197–214). Eine häufige Praxis in jener Zeit war das sogenannte Streckwindeln (Sieder, 1987: 40; Shorter, 1977: 227 f.), bei dem der Säugling mehr oder weniger gefesselt wurde, indem Arme und Beine fest an den Körper gewickelt wurden. Kinder, die zu professionellen Ammen in Pflege gegeben wurden, lagen oft den ganzen Tag in schmutziger Wäsche und ohne jede Bewegungsfreiheit sowie ohne ausreichende Ernährung im dunklen und häufig verlassenen Haus, weil die Amme, um zu überleben, meist noch einer anderen Beschäftigung nachgehen mußte. Es ist wenig erstaunlich, daß bei solchen

Damit gewann auch das Kind als Individuum, dessen »schöne Natürlichkeit« es zu formen und dessen nachtschwarze Seiten es zu unterdrücken galt, eine Sonderstellung, die es so weder im Hochadel noch in den unterbürgerlichen Schichten hatte.[40] Konformitätssicherung mußte dann also in das Individuum selbst hineinverlegt und äußere Kontrolle durch internalisierte Tabus ersetzt werden.[41]

Bewegungsfreiheit und Förderung aller sich entwickelnder Fähigkeiten galt als Merkmal guter Erziehung durch gute Eltern in der bürgerlichen Kleinfamilie. Mutterschaft und die Pflege eines Heims, das der Entwicklung des Kindes dienlich war, wurde damit zur zentralen Qualifikation der bürgerlichen Ehefrau. Die emotionale Bindung an das Kind als individuelles Wesen mit ausgeprägten

---

hygienischen Verhältnissen die Kindersterblichkeit in allen sozialen Schichten enorm hoch war, um so weniger, als der Zusammenhang zwischen Sauberkeit und Überlebenschancen des Säuglings erst gegen Ende des 18. Jahrhunderts erkannt wurde. Damals entschlossen sich, angeregt durch den einsetzenden medizinischen Diskurs über Säuglingspflege, vor allem die nicht-adligen Bildungseliten sowohl für das Stillen des Säuglings durch die Mutter als auch für verstärkte Aufmerksamkeit für die hygienischen Bedingungen seines Aufwachsens. Auch das Steckwindeln kam zuerst bei diesen Schichten aus der Mode (Sieder 1987:41; Shorter, 1977: 228).

[40] Vgl. dazu auch Ariès, 1992.

[41] Diese Aufsicht wurde in den unterbürgerlichen Schichten durch *peer groups* übernommen, vor allem durch die ländlichen Burschenschaften (Shorter, 1977: 236 – 242). Nicht-standesgemäße Partnerwahl wurde hier schon in Andeutungen unterbunden und geächtet (z. B. durch »Katzenmusik« vor dem Haus des Betreffenden). Die Gemeinschaft ließ *als Ganze* eine Selbstschädigung ihrer Mitglieder nicht zu. Das Aufbrechen der Kontrolle der Gemeinschaft und auch der *peer group* geschah vermutlich in den unterbürgerlichen Schichten, zuerst in den Kreisen der Heimarbeiter und der Tagelöhner. Hier gab es keinen Besitz, der durch geschickte Heiratspolitik zu mehren war, und zudem war auch die elterliche Kontrollmöglichkeit deutlich geschwächt. Bei den Tagelöhnern wurden die Kinder früh aus dem Haus gegeben, damit ihr Brot selbst verdienten und dem elterlichen Haushalt nicht zur Last fielen. Bei den Heimarbeitern erlernten die Sprößlinge früh das Handwerk und besaßen dadurch die notwendige Qualifikation, selbst Aufträge auszuführen und zu akquirieren. Damit waren die jungen Leute sehr früh in der Lage, die erforderlichen Ressourcen für ihre materielle Reproduktion zu erwirtschaften und einen eigenen Hausstand zu gründen. Bindungen an das Elternhaus bestanden dann nicht mehr, eine Erbschaft war auch nicht zu erwarten. Abgesehen von den bekannten skalenökonomischen Effekten, die die Gründung eines gemeinsamen Haushalts hat, war hier zumeist jedoch auch das zweite Gehalt der Gefährtin nötig, um zu überleben.

Fähigkeiten wurde verstärkt, weil hier zum erstenmal tatsächlich in nennenswertem Umfang Pflege geleistet wurde. Gleichzeitig wurde »die Straße« zunehmend nicht mehr als adäquater Aufenthaltsort für Kinder angesehen, wie die ganze Familie überhaupt in den frühbürgerlichen Schichten am Ende des 18. Jahrhunderts zur Häuslichkeit tendierte (Shorter, 1977: 260 f.). *Chacun chez soi* lautete das Motto (ebd. 262; vgl. Ariès, 1992: 61 – 64).

Die bürgerliche Frau war infolge dieser Entwicklung für berufliche und/oder intellektuelle Tätigkeit vollständig aus dem Verkehr gezogen und hatte sich, ihrem Wesen gemäß, ganz dem Bereich der häuslichen Reproduktion zu widmen. Damit traten die Lebenswelten der Männer, also die der Produktion[42], und der Frauen, nunmehr nur noch die der Reproduktion, zunehmend auseinander, und die persönliche Nähe zwischen Gatte und Gattin gewann für die Beziehung an Gewicht. In der Familie als Produktionsgemeinschaft, wie man sie für 90 Prozent der Bevölkerung des 18. und 19. Jahrhunderts annehmen muß, war Nähe bestenfalls ein Nebenprodukt der gemeinsamen Arbeit. Damit war keine weitere Gemeinsamkeit für die Legitimation der Beziehung vonnöten.[43] In der bürgerlichen Ehe dagegen wurde *idealiter* erstmals nicht der sozio-ökonomische Hintergrund, sondern die Persönlichkeit des Partners Auswahlkriterium. Der Charakter des Ande-ren wurde also zu einem bedeutsamen Faktor für das Gelingen der Ehe. Das abendliche Gespräch war das wesentliche private Verbindungselement zwischen den Eheleuten. Ebenso wichtig waren aber auch die gesellschaftlichen

---

[42] Produktion ist hier im Sinne des Profits und nicht im Sinne der (bäuerlichen) Subsistenz verstanden.

[43] Liebe, Erotik oder Intimität spielten in dieser Lebenswelt kaum eine Rolle, oder sie hatten eine gänzlich andere Bedeutung als in der bürgerlichen oder gar in der modernen Welt. Die Partner-Auswahl unterlag der strengen Aufsicht durch die Dorfgemeinschaft. »Sozialschädliche« Partnerwahl die beispielsweise dem Überleben des elterlichen Hofes gefährlich werden konnte, wurde strengstens geächtet, genauso wie geschlechtsuntypisches Verhalten, wie Prügeln des Ehemannes durch seine Frau. Der Ärmste hatte nicht nur die Schläge zu durchleiden, die bei einer kräftigen Bauersfrau sicher nicht allzu zimperlich ausgeteilt wurden, sondern auch noch den Spott durch die »Veröffentlichung« seines häuslichen Unglücks (Shorter, 1977: 252 f.).

Ereignisse, bei denen die Ehefrau ihre Meisterschaft in ihrem Element, der bürgerlichen Haushaltsführung, der beruflichen Meisterschaft des Ehemanns korrespondierend und dennoch im Hintergrund bleibend, zu beweisen hatte.

Mit der Berufung der Frau zur Mutter, durch die sie dann zu Beginn des 20. Jahrhunderts wieder in den Arbeitsmarkt eintreten sollte,[44] und mit der medizinischen Aufmerksamkeit für die speziellen Bedürfnisse des Kindesalters wurde also eine *bürgerliche Kindheit* und eine Familie im genealogischen Sinne geschaffen. In diesem Schutzraum wurde auch das gesellschaftliche Einmaleins, die vielfältigen Tabus des Umgangs und der Berührung, das Wissen um die eigene gesellschaftliche Stellung und die der Anderen vermittelt. Dies geschah sowohl durch ausdrückliche Vermittlung der Eltern, etwa durch den Versuch der Einflußnahme auf die Wahl der Freunde, als auch durch Beobachtungen elterlichen Verhaltens auf dem gesellschaftlichen Parkett durch die Kinder. Die Kunst der Distinktion, also die Verallgemeinerung der individuellen Vielfalt der Mitmenschen nach sozial-strukturellen Gesichtspunkten, wie sie im ersten A priori beschrieben wird, wurde also hier gelernt und gelehrt.

Betrachtet man nun die Realität der unterbürgerlichen Schichten im 18. und auch noch im 19. Jahrhundert, so stellt man fest, daß sich hier erhebliche Unterschiede zur bürgerlichen Familie auch hinsichtlich der A priori auftun. Im Gegensatz zum bürgerlichen Ideal der abgeschlossenen Familienwelt, die sowohl dem »Sonderwesen« Kind als auch dem der Frau, die sich im Laufe des 19. Jahrhunderts in den offiziellen Beschreibungen immer mehr dem Charakter des Kindes annähert, Schutz bietet und dem Gatten Erholung von der Erwerbstätigkeit und ihrer Profitmaximierungslogik, ist die unterbürgerliche Familie gekennzeichnet durch die Abwesenheit einer solchen Schutzzone. Sie ist selbst Sphäre der Produktion, allerdings im Sinne der Subsistenz und nicht des Profits.

»Kindheit« kann hier nur bedeuten: noch nicht in der Lage zu sein, in diesem Produktionsprozeß eine Aufgabe zu übernehmen.

---

[44] Vgl. Sachße 1986.

Diese Phase soll zum Vorteil des »ganzen Hauses« so kurz wie möglich sein (Sieder, 1987: 39–46). Insofern gibt es auch keine klar abgegrenzte Phase des Erlernens der Unterscheidung verschiedener Kreise und der Zugehörigkeit zu ihnen, ebensowenig wie einen abstrakten und komplexen Verhaltenscode, wie er geradezu konstitutiv für das Bürgertum war. Das soll wiederum nicht heißen, daß die Verhaltensnormen der unterbürgerlichen Schichten nicht kompliziert gewesen wären, aber das Erlernen geschah eher empirisch, durch Beobachtung, durch ein Hineingeworfensein in eine Gemeinschaft, in der die soziale Umwelt dem Einzelnen unmißverständlich seinen Platz zuwies und auch den der Anderen deutlich und invariant machte (Sieder, 1987: 42 f.;45).

Die stärkste sozialisierende Funktion hinsichtlich der Tabus der bäuerlichen Gesellschaft kam den *peer groups* zu. Ein wichtiges Tabu, das hier gehütet und dessen Verletzung streng geahndet wurde, war das der »richtigen« Heirat. Dennoch kann man kaum von der Wahrung von »sozialen Kreiszugehörigkeiten« im Simmelschen Sinne sprechen. Diese Kreise waren ja schon dadurch definiert, daß sie eben nicht mehr ausschließlich soziale, sondern auch individuelle Tatsachen widerspiegelten. In der bäuerlichen Gesellschaft kann davon kaum die Rede sein. Kreiszugehörigkeit wurde im wesentlichen durch die Stellung im Produktionsprozeß in der bäuerlichen Gemeinschaft bestimmt, und diese war ganz unabhängig von allem, was der Einzelne an individuellen Fähigkeiten oder Vorlieben mit sich brachte. Die Grenzen, die es hier zu wahren galt, waren nicht die der Schicklichkeit, sondern die des sozio-ökonomischen Überlebens einer Wirtschaftsgemeinschaft. Soziale Endogamie garantierte die Stabilität dieser Grenzen, Sanktionsmöglichkeiten einerseits der Eltern durch Verzögerung der Übergabe des Besitzes, andererseits (im Falle von Gesindetätigkeiten außerhalb des Elternhauses für die Kinder, die nicht erbten) der elterlichen Autorität der Arbeitgeber und die starke soziale Kontrolle durch die Gruppe der Gleichaltrigen stellten dieses Heiratsverhalten sicher.

Das erste A priori also ist in seiner bei Simmel verbalisierten Notwendigkeit bereits A priori einer bürgerlichen Gesellschaft, die das

Prinzip der Individualität kennt und anerkennt und damit bereits die strukturierende Wirkung der Zugehörigkeit auch zu sozialen Kreisen prekär werden läßt.[45] Erst die bürgerliche Auflösung der starren Zugehörigkeit zu sozio-ökonomischen Statusgruppen und ihre Aufwärtsorientierung im sozialen Gebilde des 18. und des 19. Jahrhunderts machen die komplexen Rituale der Erkennung der Zugehörigkeit zum selben oder auch zum anderen Kreis mit der Beherrschung der verwickelten Kunst des Begrüßens, des Titulierens und des Komplimentierens notwendig. Erst sie läßt also Individualität sich so weit entfalten, daß für Simmel der »Schleier« der Kreiszugehörigkeit zur wohltuenden Dämpfung dieser Individualität werden kann.

Ist Familie der erste Ort der Begegnung von Individuum und Gesellschaft, so ist sie auch gleichzeitig der Ort der Entwicklung der individuellen Identität, der Ort, an dem sich in Auseinandersetzung mit und in Abgrenzung zu Gesellschaft diese personale Existenz erst bilden kann. Die bürgerliche Kernfamilie ist in gewissem Sinn und in ihrer eigenen Ideologie also auch der eigentliche Ort des zweiten A priori – nämlich dessen, was nicht Gesellschaft, oder genauer: was nicht Öffentlichkeit und nicht Sphäre der Produktion ist.[46]

---

[45] In seiner Funktionsfähigkeit rekurriert es jedoch auf das Vorhandensein von Strukturen, die den Einzelnen gemäß einer vormodernen Logik einem sozialen Zusammenhang einverleiben (vgl. die Ausführungen in »Rollenkompetenz und soziale Ordnung«).

[46] Dieser Ort stand für die Mehrzahl der Bevölkerung im 19. Jahrhundert und auch in der ersten Hälfte des 20. Jahrhunderts nicht zur Verfügung, jedenfalls nicht in dem von Simmel gemeinten Sinne. Die Kultivierung dessen, was Simmel als das »Außersoziale« bezeichnet (vgl. Abschnitt »Eigen-Sinn und Respekt«), bedarf des privaten Raumes und vor allem des *funktionsentlasteten* Bereichs im Leben eines Einzelnen, in dem er sich jenseits von Aufgaben des täglichen Lebens mit der Pflege der schönen Seele und der Selbstzucht befassen kann. Diesen Ort findet man in der bäuerlichen Gemeinschaft nicht, weder in den Wirtshäusern, in denen zwar funktionsentlastet gezecht werden konnte, dies aber kaum allein, noch in den Spinnstuben der weiblichen Bevölkerung, in denen es wohl auch zu manchen Exzessen unter Beteiligung von Apfelwein kam, aber auch hier unter sozialer Kontrolle, noch im bäuerlichen Heim, in dem man zwar gerade an langen Winterabenden auch von der Arbeit ausruhte, doch auch hier immer in Gesellschaft.

Damit bedarf sie jedoch auch eines klar konturierten Gegenbildes, um andererseits Reproduktionsleistungen für die Gesellschaft durch die Sozialisation der nachfolgenden Generation zu erbringen. Fehlt dieses Gegenbild, oder wird es unscharf, dann werden also die Systemimperative mehrdeutig. Und wenn damit unklar ist, unter welchen Bedingungen die nachfolgende Generation vom Standpunkt der Familie aus gesehen »draußen« Erfolg haben kann, dann wird nicht nur die Vermittlung von systemrelevanten Kompetenzen prekär (vgl. Abschnitt »Das dritte A priori«).

Zusätzlich geraten auch die im ersten A priori codierten sozialen Ordnungssysteme einerseits und die im zweiten A priori beschriebenen Voraussetzungen für die erfolgreiche Ausbildung von Individualität andererseits aus den Fugen. Erstere müssen, wenn sie nicht nur selbstgenügsame Gemeinschaften (die in ihrer Zusammensetzung letztlich beliebig sein können und auch nicht notwendig auf ein Außen bezogen sein müssen), sondern tatsächlich Bedingung für Gesellschaft sein sollen, in ihren Zugangsbedingungen und -beschränkungen Abbild des individuell erreichten Status ihrer Mitglieder in der systemischen Dimension von Gesellschaft sein. Im Fall von Simmels Analyse ist die »eigentlich gesellschaftliche« Struktur, die lebensweltlich durch soziale Kreiszugehörigkeiten übersetzt wird, *idealiter* die Erwerbsökonomie. Erst gegen dieses rigide Ordnungssystem, das nicht nur dem Einzelnen standardisierte Fähigkeiten abverlangt, sondern auch ihn selbst zu standardisieren sucht, formt sich die Individualität. Erst im Spannungsverhältnis zwischen normierender Systemgängigkeit und aufbegehrender Unberechenbarkeit formt sich die Person, die einen latenten Widerspruch, der zwischen sozialer und außersozialer Facette ihres Wesens existiert, auszuhalten und zu nutzen weiß.

Das Gleichgewicht zwischen den beiden ersten A priori muß also von außen erzwungen werden, ansonsten verschiebt es sich zugunsten des zweiten A priori, das sich seinerseits jedoch auch nur in Abgrenzung und Auseinandersetzung mit dem ersten A priori erfüllen kann. Welche Folgen die Brüchigkeit der äußeren Klammer der beiden ersten A priori hat, werde ich in Kapitel 4 darlegen.

Eine weitere Voraussetzung für die Existenz der Kleinfamilie als Schutz- und Entwicklungsraum des Bürgers ist hier bislang noch nicht angesprochen worden: das Kompetenzgefälle zwischen den Generationen. Die Beseitigung dieses Gefälles erfordert eine Zeit des Lernens und klar gegliederte Lernabschnitte, in denen bestimmte Fähigkeiten altersgemäß erwartet werden können. Diese erlauben erst eine Binnendifferenzierung der Phase Kindheit und Jugend. Verschwindet dieses Kompetenzgefälle oder verändert es gar seine Richtung, so ist hier zu erwarten, daß andere Akteure in der Sozialisation an Bedeutung gewinnen, so etwa die Altersgenossen.

* * *

Die These vom Verschwinden dieses Kompetenzgefälles diskutiere ich im nächsten Exkurs. Sollte sie zutreffen, so hat die Familie nicht nur ihr Gegenbild verloren, sondern auch ihre wichtigste Fähigkeit, nämlich die jeweils nachfolgende Generation mit den Kompetenzen auszustatten, die ihr eine Navigation durch die bürgerliche Existenz ermöglichen. Damit wäre dann nicht mehr in erster Linie eine Kultur der Permissivität verantwortlich für kaum zu leugnende Veränderungen der bürgerlichen Kleinfamilie, sondern eine massive Modifikation und Entwicklung ihrer medialen Umwelt, die auch die auf väterlicher Autorität beruhenden innerfamiliären Hierarchien in besonderer Weise begründungsbedürftig und in letzter Konsequenz unhaltbar werden lassen.

EXKURS:
Der Wandel der medialen Umwelt der modernen Familie
und die möglichen Folgen

Eine wichtige Bedingung für die Konstituierung einer bürgerlichen Kindheit war der Buchdruck, der es ermöglichte, einen Schutzraum für Kinder in dem Sinne zu schaffen, insofern Informationen vorwiegend schriftlich vermittelt wurden und damit nur des Lesens mächtigen Personen zugänglich waren (vgl. Ariès 1992, 76; Postman, 1993). Erst so wurden die »Geheimnisse der Erwachsenenwelt« geschaffen und ein von ihnen entlasteter Lebensraum, eben die Kindheit, möglich.

Das Spezielle dieser Institution und ihre Abhängigkeit von der dominanten Art der Informationsvermittlung vermag ein Vergleich mit Zeiten, in denen Kindheit wesentlich kürzer terminiert wurde, illustrieren: Das Mittelalter war gekennzeichnet durch »Fachliteralität«: Nur wenige Gelehrte beherrschten die Schriftsprache, und dies häufig auch nur ungenügend. Dies war auch durch den Verlust eines eindeutigen Alphabets zugunsten einer kalligraphischen Gestaltung der Buchstaben nach dem Niedergang des Römischen Reichs verursacht, die ein einfaches Wiedererkennen verhinderte. Damit war *soziale* Literalität als gewöhnliches Merkmal des Durchschnittsbürgers oder mindestens des männlichen Angehörigen der mittleren Schichten, im Mittelalter verschwunden. Die Geheimnisse des Erwachsenenlebens waren verbal und ikonographisch zu erschließen und dadurch mit dem Erwerb der Sprachfähigkeit dem Kind zugänglich. Auch deswegen wurde der Begriff »Kind« im Mittelalter nur auf Kinder unter sieben Jahren angewendet. Spätestens in diesem Alter beherrschten sie die Sprache der Erwachsenen und waren damit von diesen nicht mehr zu unterscheiden.

Mit der schriftlichen Codierung des Wissens *en masse* nach der Erfindung des Buchdrucks und der dadurch wiedererweckten sozialen Literalität[47], d. h. Literalität als Merkmal des Durchschnittsbürgers oder mindestens des männlichen Angehörigen der mittleren Schichten, gab es eine Kompetenz, die Erwachsenen vorbehalten war und die Kinder angeleitet erlernen mußten (vgl. Ariès, 1992: 223, 237). Mit der nun größeren Verfügbarkeit von Wissen wurde auch die Welt der Erwachsenen komplizierter. Die verschiedenen Phasen von Kindheit und Jugend wurden nun wesentlich durch das

---

[47] Dies traf zumindest für die mittleren Schichten zu, wobei Großbritannien hier wohl eine Sonderrolle spielt, weil dort Literalität in allen Schichten anzutreffen war (vgl. Postman, 1993: 53).

Erreichen von bestimmten Lernstufen definiert, denen man nach und nach nicht nur die Beherrschung von technischen Fähigkeiten zuschrieb, sondern auch das Erreichen von seelischen Reifegraden, das wiederum die Offenbarung von Facetten des Erwachsenenlebens, im Bereich Sexualität, Politik, Erwerbsleben und anderem nahelegte oder verbot.

Die moderne Entwicklung in den Bereichen Internet, Telekommunikation und Medien legt die These eines – mindestens auch medial vermittelten – allmählichen Verschwindens der Kindheit als Schutzraum, in dem die Geheimnisse der Erwachsenenwelt bestenfalls erahnt, aber nicht gewußt werden, nahe. Leicht zugängliche ikonographische Darstellungen lassen soziale Literalität für die (altersgerechte) Entzifferung der Welt obsolet werden.

Eltern können heute weniger als je zuvor bestimmen, wann, wo und in welcher Deutlichkeit der Sprößling beispielsweise in die Geheimnisse der Sexualität eingeweiht wird.[48] Die mit dieser Beobachtung verbundene Befürchtung lautet nicht, die Sexualmoral gehe durch den Abbau von Tabus vor die Hunde, sondern daß die Bedingungen für die Entwicklung einer reifen Individualität durch das Verschwinden des Tabus an und für sich erodieren:

> Das Lustprinzip absorbiert das Realitätsprinzip; die Sexualität wird in gesellschaftlich aufbauenden Formen befreit (oder vielmehr liberalisiert). Dieser Gedanke schließt ein, daß es repressive Weisen von Entsublimierung gibt, im Vergleich zu denen die sublimierten Triebe und Ziele mehr Abweichungen, mehr Freiheit und mehr Weigerung enthalten, die gesellschaftlichen Tabus zu beachten. Es scheint, daß eine solche repressive Entsublimierung in der sexuellen Sphäre tatsächlich vor sich geht, und hier erscheint sie, wie bei der Entsublimierung der höheren Kultur, als das Nebenprodukt der gesell-

---

[48] Gleiches gilt auch für Tod und Gewalt. So war im Jahr 2006 beispielsweise die Hinrichtung von Saddam Hussein nicht nur ein nachrichtliches Medienereignis, sondern konnte im Internet auch als Video erlebt werden.

schaftlichen Kontrollen über die technologische Wirklichkeit, welche die Freiheit erweitern und dabei die Herrschaft intensivieren. (Marcuse 1994 [1964]: 91 f.)

Marcuses These lautet, daß eine mechanisierte und rationalisierte Umgebung einerseits mehr Libido freisetzt, andererseits aber auch gerade dadurch Möglichkeiten der Befriedigung versperrt hat und sie fast ausschließlich auf Sexualität konzentriert. Damit ist weniger Triebverzicht notwendig, und die gesellschaftliche Ordnung, die dies ermöglicht, wird positiv angenommen.

Indem sie derart die erotische Energie herabmindert und die sexuelle intensiviert, *beschränkt* die technologische Wirklichkeit *die Reichweite der Sublimierung.* Sie verringert ebenso das *Bedürfnis* nach Sublimierung. Im seelischen Apparat scheint die Spannung zwischen dem Ersehnten und dem Erlaubten beträchtlich herabgesetzt, und das Realitätsprinzip scheint keine durchgreifende und schmerzhafte Umgestaltung der Triebbedürfnisse mehr zu erfordern. Das Individuum muß sich einer Welt anpassen, die die Verleugnung seiner innersten Bedürfnisse nicht zu verlangen scheint – eine Welt, die nicht wesentlich feindlich ist.

Der Organismus wird so präpariert, das Gebotene spontan hinzunehmen. Insofern, als daß die größere Freiheit eher eine Kontraktion als eine Erweiterung und Entwicklung der Triebbedürfnisse mit sich bringt, arbeitet sie eher *für* als *gegen* den Status quo allgemeiner Repression – man könnte von »institutionalisierter Entsublimierung« sprechen. (ebd. 93)

Die Erkenntnisfunktion der Sublimierung, die das Individuum befähigt, repressive Strukturen in der Gesellschaft zu erkennen und auch deren Beseitigung mindestens zu phantasieren, wird aufgegeben zugunsten eines *happy consciousness*, das weder von Schuld noch von Verlangen weiß.

Die Kost, die dieses glückliche Bewußtsein nährt, ist jedem Haushalt mit Fernseher (und das sind fast alle) und/oder mit Internet-Anschluß (das sind immer mehr) zugänglich und leicht verdaulich. Ob Sexualität, Tod, Krankheit, Gewalt oder Wahnsinn – jedes Thema ist, auch in deutlichsten Darstellungen, wenn nicht im Abendprogramm, dann für das begabte Kind mit Internet-Anschluß doch mindestens im world wide web zu finden.

Außerdem nivelliert die Darstellung dieser Themen im Fernsehen ihre Bedeutung, alles bekommt denselben Stellenwert:

> Vidal Sassoon, ein bekannter Friseur, hatte eine Zeitlang eine eigene Fernsehsendung – eine Mischung aus Kosmetiktips, Ernährungsratschlägen, Prominentenverehrung und Populärpsychologie. Bei einer dieser Sendungen, kurz vor der Reklameeinblendung, hatte Sassoon gerade noch Zeit, in die Erkennungsmelodie hinein zu verkünden: »Schalten Sie nicht um. Wir sind gleich wieder da, mit einer phantastischen neuen Diät, und danach einen kurzen Blick auf den Inzest.« (Postman, 1993: 97)

Man kann nun einwenden, auch Bücher seien dazu durchaus in der Lage, doch muß man konzedieren, daß selbst die schlechteste Literatur, selbst die deutlichste pornographische Schrift sich des Wortes bedient, um ihre Inhalte an den Leser zu bringen. Das Wort aber ist nicht in erster Linie ein Weg zur Welt, sondern ein Weg zum Abbild der Welt im Leser. In seiner Konstruktion setzt sich der lesende Mensch kreativ mit dem Gelesenen auseinander und erschafft seine eigene Bildleiste, die nie nur Realität, sondern immer auch Phantasie und Erfahrung enthält.[49]

Das Bild und insbesondere das bewegte Fernseh- oder Video-Bild der hier diskutierten Qualität ist dagegen platte Kopie der Welt,

---

[49] Das erfährt jeder, der die Verfilmung eines gelesenen Buchs genießt – sie kann noch so gelungen sein, irgendwie hat der Film einem trotzdem das Kopf-Kino verdorben.

die in ihrer abwesenden Kodierung unterschiedslos alle anspricht und für alle verständlich ist. Es verseucht die individuellen Innenwelten mit ausnahmslos gleicher Kost und verhindert die autonome und kreative Besetzung der eigenen Innenräume und auch die durch den Akt des Lesens erzwungene, verlangsamte Auseinandersetzung mit dem rezipierten Geschehen. Die Bilderflut verlangt sofortige, emotionale Reaktion, sie kann Wut, Angst oder Lust erzeugen, nie aber Engagement, Reflexion oder gar Sinn.[50]

Das ist insbesondere in der kindlichen Entwicklung fatal, die bei permanenter Berieselung mit schnellen Bildfolgen kaum ungestört ablaufen kann und tatsächlich zu einem wenig differenzierten Affekthaushalt führt (vgl. Sturm 1991: 120–124). Neue Forschungsergebnisse lassen zudem den Schluß zu, daß übermäßiger Fernsehkonsum im Kindesalter erhebliche Folgen für den Bildungserfolg der Betroffenen hat. Eine Langzeitstudie in Neuseeland, die 1000 Individuen, die zwischen dem 01. April 1972 und dem 31. März 1973 geboren wurden, bis zu ihrem 26. Lebensjahr begleitet und den dann erreichten Bildungsstand dokumentiert hat, fand einen starken Zusammenhang zwischen exzessiven Fernsehkonsum im Kindesalter und geringem Bildungsgrad:

---

[50] Damit will ich nicht sagen, daß Fernsehen grundsätzlich nur negative Effekte hat. Zu Zeiten der Alleinherrschaft der öffentlich-rechtlichen Sendeanstalten war die »Tagesschau« in jedem Wohnzimmer präsent und führte durchaus zu eine größeren politischen Informiertheit in breiten Bevölkerungsschichten. Das Unerfreuliche an der neuen Entwicklung nach 1985 ist die Stabilisierung auf niedrigem Niveau, die auch Variablen wie politisches Interesse und Informiertheit unter die mit der »Tagesschau« erreichten 1970er-Werte drückt (Berg/Kiefer 1978, 1992). Die positiven Auswirkungen des Mediums auf Informiertheit und daraus folgendes Engagement scheinen auf die relativ kurze Phase beschränkt zu sein, in der auch Fernsehbilder im wesentlichen als Verstärkung und Untermalung des gesprochenen Wortes verstanden werden und das Programmangebot noch nicht sehr stark differenziert war. Sobald das Medium als genuines Bild-Medium wahrgenommen wird, muß dieser Effekt verschwinden. Gleichzeitig erlaubt die Menge der verfügbaren Programme genauso wie deren Spezialisierung auf bestimmte Formate eine gezielte Vermeidung beziehungsweise Wahl der bevorzugten Kost. Die Diktatur der Tagesschau hatte eine relativ gleichmäßige Informationsverteilung über die Bevölkerung zur Folge, die heutige Programmvielfalt und ihre gelegentlich fast sozialstrukturell inspiriert scheinende Differenzierung (von ARTE bis RTL II) erlaubt wieder die mediale Abschottung sozialer Milieus.

> Although we cannot prove that watching television is causally related to poor educational achievement, the associations between viewing time and educational outcomes were string and independent of the known confounding influences of intelligence, socio-economicstatus, and childhoood behavioral problems… However, we cannot rule out the possibility of reverse causation. This is likely to be at least part of the explanation for the strong association between television viewing during adolescence and leaving school without any qualifications. By adolescence, some individuals will be poorly motivated toward schoolwork and may, for example, fill their time by watching television instead of doing their homework. This is less likely to be the explanation for the strong inverse association between television viewing in childhood and attainment of a university degree. (Hancox et al. 2005: 617)

Bereits Konsum von mehr als einer Stunde pro Wochentag im Kindesalter reduzierte die Chance auf einen Universitätsabschluß erheblich. Dies Ergebnisse werden auch von einer weiteren Studie über die Effekte von Fernsehkonsum von Kindern im Alter unter drei Jahren und zwischen der und fünf Jahren auf ihre kognitive Entwicklung im Alter von sechs bis sieben Jahren gestützt (Zimmerman/Christakis 2005).[51]

Die Anfang der neunziger Jahre vielleicht noch realistische Hoffnung, daß sich durch die Verbreitung von Computern eine neue

---

[51] Dennoch halte ich die pauschale und eindimensionale Verurteilung des Mediums Fernsehen oder auch von Computerspielen, wie sie z. B. (übrigens durchaus medienwirksam) durch den Ulmer Psychiater Manfred Spitzer (vgl. etwa 2005) stattfindet, für völlig überzogen. Seiner Überzeugung nach macht Fernsehen dick, dumm und gewalttätig und verursacht im Jahr 2020 unter anderem 40000 zusätzliche Todesfälle, Zehntausende zusätzliche Gewaltdelikte und Schulprobleme *en masse*. Zwar sind insbesondere seine Ausführungen zum Zusammenhang zwischen Fernsehkonsum im Kindesalter und Gehirnentwicklung interessant und vor dem Hintergrund der im Text zitierten Ergebnisse der neuseeländischen Studie auch plausibel; dennoch bleiben berechtigte Zweifel an der Stärke seiner Kausalitäts-Behauptungen und methodische Zurückhaltung, die Hancox et al. selbst angesichts ihrer sehr starken Befunde walten lassen, wäre wohl auch hier angebracht.

Literalität entwickeln würde, die an die Stelle der Lesefähigkeit von gedruckten Texten treten könnte (Sturm 1991, 167 f.), hat sich bislang kaum erfüllt.[52] Auch im Bereich des Computers bemüht man sich nach Kräften, das Wort an und für sich zu vermeiden, man vertraut statt dessen auf *icons*. Korrespondierend hinsichtlich des dem Nutzer abverlangten Abstraktionsniveaus beim Deuten der kleinen, bunten Bilderwelt ist auch die ihm nahegelegte Operation: Er möge bitte »klicken auf xy« oder »xy anklicken«.

Diese Entwicklung, die mit WINDOWS einsetzte, liegt nicht nur genau in der Logik der Förderung der ikonographischen Intelligenz auf Kosten der Literalität, sie befördert auch den Prozeß der Entdifferenzierung zwischen Erwachsenen und Kindern. So wird zwar immer wieder darauf hingewiesen, daß Computer und Internet die Kluft zwischen den Generationen hinsichtlich eines Kompetenzgefälles zwischen Eltern und Kindern zugunsten der letzteren größer werden läßt, aber die hier skizzierte Entwicklung läßt mich an der Richtigkeit dieser Hypothese zweifeln und eher die Entwicklung einer Hybridform, der des Kind-Erwachsenen, vermuten.

In jedem Fall liegt auch hier die bildungs- und schichtspezifische Nutzung dieses Mediums nahe und findet auch statt. Insgesamt unterscheiden sich auch die Geräteausstattungen von Hauptschülern und Gymnasiasten nach wie vor erheblich: Spielekonsolen und Fernseher finden sich häufiger bei Hauptschülern, während Gymnasiasten eher über Computer verfügen (vgl. Feierabend/Rathgeb 2005: 321). Zwar nutzen Abiturienten ihren Computer ähnlich häufig wie Hauptschüler für die Schule, letztere verwenden ihn aller-

---

[52] Die Entwicklung der Internet-basierten Autorenschaft in Form von Blogs scheint in eine andere Richtung zu weisen. Nicht nur die Lesefähigkeit wird in dieser kulturellen Umwälzung befördert, sondern die globale Artikulationsfähigkeit des Einzelnen. Zwar sind hier nach wie vor überwiegend Vertreter der Mittelschicht am Werk aber auch das scheint nicht mehr ehernes Gesetz zu sein. Das Blog mag eine Demokratisierung der Autorenschaft nach sich ziehen. Es könnte aber auch eine andere Entwicklung einsetzen, die eher den Zusammenbruch kommunikativer Netzwerke zur Folge hat – wenn alle nur noch senden und keiner mehr auf der Seite der Empfänger zu finden ist.

dings deutlich häufiger für Computerspiele (ebd. 326).[53] Schlußendlich wird auch das Internet von fast 80 Prozent der Gymnasiasten genutzt, das gilt nur für 63 Prozent der Hauptschüler (ebd. 323).[54] Ähnlich sieht es bei Internetzugängen und -nutzung aus; auch in der Gesamtbevölkerung bleibt das ». . . web . . . das Medium der Bessergebildeten.« (SevenOne Media 2005: 12)

Allerdings ist der Fernseher immer noch das wichtigste Medium (mit ca. 142 Minuten täglicher Nutzungsdauer), der Computer liegt auf Platz 2 (ebd. 15; Feierabend/Rathgeb 2005: 322).

Die größere Differenzierung sowohl der Arten verfügbarer Medien als auch der angebotenen Programme ist so zwar auch als Freiheitsgewinn zu werten, aber bei der zusätzlich vorhandenen statusbewahrenden Natur unseres Bildungssystems hat sie durchaus auch negative stratifizierende Effekte, wie die oben kurz diskutierten Ergebnisse der Mediennutzungsstudie 2004 zeigen.

Diese Thesen würden nahelegen, daß die Institution Familie nicht so sehr durch die Veränderung des intrapsychischen Geschehens ihrer Mitglieder angegriffen ist, sondern mindestens auch durch den Wandel der medialen Umwelt dieser Institution. Diese Veränderung kompromittiert Familie als Ort der altersgemäßen Vermittlung von Kenntnissen zugunsten der Integration durch *peer groups*, die im Zweifel ohnehin besser Bescheid wissen als die Erwachsenen.

In dieser Zeitdiagnose wird also das zweite A priori in einer »informationstotalitären« Gesellschaft aufgelöst, die nicht einmal mehr die heimliche Dissidenz des Tagtraums zuläßt – weder in den abgehobenen Sphären der Hochkultur noch in den Niederungen gesellschaftlich unterdrückter Triebe. Damit ist auch das scheinbar

---

[53] Interessanterweise geben fast dreimal mehr Hauptschüler als Gymnasiasten an, den Computer auch für spezielle Lernsoftware zu nutzen.

[54] Allerdings wird hier nicht angegeben, wo gesurft wird. Eine aktuelle Studie, die in Großbritannien 2006/2007 mit 2400 Befragten durchgeführt wurde, zeigte, daß britische Internetnutzer ganze zwei Tage pro Monat im Internet vertrödeln – mit sinn- und ziellosem Surfen, das ohne jeden Erkenntnisgewinn bleibe. Besonders betroffen seien Männer. (s. http://www.spiegel.de/netzwelt/web/0,1518,476 425,00.html)

Individuelle, das eigentlich Persönliche bereits vergesellschaftet. Es gibt ihn nicht mehr, den Rest, der außerhalb der gesellschaftlichen Ordnung steht. Der eindimensionale Mensch ähnelt so eher einer Ameise als dem Individualisten, der er meint zu sein. Geht man mit Simmel davon aus, daß der nicht vergesellschaftete Rest Bedingung für die Sozialität des Einzelnen ist, so heißt das nicht weniger, als daß der Einzelne in keiner Ordnung mehr steht. Damit bestätigt sich zumindest in dieser Lesart auch die Diagnose für das erste A priori, das ja das Spiegelbild des zweiten darstellt: Individualität und Sozialität, Einzigartigkeit und Rollenkompetenz befinden sich nicht mehr im Gleichgewicht, es scheint, als würde der kulturelle Individualismus Gesellschaft auflösen zugunsten eines autistischen Selbsterlebens des Einzelnen, das jedoch rasch ins Leere läuft, weil es nie über sich hinausgreifen kann. Der Individualismus der fortgeschrittenen Moderne wäre damit als ein Trugbild entlarvt:[55]

> Unter der Herrschaft eines repressiven Ganzen läßt Freiheit sich in ein mächtiges Herrschaftsinstrument verwandeln. Der Spielraum, in dem das Individuum seine Auswahl treffen kann, ist für die Bestimmung des Grades menschlicher Freiheit nicht entscheidend, sondern *was* gewählt werden kann und was vom Individuum gewählt *wird*. Das Kriterium für freie Auswahl kann niemals ein absolutes sein, aber es ist auch nicht völlig relativ. (Marcuse 1994 [1964]: 27)

Die scheinbare Freiheit besteht in dieser Lesart darin, zu wählen, was sozial akzeptiert ist – und zwar nicht in einem schmerzhaften Prozeß der Sublimierung dessen, was nicht akzeptiert ist, sondern in resignativer oder schlimmer noch: bewußtloser Affirmation des Bestehenden, weil selbst der Ort potentieller Opposition verloren ist:

> Vielleicht beschreibt der Terminus »Introjektion« nicht mehr die Weise, in der das Individuum von sich aus die von seiner

---

55 Vgl. dazu auch Adorno/Horkheimer, 1991 [1944]: 164.

Gesellschaft ausgeübten Kontrollen reproduziert und verewigt. Introjektion unterstellt eine Reihe relativ spontaner Prozesse, vermittels derer ein Selbst (Ich) das »Äußere« ins »Innere« umsetzt. Damit schließt Introjektion das Bestehen einer inneren Dimension ein, die von äußeren Erfordernissen verschieden und ihnen gegenüber sogar antagonistisch ist – ein individuelles Bewußtsein und ein individuelles Unbewußtes, unabhängig von der öffentlichen Meinung und dem öffentlichen Verhalten. Die Idee der »inneren Freiheit« hat hier ihre Realität: sie bezeichnet den privaten Raum, worin der Mensch »er selbst« werden und bleiben kann. Heute wird dieser private Raum durch die technologische Wirklichkeit angegriffen und beschnitten ... Das Ergebnis ist nicht Anpassung, sondern *Mimesis:* eine unmittelbare Identifikation des Individuums mit *seiner* Gesellschaft und damit mit der Gesellschaft als einem Ganzen. (ebd. 30)

In dieser Lesart ist das zweite A priori ersatzlos verschwunden, und mit ihm das Individuum im eigentlichen Sinne. Instrument dieser Auflösung ist bei Marcuse die technologische Rationalität der Massenproduktion, die jeden Protest gegen den *logos* der warenförmigen Befriedigung von Bedürfnissen erstickt und diskreditiert. Das Selbst wird durch die bedingungslose Identifikation mit dem Objekt selbst zum Objekt herabgewürdigt, »... die Objektwelt (wird) in eine Verlängerung von Geist und Körper des Menschen überführt ... die Menschen erkennen sich in ihren Waren wieder; sie finden ihre Seele in ihrem Auto, ihrem Hi-fi-Empfänger, ihrem Küchengerät« (ebd. 29). In dieser totalen Hingabe an die Ware wird auch der Begriff Entfremdung seiner ursprünglichen Bedeutung beraubt:

Die Wirklichkeit bildet jedoch eine fortgeschrittenere Stufe der Entfremdung aus. Diese ist gänzlich objektiv geworden; das Subjekt, das entfremdet ist, wird seinem entfremdeten Dasein einverleibt. Es gibt nur eine Dimension, und sie ist überall und tritt in allen Formen auf. (ebd. 31)

Massenkonsum und die Warenförmigkeit aller Aspekte des sozialen, kulturellen[56] und individuellen Lebens und ihre fast schrankenlose Entzifferbarkeit durch die neuen Massenmedien verursachen also in dieser Analyse nicht nur die Auflösung der bürgerlichen Kleinfamilie durch eine Egalisierung ihrer Mitglieder vor der unmittelbaren Befriedigung ihrer Bedürfnisse, sondern auch den Verlust der Individualität aller Mitglieder der nun nicht mehr bürgerlichen Gesellschaft, wie sie im zweiten A priori beschrieben wurde. So hat sich auch hier das Innenleben des Bewohners der Moderne verändert, allerdings nicht, wie in den Thesen zur narzißtischen Gesellschaft bei Lasch, durch die Entmündigung des Individuums durch den Experten, sondern durch eine (Kultur)Industrie, die den ungesellschaftlichen Innenraum des Individuums dadurch kompromittiert, dass sie allen möglichen Wunschbildern, die hier entstehen könnten, bereits Dispens und Realitätsstatus gewährt. Die einzige Möglichkeit der Subversion scheint hier in der visuellen Askese zu liegen – doch auch dies würde dann wohl bald als Produktidee vermarktet.

* * *

Die narzißtische Gesellschaft – Gegenthesen und Zusammenfassung

Die psychologische Erklärung der Beobachtungen aus dem 2. Kapitel, die hier diskutiert wurden, können nicht wirklich überzeugen:

Erstens gehen sie aus von einer Veränderung im klinischen Bereich, die empirisch kaum nachzuweisen ist. Zweitens ist nur thetisch behauptet, nicht jedoch empirisch belegt worden, daß eine Veränderung im klinischen Bereich eine Veränderung (und dann auch noch eine parallele) in der Gesellschaft impliziert. Einerseits werden soziale und politische Strukturen umstandslos der intra-

---

[56] Vgl. dazu Marcuse, 1994 [1964]: 76–91.

psychischen Dimension einverleibt und sind damit nicht mehr gesellschaftlich bearbeitbar. Andererseits bleiben dann die Ursachen der psychischen Veränderung einer ganzen (Mütter)Generation im dunkeln, und die Hypothese mutiert zum Glaubenssatz.[57]

Drittens muß man zumindest Lasch vorwerfen, daß er ein Symptom mit einer Ursache verwechselt, wenn er in der Therapie und in einer »Therapeutisierung« der Gesellschaft eine Erklärung für eine Unzahl von verschiedensten Phänomenen, vom Niedergang einer politischen Kultur über den Anstieg von Scheidungsquoten bis zu einer Veränderung der Management-Methoden usw. zu finden glaubt.

Viertens wird hier ignoriert, daß etliche der hier besprochenen Entwicklungen bereits in den Anfängen und in der Ideologie der bürgerlichen Gesellschaft und der Moderne angelegt sind – daß sich also weniger die Moderne fundamental verändert hat, sondern ihr Gegenbild verschwunden und daß sie mithin reflexiv geworden ist.

Fünftens ist dieser Analyse ein sehr reaktionärer Perspektivenwechsel immanent: In dem Bemühen, die Grundlagen geistiger und gesellschaftlicher Gesundheit in bürgerlicher Familie, väterlicher Autorität und religiöser Überzeugung zu reanimieren, wird übersehen, daß es genau diese Strukturen waren, die Freud einst als pathogene Bedingungen in seiner Neurosentheorie erkannt hat. Hier wird der Neurotiker zum Verantwortungsethiker stilisiert, der kulturelle Individualismus dagegen als Pathologie diskreditiert.

Sechstens werden positive Deutungsmöglichkeiten der »narzißtischen Gesellschaft« und ihrer im vorherigen Kapitel besprochenen Charakteristika nicht einmal angedacht: So ist die gehäufte Inanspruchnahme psychotherapeutischer Behandlung, sowohl in den letzten dreißig Jahren als auch innerhalb der jeweils jüngeren Generation, kaum negativ zu bewerten und ganz sicher kein eindeutiges Zeichen für eine Zunahme psychischer Erkrankungen.[58]

---

[57] Vgl. auch Reiche, 1991: 1056–1058 in seiner Kritik an Marcuses psychologischer Wendung in »Der eindimensionale Mensch« (1944 [1964]).
[58] Vgl. Schepank, 1987; 1994.

Dagegen gibt es heute eine größere Bereitschaft, krisenhafte Erscheinungen in der eigenen Biographie als psychogen zu verstehen und eher professionelle Hilfe zu suchen. Dazu trägt in der Bundesrepublik einerseits die Kassenfinanzierung psychotherapeutischer Behandlung seit 1968 bei, die Psychotherapie für große Teile der Bevölkerung erst erschwinglich machte. Man kann aber auch darüber spekulieren, ob die Patienten, bei denen heute eine narzißtische Störung von mehr oder weniger großem Ausmaß diagnostiziert wurden, vor – sagen wir – 50 Jahren noch andere Möglichkeiten der Selbstwert-Regulierung und –Kompensation hatten. So konnte der Familienvater noch ungestraft Frau und Kinder prügeln oder der Vorgesetzte seine Angestellten terrorisieren und die Schmerzen am *Ego* sozial akzeptiert externalisieren (vgl. Reiche, 1991:1051).

Eine weitere Erklärung für die größere Inanspruchnahme von therapeutischen Angeboten findet man auch im gestiegenen Bildungsniveau der Bevölkerung westlicher Industrienationen. Gemeinsam mit der alltäglichen Thematisierung der Psycho-Hygiene in den Massenmedien kann dies dazu führen, daß der Einzelne auch problematische Facetten seines Charakters, die nicht zu schwerwiegenden Funktionsstörungen führen, im therapeutischen Gespräch klärt (ebd.). Die narzißtische Gesellschaft wäre in dieser Lesart eine Gesellschaft, die einer weit größeren Anzahl von Mitgliedern, also nicht nur Männern, sondern auch Frauen, nicht nur Herrschern, sondern auch Beherrschten, narzißtische Gratifikationen gewährt, aber eben auf wesentlich niedrigerem Niveau. Dies kann man dann zwar in seinen Auswüchsen durchaus mit Marcuse als Herrschaftstechnik begreifen und hier auch seine Diagnose der Warenförmigkeit von Kultur und Sexualität in der Nachkriegsgesellschaft teilen – sein daraus abgeleitetes Postulat der Warenförmigkeit des Mitglieds dieser Gesellschaft ist jedoch nicht so ohne weiteres nachzuvollziehen. Seiner These fehlt eine Sozialisationstheorie, die erläutert, wie im intergenerationellen Wandel der mehrdimensionale Bürger der bürgerlichen Gesellschaft zum eindimensionalen Menschen in der universellen Konsumgesellschaft wird.

Diese Erklärung in der Veränderung der medialen Umwelt zu suchen, wie Postman es tut, und mit einer weitreichenden These zum Verschwinden der sozialen Literalität zu verknüpfen, ist zwar interessant und bedenkenswert, aber zumindest für Deutsch land (noch) nicht so ohne weiteres zutreffend, auch wenn die Nutzungsdauer von Fernseher und Computer auch hierzulande steigen.[59]

Auch die zahlreichen Studien, die in den USA unter der Annahme eines kausalen Zusammenhangs zwischen Konsum von TV-Sendungen und sozialer Devianz, Desinteresse und Entfremdung durchgeführt wurden (vgl. dazu etwa Putnam 1995) halten bei näherem Hinsehen nicht, was sie versprechen. Ausschlaggebend scheint hier eher zu sein, in welchem Rahmen der Konsum erfolgt, ob und in welchem Alter also Kinder und Jugendliche regelmäßig allein und unkontrolliert vor dem Fernseher sitzen oder ob mit anderen Familienmitgliedern zusammen konsumiert und auch darüber diskutiert wird.[60]

Siebtens und letztens führt die Ignoranz gegenüber den gesellschaftlichen Strukturbedingungen individueller Entwicklung zu einer systematischen Überschätzung der Möglichkeiten der Selbstinszenierung. So ist die Versuchung groß, sich auch dadurch, daß die verschiedensten Lebensstile tagtäglich multimedial ins eigene Wohnzimmer gebracht werden, der Vorstellung hinzugeben, man

---

[59] War in den 1980er Jahren noch Musik das Medium Nr. 1 für Jugendliche (vgl. dazu die umfangreichen Mediennutzungsstudien von Berg/Kiefer (Hrsg.)1978; 1992; Baacke/Frank/Radde/Schnittke; 1989: 111; Bauer/Zimmermann, 1989), so hat der Fernseher spätestens ab der zweiten Hälfte der 1990er diesen Spitzenplatz übernommen. Die tägliche durchschnittliche Nutzungsdauer des Computers für Internet oder Video/DVD ist zwar bei der jüngeren Generation zwischen 1999 und 2005 von 12 auf 69 beziehungsweise von 20 auf 38 Minuten gestiegen, allerdings nicht auf Kosten der Nutzung von anderen Medien. So blieb der Fernsehkonsum konstant bei ca. 136 Minuten, während für Bücher ca. 35 Minuten täglich aufgewendet werden (SevenOne Media 2005: 18).

[60] Vgl. dazu Baacke/Frank/Radde/Schnittke, 1989: 117; Schorb 1995: 47; Zimmerman/Christakis 2005; zu einer sehr differenzierten Einschätzung verschiedener Aspekte des Fernsehkonsums von Kindern und Jugendlichen vgl. das Sonderheft von Archives of Pediatric and Adolescence Medicine 2006.

könne sich diese jederzeit und ohne großen Aufwand aneignen. Das ist ein Fehlschluß mit erheblichem Frustrationspotential, trifft es doch für den größten Teil der Bevölkerung auch der westlichen Industrienationen zu, ganz zu schweigen vom Rest der Welt, daß sie bestenfalls vor dem Guckloch sitzt, aber nicht durchpaßt. Eine gewisse Beliebigkeit der Rollenübernahme, wie sie im Abschnitt »Eigen-Sinn und Respekt« mit dem Zitat von Berger/Luckmann als Charakteristikum für den Bewohner der Moderne geschildert wird, scheint nur für einen kleinen Teil der Mittelschicht zu gelten, die dann auch in der Tat über Kompetenzen verfügt, sich in einer gewissen Bandbreite von Rollen und Möglichkeiten zu bewegen. Bedingung dafür ist, über eine gewisse Anzahl von Repertoires zu verfügen und zu erkennen, wann welches Repertoire angemessen sein könnte. Für den Rest gilt: Glücklich der Mensch, der weiß, daß ihm nicht alles möglich ist.

Der Mensch weiß es meist nicht und ist infolgedessen öfter unglücklich, denn die imaginierte Beliebigkeit des eigenen Lebensentwurfs verschleiert die strukturellen Beschränkungen der tatsächlichen Umsetzung der jeweiligen Entwürfe.

So kann man an dieser Stelle vorerst ein unangenehmes Dilemma feststellen: Einerseits ist das Gleichgewicht zwischen erstem und zweitem A priori scheinbar zugunsten des zweiten empfindlich gestört: Individuelle Eigenheiten und emotionale Qualitäten oder die psychische Dimension von Personalität werden wichtiger als Rollenkompetenz und fachliche Qualitäten oder die soziale Dimension von Personalität. Andererseits sind die Rollenerwartungen und funktionalen Erfordernisse des sozialen Lebens nach wie vor nicht vollständig der individuellen Präferenz anheimgestellt und somit ein Scheitern des eigenen Entwurfs möglich. Es sind also mindestens auch die Bedingungen dieses Scheiterns oder des Erfolgs, die sich geändert haben und hier exploriert werden müssen. Dies werde ich in den folgenden vier Kapiteln tun.

Bevor ich mich damit im 4. Kapitel dem dritten A priori zuwende, werde ich in dem folgenden Exkurs das Verhältnis Psychologie und Gesellschaftstheorie darlegen, so wie es sich mir nach der Behandlung der Narzißmus-Debatte darstellt. Dabei werde ich auch erläutern, wie ich selbst in den folgenden Kapiteln mit meinen Anleihen aus der Psychologie umgehen werde.

EXKURS:
Psychoanalyse und Gesellschaftswissenschaften

Die uns unmittelbar nicht ergreifbare, nicht ausdrückbare Einheit des Individuums und der Gesellschaft offenbart sich darin, daß die Seele das Bild der Gesellschaft und die Gesellschaft das Bild der Seele ist.

Georg Simmel

Denn auch die Soziologie, die vom Verhalten der Menschen in der Gesellschaft handelt, kann nichts anderes sein als angewandte Psychologie. Strenggenommen gibt es ja nur zwei Wissenschaften, Psychologie, reine und angewandte, und Naturkunde.

Sigmund Freud

Wer die Soziologie mit Freud als angewandte Psychologie dächte, verfiele, trotz aller aufklärerischer Intention, der Ideologie. Denn die Gesellschaft ist keine von Menschen unmittelbar, sondern die Beziehungen zwischen diesen haben sich verselbständigt, treten allen Einzelnen übermächtig entgegen und dulden die psychologischen Regungen kaum eben als Störungen des Getriebes, die womöglich integriert werden. Wer die Psychologie eines Konzernherrn für die Betriebssoziologie fruchtbar machen wollte, geriete offensichtlich in Unsinn.

Theodor W. Adorno

Zur systematischen Dimension des Verhältnisses Psychoanalyse und Gesellschaftswissenschaften ist sowohl auf seiten der Psychoanalyse als auch auf seiten der Sozialwissenschaften viel publiziert worden.[61] Allein die Menge der Veröffentlichungen müßte den unbeschwerten Jetztzeit-Freudianer zumindest innehalten lassen, bevor er interdisziplinäre Gymnastik übt. Daß dies nicht der Fall ist, zeigt nicht nur die Vielzahl der Phrasen, mit der die moderne Gesellschaft psychologisierend seit den fünfziger Jahren belegt wird, sondern auch die Vulgärpsychologisierung des öffentlichen Diskurses und der privaten Unterhaltung. Da werden im Feuilleton leichtfüßig die Folgen einer vater- und mutterlosen Gesellschaft verhandelt, die narzißtische Jugend beschimpft und (dies allerdings nicht nur im Feuilleton) dem – immerhin noch ethisch haftbar zu machenden – Neurotiker nachgetrauert. Auch daheim, am trauten Abendbrottisch, wird der Versuch, dem Gegenüber nun doch mal deutlich zu machen, was man von ihm hält, mittlerweile gern hinter dem besorgten Hinweis auf vielleicht vorhandene, psychogenetische Defekte und deren mögliche Behandlung verborgen.[62] Beide Phäno-

---

[61] So Fenichel, 1938; Adorno, 1990 [1952, 1955, 1966]; Freud, 1989 [1933]; Marcuse 1994 [1955]; 1965, Horkheimer, 1968; A. Mitscherlich, 1966, 1970 usw. Die historische Dimension kann man anhand der Studien von Helmut Dahmer (1982, 1994), die erschöpfend über dieses Thema Auskunft geben, nachvollziehen.

[62] Die Psychologie wird hier allerdings nicht nur auf dem Feld des Intim-Krieges angewandt, sondern treibt auch in anderen Bereichen erstaunliche Blüten. Im Spätherbst 2006 durfte ich in der Berliner S-Bahn Zeuge einer erstaunlichen Unterhaltung zwischen vier Jugendlichen, zwei Jungen und zwei Mädchen im Alter von ca. 16 Jahren, werden. Konversationsthema war die bedauerliche Neigung eines Anwesenden, in der Pause auf dem Schulhof jüngere Mitschüler mit offenbar erheblicher Brutalität zusammenzuschlagen. Dies wurde zunächst konstatiert und dann, ohne große Beteiligung des Betroffenen, unter den drei Anderen erörtert. An ihn wurden nur ab und zu Fragen, wie »Schlägt dir denn dein Alter?« gerichtet, um dann, nach 15-minütiger Fahrt zu dem Schluß zu gelangen, daß es dann auch kein Wunder wäre, wenn der Kollege die Kleinen verprügle, und sich vorzunehmen, in diesem Sinne bei dem ebenfalls involvierten Pädagogen, der offenbar Sanktionen angedroht hatte, zu intervenieren. Ob daraus nun allerdings umstandslos Über-Ich- und Ich-Schwäche der Beteiligten oder gar ihre Sozialisation in einer narzißtischen Gesellschaft abzuleiten ist, wage ich zu bezweifeln. Die Vielzahl der Anekdoten, die diese Psychologisierung illustrieren (und dies erstaunlicherweise quer durch aller Schichten) scheint mir eher auf einen Wandel in den prominenten Metaphern gesellschaftlicher Narra-

mene korrelieren sicherlich auch mit dem Faktum, daß Psychotherapie und Psychoanalyse in den letzten 30 Jahren immer größeren Bevölkerungsgruppen zugänglich und finanzierbar geworden sind und auch die Bereitschaft, psychotherapeutische Behandlung in Anspruch zu nehmen, gewachsen ist. Dies bedeutet für die Frage nach dem Zusammenhang zwischen Psychoanalyse/Psychologie und Gesellschaftswissenschaften sicherlich zunächst, daß es einen konstatierbaren Zusammenhang zwischen *Psychotherapie* und *Gesellschaft* gibt, der sich sowohl in der erhöhten Wahrscheinlichkeit, im Laufe eines Lebens mit psychotherapeutischen Maßnahmen konfrontiert zu werden, als auch in der Psychologisierung öffentlicher und privater Kommunikation niederschlägt.

Für die Legitimität konzeptioneller Vermischung der beiden Disziplinen folgt daraus allerdings nichts. Um hier weiterzukommen, muß man sich noch einmal klarmachen, was denn die Sujets der beiden Disziplinen sind und welche Möglichkeiten des Binnenverhältnisses sich daraus ableiten lassen.[63]

Psychologie, die Wissenschaft, die die Gesetzmäßigkeiten des menschlichen Seelenlebens und damit auch die Motive der menschlichen Handlungen untersucht, und die Gesellschaftswissenschaften, die die Gesetzmäßigkeiten des menschlichen Zusammenlebens und die Einrichtungen des menschlichen Zusammenlebens untersuchen, müssen etwas miteinander zu tun haben. Aber es ist gar nicht so leicht zu sagen, was. Untersuchen sie denselben Gegenstand – nur unter verschiedenen Gesichtswinkeln oder mit verschiedenen Methoden – oder untersuchen sie verschiedene Gegenstände, die nur miteinander Berührungspunkte haben? Können sie einander ergänzen, und wenn, wie muß das geschehen, damit keine Fehler began-

---

tion hinzudeuten, der nicht unbedingt einen ebensolchen Wandel der zu Grunde liegenden Strukturen anzeigt.

[63] Vgl. dazu auch noch einmal die Überlegungen Georg Simmels im Abschnitt »Das Problem der Soziologie« (1992 [1908]: 13–62)..

gen werden, oder kann vielleicht nur eine von beiden richtig sein? (Fenichel, 1981 [1938]: 1056f.)

Fenichel steckt hier erschöpfend das Spektrum der möglichen Positionen ab. Die diesem Kapitel vorangestellten Zitate tun dies ebenfalls. Simmel plädiert für friedliche Koexistenz bei der Bearbeitung desselben Sujets aus unterschiedlichen Blickwinkeln und mit unterschiedlichen Methoden und einen eher assoziativen Zusammenhang zwischen den beiden Disziplinen. Freud meint eigentlich, nur eine Disziplin hat recht, aber da die anderen auch Psychologie betreiben, wenn auch mit anderen Mitteln, sei das auch in Ordnung, und Adorno findet, jeder solle »seins« betreiben, dabei käme wohl doch am meisten raus, auch wenn es sicher Berührungspunkte gibt und die Trennung zwischen beiden Disziplinen keine starre und unüberwindbare sei (Adorno 1990 [1966]: 87f.)

Fenichel selbst kommt zu dem Schluß, daß die »…Psychologie, besonders die Psychoanalyse, der Gesellschaftslehre manche wichtige Ergänzung bringen kann und soll, wenn sie sich an der richtigen Stelle einordnet und nicht die Alleinherrschaft beansprucht« (Fenichel, 1981 [1938]: 1071). Diese Haltung expliziert er beispielhaft an einer kurzen Analyse der Trias Autorität-Familie-Staat, nicht ohne jedoch darauf hinzuweisen, daß nicht alle Versuche der Psychologie, den Gesellschaftswissenschaften mit nützlichen Hinweisen zu dienen, seinen Beifall finden (ebd. 1067–1071).

Gerade diese Beobachtung läßt mich vorsichtig sein in der Zustimmung zu Fenichels Analyse des Verhältnisses Psychoanalyse und Gesellschaftswissenschaften und seinem vorsichtigen Optimismus hinsichtlich möglicher Verbindungen beider Disziplinen. So schrieb er doch noch zu Zeiten, als das intellektuelle Projekt des Freudo-Marxismus, wenn auch mittlerweile im Exil, weiterbetrieben wurde. Versprach man sich von der Verbindung beider Lehren damals nicht nur bahnbrechende Erkenntnisse hinsichtlich der gegenseitigen Bedingtheit von Individual- und Massenpsychologie, von Ich- und Gesellschaftsstruktur, sondern auch die Potenzierung ihrer subversiven und emanzipatorischen Sprengkraft, so muß man heute das Ende selbst der Agonie dieses Projekts konstatieren. Nicht nur hat die Psychoanalyse ihre Funktion als Gesellschaftskritik eingebüßt,[64] Gleiches kann man wohl auch von den Gesellschaftswissenschaften behaupten, wie nicht nur die Popularität der Systemtheorie belegen mag.

Dennoch ist das Selbstverständnis, mit dem gerade Sozialwissenschaftler, die sich selbst als »kritisch« apostrophieren, nach einem Instrumentarium aus der Psychologie greifen, um Zeitdiagnosen zu formulieren, eher größer geworden. Dies mag auch einer sedimentierten, also nicht mehr ohne weiteres reflexiv zu bearbeitenden Erinnerung an das Projekt der psychoanalytisch fundierten Gesellschaftskritik und -veränderung, wie sie z. B. manchmal, wenn auch schwach, im Werk von Jürgen Habermas durchscheint, geschuldet sein.

Das scheint mir jedoch eher gegen eine Indienstnahme der jeweils einen Disziplin durch die jeweils andere zu sprechen – nicht nur weil mittlerweile die Autoren fehlen, die gleichermaßen in beiden Feldern beheimatet sind, sondern auch, weil die Freude über die Identifizierung einer scheinbar zutreffenden Analogie meist nicht den realen Verlust einer Information bergenden Differenz aufwiegt, zumal…

> …(v)on der inneren Realität – gleichgültig mit welchem psychoanalytischen Konzept wir diese erfassen wollen – …kein direkter Weg zurück zu Sozialisation und Sozialisationstheorie (führt). (Reiche 1991: 1062)

Wenn wir diese Einsicht ernst nehmen, so wird offenkundig, daß natürlich Zusammenhänge zwischen der individuellen Psyche und der gesellschaftlichen Umwelt bestehen, allein schon, weil erstere

---

[64] Als recht einsamer und wohl auch letzter Rufer mußte hier Alexander Mitscherlich gelten, der mit der von ihm im Jahr 1947 begründeten Zeitschrift *Psyche* ein Forum auch für die Auseinandersetzung der beiden Disziplinen geschaffen hat – das allerdings schon lange nicht mehr als solches genutzt wird.

sich auch in der Auseinandersetzung mit letzterer konfiguriert. Diese Grundtatsache des menschlichen Lebens hat u. a. Plessner ins Zentrum seiner Anthropologie gestellt (vgl. Kapitel 2).

Zweitens wird auch deutlich, daß das »Nicht-zur-Deckung-Kommen« von persönlichem und sozialem Sein sowohl Anlaß für kulturelle Leistungen als auch für individuelles Leid ist. Die Zusammenhänge zwischen beiden Aspekten des Lebens sind jedoch keineswegs in linearer, kausaler oder logisch-analytischer Manier zu denken. Es gibt nicht *die* Kombination von Umwelteinflüssen, die zu *der* individuellen Struktur führt, genausowenig ergibt die Summierung *der* individuellen Strukturen *die* gesellschaftliche Struktur. Vielmehr geht es hier um *assoziative* Zusammenhänge oder auch *Gestalten*, die wir erkennen, wenn wir etwa Rigiditäten der bürgerlichen Gesellschaft und Rigiditäten des Charakters eines bürgerlichen Individuums betrachten oder auch wenn wir der zunehmenden Diffusität von Systemimperativen, wie sie für die fortgeschrittene Moderne charakteristisch sind, individuelle Desorientierung an die Seite stellen. Auch wenn diese Ähnlichkeiten oder vertraute Muster uns inspirieren und zu neuen Einsichten verhelfen mögen, sie erklären sich nicht gegenseitig, noch haben sie sich gegenseitig in dieser Eindeutigkeit verursacht. Deshalb leben wir nicht in der narzißtischen Gesellschaft, genausowenig wie unsere Großeltern oder Urgroßeltern in der zwangsneurotischen Gesellschaft lebten. Und der Umstand, daß unsere Großeltern vielleicht neurotisch waren, hat auch die damalige Gesellschaft nicht neurotisch gemacht.

Vielleicht läßt sich zum Verhältnis Psychoanalyse/Psychologie und Gesellschaftswissenschaften nicht mehr sagen, als Simmel nicht nur in dem diesem Kapitel vorangestellten Zitat, sondern in seinem ganzen Werk bereits gesagt hat: daß die Seele Bild der Gesellschaft und die Gesellschaft Bild der Seele sei – nur von der jeweils anderen Seite gemalt.

* * *

In diesem Sinne werde ich in den folgenden Kapiteln eine *Gestalt* aus der Psychologie verwenden, den *double bind*, ohne jedoch Aussagen über die psychische Innenausstattung der Bewohner einer Gesellschaft, die durch diese Struktur charakterisiert wird, zu machen.

Dazu werde ich im nächsten Abschnitt das dritte A priori aus Simmels Exkurs vorstellen, das als Klammer das Verhältnis zwischen erstem und zweitem A priori bestimmt. Damit beschreibt es eine systemische Strukturbedingung für Gesellschaft, durch die die Verbindung zwischen Systemimperativen und lebensweltlich eingebetteten individuellen Fähigkeiten und Präferenzen hergestellt wird.

Das Verhältnis zwischen System und Lebenswelt werde ich im darauffolgenden Kapitel aus der Sicht von Jürgen Habermas schildern und dessen Thesen zur Veränderung dieses Verhältnisses zwischen Kolonialisierung und Entkoppelung diskutieren. Danach stelle ich dann eine soziologische Theorie der Konkurrenz vor, die eindeutig eine Entkoppelung zwischen System und Lebenswelt behauptet und so auch das Scheitern des dritten A priori abbildet – die Rede ist von Niklas Luhmanns Systemtheorie.

Mit Hilfe der Überlegungen dieser beiden Autoren zum Verhältnis System und Lebenswelt werde ich in dann präzisieren, was genau zwischen den drei A priori aus dem Gleichgewicht geraten ist, und eine Deutung vorschlagen, die ohne Rückgriff auf die moralische und psychische Innenausstattung des Bewohners der späten Moderne auskommt. Statt dessen identifiziere ich eine Veränderung nicht nur der Natur des Verhältnisses zwischen System und Lebenswelt, sondern auch der Natur der Systemimperative selbst.

Die aus dieser Diagnose resultierenden Anforderungen an die Bewohner der reflexiven Moderne und die zu reformulierenden Bedingungen für die Möglichkeit von Gesellschaft sind Thema der letzten drei Kapitel. Dort werde ich, ausgehend von Luhmanns weithin geteilter Überzeugung, die Welt sei irgendwie komplexer als früher, die technische und logische Dimension von Komplexität untersuchen und eine neue Definition von »komplex« durch »reflexiv« erarbeiten. Dabei bestimme ich das zentrale Charakteristikum reflexiver Gebilde und damit auch der modernen Gesellschaft am Ende des 20. Jahrhunderts als die Potenz zur Erzeugung eines *double bind*.

Danach werde ich den *double bind* dann als alltägliche Struktur in jeder Kommunikation einerseits diskutieren und andererseits aber auch die pathogene Natur dieser *Gestalt*, bezogen auf die Frage: »Wie ist Gesellschaft möglich?« aufzeigen. Im Schlußkapitel stelle ich als Konsequenz der vorhergehenden Diskussion ein viertes A priori vor, das die Gesellschaft der späten Moderne ermöglicht.

4 Das dritte A priori –
Jedem Kätzchen sein Plätzchen

In Kapitel 2 und 3 wurde ein prekäres Gleichgewicht zwischen Rollenkompetenz und funktionalen Anforderungen des sozialen Lebens einerseits und individueller Entfaltung und Opposition gegen gesellschaftliche Imperative andererseits beschrieben. Das erste A priori wurde dabei in seiner empirischen Umsetzung sowohl als Zugehörigkeit zu einem sozialen Kreis als auch als Professionszugehörigkeit beschrieben. Gleichzeitig hat Simmel selbst jedoch in seinen Ausführungen zur »Kreuzung sozialer Kreise« (Simmel 1992 [1908]: 456–511) durchaus dargelegt, daß die Professionszugehörigkeit immer weniger über den Einzelnen und seine Präferenzen aussagt, und daß auch die Zugehörigkeit zu einem sozialen Kreis mehr und mehr der individuellen Präferenz anheimgestellt wird. Das von ihm beschriebene Gleichgewicht zwischen erstem und zweitem A priori kann also verstanden werden als eine Momentaufnahme in einer Entwicklung, die eine Entwertung der empirischen Dimension des ersten A priori zugunsten des zweiten als dem *eigentlichen* A priori der Moderne mit sich bringt. Dieses Gleichgewicht wurde hergestellt durch ein drittes A priori, das die Struktur beschreibt, die einerseits allgemeine und standardisierbare Rollenanforderungen definiert und die andererseits den individuellen Qualitäten des Einzelnen ihren Platz bietet:

> Stellt man sich die Gesellschaft als rein objektives Schema vor, so zeigt sie sich als Ordnung von Inhalten und Leistungen, die nach Raum, Zeit, Begriffen, Werten aufeinander bezogen sind und bei denen man insofern von der Personalität, von der Ichform, die ihre Dynamik trägt, absehen kann. Wenn jene Ungleichheit der Elemente nun jede Leistung oder Qualität innerhalb dieser Ordnung als eine individuelle charakterisierte, an

ihrer Stelle unzweideutig festgelegte auftreten läßt, so erscheint die Gesellschaft als ein Kosmos, dessen Mannigfaltigkeit nach Sein und Bewegung zwar unübersichtlich ist, in dem aber jeder Punkt nur in jener bestimmten Weise beschaffen sein und sich entwickeln kann, wenn nicht die Struktur des Ganzen geändert sein soll. (Simmel, 1992 [1908]: 57)

Die Einzigartigkeit des Einzelnen wird nun durch das dritte A priori, jenseits von Familie, Standes-, Interessengemeinschaft oder privater Präferenz, in die moderne Großgesellschaft eingegliedert und damit über die Partikularlogik der *Gemeinschaften* des ersten A priori ver*gesellschaftet*:

Oder, anders ausgedrückt: das Leben der Gesellschaft verläuft – nicht psychologisch, sondern phänomenologisch, rein auf seine sozialen Inhalte als solche gesehen – so, *als ob* jedes Element für seine Stelle an diesem Ganzen vorherbestimmt wäre; bei aller Disharmonie von den idealen Forderungen her, verläuft es so, *als ob* alle seine Glieder in einem einheitlichen Verhältnis ständen, das jeden, gerade weil er dieser besondre ist, auf alle anderen und alle anderen auf diesen anwiese. (ebd. 58)

Hier verläßt Simmel die Ebene der individuellen Bewußtheit und ihrer Wahrnehmung der eigenen Sozialität und der der Anderen und begibt sich auf die Ebene der Phänomenologie der Gesellschaft. Er beschreibt hier also keine Eigenschaft oder Kategorie des individuellen Bewußtseins, sondern eine Eigenschaft der Gesellschaft:

Daß jedes Individuum durch seine Qualität von sich aus auf eine bestimmte Stelle innerhalb seines sozialen Milieus hingewiesen ist: daß diese ihm ideell zugehörige Stelle auch wirklich in dem sozialen Ganzen vorhanden ist – das ist die Voraussetzung, von der aus der Einzelne sein gesellschaftliches Leben lebt und die man als Allgemeinheitswert der Individualität bezeichnen kann. (ebd. 59)

Das ist also das eigentliche Merkmal, daß das vergesellschaftete Individuum mit den anderen Mitgliedern der Gesellschaft gemeinsam hat, jenseits von aller Unterschiedlichkeit, die im ersten und zweiten A priori einmal nach Gemeinschaftszugehörigkeit einmal nach individueller Ausprägung festgeschrieben wurde: daß es einen Platz hat, der es durch standardisierte Arbeitszeiten, Lohn, Steuerabzüge auf seine Verbundenheit mit dem Anderen und dessen Verbundenheit mit ihm selbst, auch wenn er noch so weit entfernt ist, verweist. Die praktische Umsetzung dieses A priori ist hiermit nicht impliziert und auch nicht unbedingt notwendig. Je weniger es jedoch umgesetzt ist, desto weniger ist das betreffende Individuum vergesellschaftet – und desto weniger ist auch Gesellschaft *Gesellschaft*:

> So ist das gesellschaftliche Leben als solches auf die Voraussetzung einer grundsätzlichen Harmonie zwischen dem Individuum und dem sozialen Ganzen gestellt, so wenig dies die krassen Dissonanzen des ethischen und des eudämonistischen Lebens hindert. Würde die soziale Wirklichkeit durch diese prinzipielle Voraussetzung hemmungslos und ohne Verfehlungen gestaltet sein, so hätten wir die vollkommene Gesellschaft – wiederum nicht in dem Sinn ethischer oder eudämonistischer Vollkommenheit, sondern begrifflicher: sozusagen nicht die *vollkommene* Gesellschaft, sondern die vollkommene *Gesellschaft*. So weit das Individuum dieses A priori seiner sozialen Existenz: die durchgehende Korrelation seines individuellen Seins mit den umgebenden Kreisen, die integrierende Notwendigkeit seiner, durch sein innerpersönliches Leben bestimmten Besonderheit für das Leben des Ganzen – so weit es dieses A priori nicht realisiert oder realisiert findet, *ist* es eben nicht vergesellschaftet, *ist* die Gesellschaft nicht die lückenlose Wechselwirkung, die ihr Begriff aussagt. (ebd. 59)

Man kann hier eine Untergrenze der Verträglichkeit annehmen, bzw. eine Grenze, ab der man nicht mehr von Vergesellschaftung eines Individuums, noch von Gesellschaft sprechen kann. Was das bedeutet, wird deutlich, wenn man sich vergegenwärtigt, daß Simmel dieses A priori in einer arbeitsteilig organisierten Gesellschaft auf den Begriff des Berufes zuspitzt. Hier findet der Einzelne eine Stelle, die seine unberechenbare Individualität wieder zurechenbar werden läßt, seine Aktivitäten mit denen der Anderen verbindet und ihn so, durch den Beruf als Kategorie des individuellen Bewußtseins, um die soziale Natur seiner Individualität wissen läßt, denn hier findet die Verbindung von Individuellem und Sozialem ihren modernen, ihren eigentlichen gesellschaftlichen Ausdruck:

> … (darin) daß einerseits die Gesellschaft eine »Stelle« in sich erzeugt und bietet, die zwar nach Inhalt und Umriß von anderen unterschieden ist, aber doch prinzipiell von Vielen ausgefüllt werden kann und dadurch sozusagen etwas Anonymes ist; und daß nun diese, trotz ihres Allgemeinheitscharakters, von dem Individuum auf Grund eines inneren »Rufes«, einer als ganz persönlich empfundenen Qualifikation ergriffen wird. (ebd. 60)

Simmel beschreibt hier elegant und überzeugend den Übergang von kausaler Vernetzung von Individualität und Sozialität hin zur teleologischen Verknüpfung von individueller Disposition/Befähigung und sozialer Nachfrage nach diesen Fähigkeiten, die im Begriff des Berufes ihren Platz finden (ebd. 61). Allerdings steht neben der phänomenologischen Beschaffenheit des gesellschaftlichen Gefüges auch hier die individuelle Wahrnehmung der bloßen Möglichkeit, einen Platz in der Gesellschaft zu besetzen, zur Debatte. Ist diese Wahrnehmung negativ, denkt also der Einzelne, er passe nicht in »die Gesellschaft« oder »die Gesellschaft« wolle ihn nicht, so wird er sich Gemeinschaften, z. B. *Gangs*, zuwenden, die ihm das Gefühl des »Passens« vermitteln und ihn gegen »die Gesellschaft« sozialisieren, oder er wird sich ins Private zurückziehen.

Beschrieb also das erste A priori die soziale Lebenswelt des Einzelnen, das zweite seine psychische Dimension, so bildet dann das dritte A priori den systemischen Rahmen der individuellen Existenz, der weit über die Teilnahme am Erwerbsleben (und damit auch am Konsum) hinausreicht. Zum dritten A priori gehört dann auch politische Partizipation und die gesellschaftliche Repräsentation der Interessen der Einzelnen, wie in Vereinen und Verbänden. Erst mit der Erfüllung dieses A priori ist der Einzelne ver*gesellschaftet*. Das erste A priori dagegen strukturiert zwar die Lebenswelt – in immer lockerer werdender Verbindung zum dritten –, aber es verleiht dem Einzelnen nicht die Währung, mit der er im System bezahlen kann (Geld, Macht, Information).

Die beiden soziologischen Großtheorien, die »Theorie des kommunikativen Handelns« von Jürgen Habermas und die soziologische Systemtheorie von Niklas Luhmann, befassen sich mit dem veränderten Verhältnis von System und Lebenswelt. Habermas konstatiert einerseits eine Entkoppelung beider Aspekte von Gesellschaft und andererseits aber auch eine daraus resultierende Kolonialisierung der Lebenswelt durch die gesellschaftlichen Binnensysteme. Luhmann dagegen stellt eine völlige Autonomisierung von System und Lebenswelt fest und schlägt die Lebenswelt als Thematik anderen Disziplinen als der Soziologie zu. Beide Autoren haben Schwierigkeiten damit, der psychischen Dimension von Personalität in ihrer Bedeutung für Gesellschaft einen angemessenen Platz zuzuweisen – im Falle der Luhmannschen Systemtheorie bleibt das Individuum ohnehin vor der Tür der Gesellschaft. In der Skizzierung eines Idealtypus der Moderne fallen sie damit hinter Simmel zurück.[65] Genau dies macht sie aber auch zu interessanten Abbildern der Krise der Simmelschen Trias.

Im folgenden Kapitel diskutiere ich die gesellschaftstheoretischen Grundannahmen beider Autoren, insbesondere ihre Thesen zum Verhältnis von System und Lebenswelt.

---

[65] Die Skizzierung eines Idealtypus war allerdings auch nicht Habermas' Anliegen; im Falle von Luhmanns Theorie ist diese Lesart als Entwurf eines Idealtypus der klassischen Moderne eher gerechtfertigt.

Was Hänschen nicht lernt, lernt Hans nimmermehr – Familie zwischen Autonomie und Isolation

Das Sprichwort vom Hans und vom Hänschen setzt vieles stillschweigend voraus – die Existenz eines Ortes, an dem Hänschen von kompetenten Lehrmeistern unterwiesen wird, die aus ebenso kompetenten Quellen darüber informiert sind, was Hänschen denn wohl lernen muß, um als Hans nicht unterzugehen. Zudem darf die Gültigkeit der Unterweisungen bestimmte Haltbarkeitsdaten nicht unterschreiten, wenn der erwachsene Hans wirklich vom lernenden Hänschen profitieren soll.

Als Ort kommt hier vor allem die Familie in Frage, die die Sekundärtugenden vermittelt, die ihrerseits erst die systematische Aufnahme speziellerer Kenntnisse in der Schule und der Berufsausbildung ermöglicht. Die kompetenten Lehrmeister liegen nahe – es sind die Eltern, die ihrerseits von den eigenen Eltern gelernt haben und diese Lehren »im Leben« bestätigt oder verworfen haben. In einer Gesellschaft, die sich nicht allzu schnell und radikal verändert, sollte auch das Haltbarkeitsdatum kein Problem sein. »Familie« fungiert hier also idealiter als lebensweltliches Scharnier zwischen der Person und ihren individuellen Neigungen einerseits und den Anforderungen der systemischen Dimension von Gesellschaft, also der (Erwerbs)Ökonomie, der Politik und Verwaltung andererseits.

Jürgen Habermas hat sich in der »Theorie des kommunikativen Handelns« (1988) mit der *Gestalt* des Verhältnisses zwischen Lebenswelt und System auseinandergesetzt und die Leistungen beschrieben, die beide Dimensionen von Gesellschaft füreinander erbringen. Die Krisenerscheinungen, die er für die Moderne als Resultat eines fehlenden Gleichgewichts zwischen System- und Sozialintegration analysiert, erörtere ich in den folgenden Abschnitten, um sie dann noch einmal am Beispiel des von ihm diagnostizierten Funktionsverlusts der modernen Familie zu konkretisieren.

Habermas spricht von einer prinzipiellen »...Konkurrenz zwischen System- und Sozialintegration...« (ebd. Bd. 2:521) in der mo-

dernen Gesellschaft. Dem langsamen Unterliegen des sozialintegrativen Aspekts schreibt er auch die »...Erschöpfung utopischer
Energien...« (Habermas, 1985: 144) zu, da »...die rationalisierte
Lebenswelt ihre strukturellen Möglichkeiten für Ideologiebil-
dung...« (Habermas, 1988, Bd. 2: 521) verloren hat. Dies resultiert
in seiner Sicht aus einer »...*Kolonialisierung der Lebenswelt*...«
(ebd. 522) durch die Funktionssysteme:

> ...die Imperative der verselbstständigten Subsysteme dringen,
> sobald sie ihres ideologischen Schleiers entkleidet sind, *von*
> *außen* in die Lebenswelt – wie Kolonialherren in eine Stam-
> mesgesellschaft – ein und erzwingen die Assimilation; aber die
> zerstreuten Perspektiven der heimischen Kultur lassen sich
> nicht soweit koordinieren, daß das Spiel der Metropolen und
> des Weltmarkts von der Peripherie her durchschaut werden
> könnte. (ebd.)

Diese Analyse der Wirkungsweise der Subsysteme impliziert eine
strukturelle[66] Differenzierung der Lebenswelt, eine Ausdifferenzierung der Rollen in den Austauschbeziehungen zwischen System
und Lebenswelt und eine Entpolitisierung der Masse durch die
Umlenkung der »...aus Arbeitswelt und Öffentlichkeit abgezo-
genen Hoffnungen auf Selbstverwirklichung und Selbstbestim-
mung...« (ebd. 523) in den Massenkonsum. An die Stelle eines kollektiven Kampfes für soziale Gerechtigkeit tritt im modernen
Wohlfahrtsstaat nun der Einzelkampf um Statussymbole und Befriedigung von Luxusbedürfnissen. Dem entspricht im politischen
Funktionssystem die Beschränkung der Partizipation auf die Wäh-
lerrolle, eine Einrichtung, die sowohl der Massenmobilisierung als
auch der Vereinzelung dient.

Die Rationalisierung und Funktionalisierung der Lebenswelt ist
Folge einer »...Motiv- und Wertgeneralisierung...« (ebd. 268),

---

[66] Als strukturelle Komponenten der Lebenswelt bezeichnet Habermas in Anleh-
nung an Durkheim »...Kultur, Gesellschaft und Persönlichkeit...« (ebd. 203).

über abstrakte Verhaltensregelung, die beispielsweise in einer Verrechtlichung weiter Teile unseres Lebens ihren Niederschlag findet. Das bedeutet, daß über die so erreichte Enttraditionalisierung und Ablösung des gesellschaftlichen Konsens von traditionellen und/oder religiösen Systemen, kommunikatives Handeln im Sinne von sprachlicher Konsensfindung mehr und mehr gefordert wird.

Aus der »Überlastung« der diskursiven Praxis folgt eine Trennung zwischen erfolgsorientiertem[67] und verständigungsorientiertem Handeln, wobei ersteres primär die Steuerung und Koordination von Interaktionen leisten muß, bei denen das verständigungsorientierte Handeln versagt. Hier entsteht »...der Spielraum für Subsysteme zweckrationalen Handelns...« (ebd. 269). Um dem Steuerungsaufwand, der im Zuge der Enttraditionalisierung anfällt, gerecht werden zu können, »...bilden sich *zwei Sorten von Entlastungsmechanismen*, und zwar in Form von *Kommunikationsmedien*, die die sprachliche Verständigung entweder *kondensieren* oder *ersetzen*« (ebd. 269f.). Habermas unterscheidet hier Medien, die einmal an »...empirisch motivierte Bindungen ... (anknüpfen, wie Geld oder Macht, und Medien, die von) ... den verschiedenen Formen rational motivierten Vertrauens ... (gestützt werden, wie) ... fachliche Reputation oder ... moralisch-praktische Führerschaft...« (ebd. 272).[68] Die erste Form von Medien ist in der rationalisierten Lebenswelt durch positives Recht verankert und in ihrer Funktion und Reichweite nicht sehr flexibel, während die zweite Form in ihrer Funktion zur Vereinfachung von Kommunikations- und Entscheidungsprozessen auch kommunikativen Eigensinn transportiert. Die

---

[67] »Erfolgsorientiert« meint hier eine teleologische Unterfütterung des zweckrationalen Handelns, das bei Habermas mit strategischem Handeln mehr oder weniger gleichgesetzt wird. Im Gegensatz dazu steht das verständigungsorientierte Handeln, dem die diskursive Konsensfindung zugeordnet wird.

[68] Vgl. dazu auch Parsons (1967), der mit seinem Medienkonzept sowohl bei Luhmann als auch bei Habermas als Vorbild für deren Überlegungen zu Medien diente. Auch die Unterscheidung zwischen empirisch motivierten Medien und solchen, die auf rational motiviertem Vertrauen beruhen, geht auf Parsons' Untersuchungen zu Geld und Macht auf der einen Seite und »Human Commitment« auf der anderen Seite zurück.

Notwendigkeit zur Herausbildung der Medien und ihre unterschiedliche Strategie zur Problemlösung beschreibt Habermas folgendermaßen:

> Der wachsende Rationalitätsdruck, den eine problematisierte Lebenswelt auf den Verständigungsmechanismus ausübt, erhöht den Verständigungsbedarf, und damit nehmen der Interpretationsaufwand und das (mit der Inanspruchnahme von Kritikfähigkeiten steigende) Dissensrisiko zu. Diese Anforderungen und Gefahren sind es, die durch Kommunikationsmedien abgefangen werden können. Freilich unterscheidet sich die Funktionsweise dieser Medien danach, ob sie sprachliche Konsensbildung durch eine *Spezialisierung* auf bestimmte Geltungsaspekte und durch eine *Hierarchisierung* der Einigungsprozesse *raffen*, oder ob sie die Handlungskoordinierung von *sprachlicher Konsensbildung* überhaupt *abkoppeln* und gegenüber der Alternative von Einverständnis oder fehlgeschlagener Verständigung neutralisieren. (ebd.)

Die Abkoppelung der Handlungskoordinierung von sprachlicher Konsensbildung ist bei Habermas mit Medien assoziiert, die an empirisch motivierte Bindungen anknüpfen, also Medien wie Geld oder Macht. Sie ersetzen lebensweltliche Kommunikation »...durch eine symbolische Generalisierung von Schädigung und Entschädigung...« (ebd. 273). Dadurch wird eine Rückbindung an die Lebenswelt obsolet und diese damit entwertet. Damit werden die über die jeweils spezifischen Medien ausdifferenzierten und funktionierenden Subsysteme (in diesem Falle Wirtschaft und Politik/Verwaltung) unabhängig von und dominant über den lebensweltlichen Kontext. Die darüber erfolgende »...Konditionierung von Entscheidungen in erweiterten Kontingenzspielräumen ... (erscheint dann als)... *Technisierung der Lebenswelt*...« (ebd.). Mit der Ausdifferenzierung dieser Art von Medien geht eine Reduktion von Öffentlichkeit im politischen Prozeß einher, weil die Koordinierung von Interaktionen, die durch sie erfolgt, nicht mehr auf Akteure zurechenbar ist. Also werden auch zurechnungsfähige Interaktionsteilnehmer überflüssig.

Als Gegengewicht wirkt hier »…die Generalisierung jenes Einflusses, der an das rational motivierte Vertrauen in den Besitz von Wissen, sei es kognitiv-instrumenteller oder moralisch- und ästhetisch-praktischer Art, ansetzt…« (ebd.). Hier ist eine Abkoppelung vom lebensweltlichen Kontext nicht möglich, da diese Medien auf den gemeinsamen Horizont der Lebenswelt wie kulturellem Wissen und geltenden Normen rekurrieren müssen und so »…von einer Rationalisierung der Lebenswelt abhängig bleiben« (ebd.). Daher ist hier auch eine weitaus komplexere Form der Öffentlichkeit notwendig, weil die Zurechenbarkeit auf Akteure erhalten bleiben muß:

> Wenn Zurechnungsfähigkeit bedeuten soll, daß man sein Handeln an kritisierbaren Geltungsansprüchen orientieren kann, dann erfordert eine vom kommunikativ hergestellten Konsens abgehängte, entweltlichte Handlungskoordinierung keine zurechnungsfähigen Interaktionsteilnehmer. Jene Kommunikationsmedien hingegen, die, wie Reputation oder Wertbindung, Verständigungsprozesse aufstufen und kondensieren, aber nicht ersetzen, entlasten die Interaktion nur in erster Instanz von Ja/Nein-Stellungnahmen zu kritisierbaren Geltungsansprüchen. Sie sind auf Kommunikationstechnologien angewiesen, weil diese die *Bildung von Öffentlichkeiten ermöglichen*, also dafür sorgen, daß auch die verdichteten Kommunikationsnetze an die kulturelle Überlieferung angeschlossen werden und in letzter Instanz vom Handeln zurechnungsfähiger Aktoren abhängig bleiben. (ebd. 275)

Die normative Rückbindung dieser Medien an die Lebenswelt erfordert den öffentlichen Diskurs, die »…höherstufigen Intersubjektivitäten…« (Habermas, 1985: 159). Die Frage, die sich hier stellt und die Habermas unbeantwortet läßt, ist die nach der *systemischen* Relevanz dieser Kommunikationsmedien. Findet diese moralisch anspruchsvolle Kommunikation nämlich nur in der Lebenswelt statt und hat sie nur dort Einfluß, dann wird sie möglicherweise zwar Leitbild bei der Ausarbeitung von Hausordnungen für studentische Wohngemeinschaften, aber wohl kaum bei der Gestaltung der politischen Gemeinschaft, die ihr eigentliches Terrain wäre.

Habermas selbst sieht die wesentlichen Verbindungen zwischen System und Lebenswelt in der Abwälzung von systemischen Steuerungskrisen auf strukturelle Komponenten der Lebenswelt und nicht etwa in der moralischen Aufladung der systemischen Komponente von Gesellschaft durch lebensweltlich relevante Kommunikationsmedien. In Abbildung 1 sind die strukturellen Komponenten der Lebenswelt und ihre Reproduktionsleistungen aufgeführt.

Abbildung 2 zeigt die Folgen einer Störung der Reproduktionsprozesse in den verschiedenen lebensweltlichen Bereichen. Sie beschreiben die »...*Pathologien der Lebenswelt*...« (ebd. 566), die durch Dysfunktionen der Binnensysteme verursacht werden.

Die Pathologien der Lebenswelt entstehen bei dem Versuch der Systemebene, »...wahrgenommene Störungen der materiellen Reproduktion durch Rückgriffe auf Ressourcen der Lebenswelt abzufangen...« (ebd. 566). Hier wird Anomie, Legitimations- und Motivationsverlust, also die Gefährdung der zur Sicherung der institutionellen Ordnung erforderlichen Strukturelemente der Lebenswelt (vgl. Abbildung 2, dritte Spalte), auf Kosten von Kultur und Persönlichkeit (vgl. Abbildung 2, zweite und vierte Spalte) vermieden.

Die Krisen, die dann eintreten, »...wenn die Leistungen von Ökonomie und Staat manifest unterhalb eines etablierten An- spruchsniveaus bleiben und die symbolische Reproduktion der Lebenswelt beeinträchtigen...« (ebd. 565), werden ob ihrer Konfliktträchtigkeit in Richtung Legitimations- und Motivationsverlust verschoben, bevor sozialintegrative Reproduktionsprozesse (vgl. Abbildung 1, dritte Querspalte v. o.) ernsthaft beeinträchtigt werden, also anomische Zustände eintreten (vgl. Abbildung 2, dritte Querspalte v. o.).

Die Pathologien sind Folge dessen, was Habermas als »Kolonialisierung der Lebenswelt« bezeichnete. Die Krisen brechen mit

strukturelle Komponenten / Reproduktionsprozesse	Kultur	Gesellschaft	Persönlichkeit
kulturelle Reproduktion	konsensfähige Deutungsschemata (»gültiges Wissen«)	Legitimationen	bildungswirksame Verhaltensmuster, Erziehungsziele
soziale Integration	Obligationen	legitim geordnete interpersonelle Beziehungen	soziale Zugehörigkeiten
Sozialisation	Interpretationsleistungen	Motivationen für normenkonforme Handlungen	Interaktionsfähigkeiten (»personale Identität«)

Abbildung 1: Reproduktionsleistungen der strukturellen Komponenten der Lebenswelt[69] (Habermas, 1988, Bd. 2: 214)

»kommunikativem Eigensinn« an den Stellen aus, wo Erwartungen über ein erträgliches Maß hinaus enttäuscht werden.

Wenn man diesen Trend der Entkoppelung von System und Lebenswelt auf die Ebene einer systematischen Geschichte der Verständigungsformen abbildet, verrät sich die unaufhalt-

---

[69] Die fett umrandeten Felder enthalten die Reproduktionsleistungen, über die sich die einzelnen Reproduktionsprozesse klar voneinander abgrenzen lassen. Prinzipiell leistet »…jeder dieser Reproduktionsprozesse Beiträge zur Erhaltung aller Komponenten der Lebenswelt…« (Habermas, 1988, Bd. 2: 216).

strukturelle Komponenten / Störungen im Bereich der	Kultur	Gesellschaft	Person	Bewertungsdimension
kulturellen Reproduktion	Sinnverlust	Legitimationsentzug	Orientierungs- und Erziehungskrise	Rationalität des Wissens
sozialen Integration	Verunsicherung der kollektiven Identität	Anomie	Entfremdung	Solidarität der Angehörigen
Sozialisation	Traditionsabbruch	Motivationsentzug	Psychopathologien	Zurechnungsfähigkeit der Person

Abbildung 2: Lebensweltliche Pathologien als Folge von Störungen der strukturellen Reproduktion der Lebenswelt (ebd. 215)

same Ironie des weltgeschichtlichen Aufklärungsprozesses: die Rationalisierung der Lebenswelt ermöglicht eine Steigerung der Systemkomplexität, die so hypertrophiert, daß die losgelassenen Systemimperative die Fassungskraft der Lebenswelt, die von ihnen instrumentalisiert wird, sprengen. (ebd. 232)

Die Entkoppelung von System und Lebenswelt hat laut Habermas auch im Bereich der Sozialisation der nachfolgenden Generationen ihre Spuren hinterlassen. Sei die freudo-marxistische Analyse der Familie noch zu sehr auf deren Vermittlerrolle zwischen Systemimperativen und Individuum fixiert gewesen, so erlaube die Theorie kommunikativen Handelns ein Verständnis der Familie als eigenständige Kommunikationsstruktur, in der sich die Folgen der Entkoppelung von System und Lebenswelt deutlich abzeichnen. Habermas wendet sich hier auch gegen Marcuse, wenn er schreibt:

> Weil die Familie immer nur unter funktionalistischen Gesichtspunkten betrachtet worden war, niemals unter strukturalistischen Gesichtspunkten Eigengewicht erlangt hatte, konnten die epochalen Wandlungen der bürgerlichen Familie mißverstanden, konnte insbesondere das Resultat einer Einebnung der väterlichen Autorität falsch gedeutet werden. Es schien so, als erhielten die Systemimperative nun über die mediatisierte Familie hinweg die Chance eines unmittelbaren, durch das weiche Medium der Massenkultur allenfalls gebremsten Zugriffs auf das intrapsychische Geschehen. (ebd. 568)

Dagegen setzt er die These einer »...Autonomisierung einer Kleinfamilie, in der sich die Sozialisationsvorgänge über das Medium eines weitgehend entinstitutionalisierten Verständigungshandelns vollziehen« (ebd. und s. o.). Damit trete eine offene Konfrontation zwischen dem kommunikativen Eigensinn der Familie und der Ratio der Systemimperative an die Stelle einer heimlichen Mediatisierung der Familie durch die Systemimperative. Dies verändere die Sozialisationsbedingungen grundlegend und setze sie auch neuen Gefährdungen aus. Indizien seien dafür u. a. »...die abnehmende Bedeutung der ödipalen Problematik und die zunehmende Bedeutung der Adoleszenzkrisen« (ebd. 569).

> Schon seit längerem beobachten psychoanalytisch geschulte Ärzte einen Symptomwandel in den zeittypischen Krankheitserscheinungen. Die klassischen Hysterien sind beinahe ausgestorben; die Zahl der Zwangsneurosen verringert sich drastisch; statt dessen häufen sich narzißtische Störungen. Christopher Lasch hat diesen Symptomwandel zum Anlaß für

> eine weit über den klinischen Bereich hinausgreifende Zeit-
> diagnose genommen. Diese bestätigt, daß sich die signifikan-
> ten Veränderungen der Gegenwart einer sozialpsychologi
> schen Erklärung entziehen, die an der ödipalen Problematik,
> an der Verinnerlichung einer in der elterlichen Autorität bloß
> maskierten gesellschaftlichen Repression ansetzt. Besser grei-
> fen Erklärungen, die von der Prämisse ausgehen, daß die in der
> Familie freigesetzten Kommunikationsstrukturen ebenso
> *anspruchsvolle* wie *anfällige* Sozialisationsbedingungen darstel-
> len. (ebd.)

Dies sei die eine Seite der Entkoppelung von System und Lebenswelt, aus der die andere resultiert, die durch »... die Zuspitzung der
Adoleszenzproblematik...« (ebd.) illustriert wird. Systemimperative seien hier eben nicht mehr durch elterliche Autorität vermittelt
und im Sozialisationsprozeß internalisiert, sondern träten »geheim-
nislos« an den Jugendlichen heran. Dies könne zu »... Disparitäten
zwischen Kompetenzen, Einstellungen und Motiven auf der einen,
funktionalen Erfordernissen der Erwachsenenrolle auf der anderen
Seite...« (ebd.) führen. Familie ist dann nicht mehr Vorbereitung
auf die Anforderungen, die die Gesellschaft an den Heranwachsenden stellt und gewährleistet auch nicht mehr die »Anschlußfähigkeit« aufeinanderfolgender Generationen. Außerdem büßt sie auch
ihre Schutzfunktion vor eben diesen Anforderungen ein, weil sie
hier eben nicht mehr die wichtigste Vermittlungsagentur ist und so
auch immer weniger Einfluß auf Tempo und Ausmaß der Weiter-
gabe von systemrelevanten Kenntnissen und Kompetenzen hat.

Erst der Blick auf den *doppelten* Verlust, der in Habermas' These
impliziert ist, macht deutlich, worauf er hinauswill. Wäre Familie
nur noch schützende Instanz und verweigerte einfach die im Sinne
der herrschenden Normen wirkende Disziplinierung, so gäbe es
vom Standpunkt einer *kritischen* Theorie zunächst nicht wirklich
Anlaß zum Klagen. Marcuses These aus dem eindimensionalen
Menschen würde hier dann einfach umgekehrt, nicht mehr der
sozial befriedete Langweiler, dessen innerste Bedürfnisse nur den

gesellschaftlichen Status quo widerspiegeln, sondern der Individualist, der den gesellschaftlichen Status quo nicht einmal *kennt*,
geschweige denn internalisiert hat, wäre die Norm. Dies würde
natürlich zu Rollenunsicherheit und zu einer Destabilisierung von
Erwartungen in einem sozialen Rahmen führen, der über pri-
mordiale Bindungen, also über die intime, familiäre Kenntnis der
Individualität des Anderen, hinausgeht. Die Konfrontation mit
Systemimperativen würde in diesem Szenario ebenfalls problematisch verlaufen, ob allerdings existentielle Verunsicherung und ein
»Auf-Dauer-Stellen« der Adoleszenzkrise die Folge wäre oder nicht
viel eher die Auflösung von Gesellschaft und ihr Zerfall in kleine
amoral families oder auch eine Anti-System-Bewegung à la 1968
geht aus dieser Beschreibung des Problems nicht hervor. Zudem
müßte man mindestens anmerken, daß der Verlust der durch elterliche Autorität maskierten Gewalt gesellschaftlicher Herrschaft aus
Sicht der kritischen Theorie zumindest ambivalent sein müßte,
denn hiermit wäre ja auch eine wesentliche Bedingung für die Sozialisierung des autoritären Charakters verloren.

Dies ist jedoch nicht Habermas' Aussage, vor allem nicht, wenn
man seinen Verweis auf Christopher Lasch ernst nimmt. Die einstmals so verpönte Autorität ist nämlich seit den siebziger Jahren wieder zu neuen Ehren gekommen, als man im Gefolge von T. Wolfe
das Ego-Jahrzehnt ausrief und eine »Kultur der Permissivität«
(Lasch, 1995:232) als hauptverantwortlich für Narziß' Sieg über
Ödipus erklärt wurde. Habermas geht zwar nicht so weit wie Lasch
in seiner affirmativen Haltung gegenüber Autorität *per se*, aber auch
er erkennt ein Problem in der Entwertung familiärer Autorität und
Funktionalität:

> Wenn aber die Sozialisationsbedingungen der Familie auf die
> Mitgliedschaftsbedingungen der Organisationen, denen die
> Heranwachsenden eines Tages genügen sollen, funktional
> nicht mehr abgestimmt sind, werden die Probleme, die der
> Jugendliche in der Adoleszenz lösen muß, für immer mehr
> Jugendliche unlösbar. Ein Anzeichen dafür ist die gesellschaft-

liche und sogar politische Bedeutung, die jugendliche Protest-
und Aussteigerkulturen seit dem Ende der 60er Jahre gewonnen haben. (Habermas 1988 Bd. 2: 570)

Die ursprünglich als problematisch erkannte Funktion der bürgerlichen Familie, die darin besteht, Individuen »nahtlos« an Systemimperative anzupassen und deren Funktionieren sicherzustellen,
und zwar auch auf Kosten eben dieses funktionierenden Individuums, wird hier a) als nicht mehr vorhanden unterstellt und b) diese
Abwesenheit als *Schwächung* des Heranwachsenden verstanden.

Im folgenden Abschnitt erläutere ich, wie denn im Idealfall
Anschlußfähigkeit der neuen Generation an die ältere und deren
Welt zu gewährleisten wäre.

Familiale und kulturelle Autorität

Die Studien über Autorität und Familie, die Horkheimer/Fromm/
Marcuse (1987 [1936]) und etliche andere Autoren in den dreißiger
Jahren durchführten, können hier Hinweise geben. Die in diesem
Band versammelten Erhebungen und Einzelstudien versuchen
familiale und vor allem väterliche Vermittlung zwischen gesellschaftlicher Gewalt und individuellen Entwicklungsprozessen und
damit den Zusammenhang zwischen Familien- und Gesellschaftsstruktur aufzuhellen.[70]

> Die äußere in der Gesellschaft wirksame Gewalt tritt dem in
> der Familie aufwachsenden Kind in der Person der Eltern und
> in der patriarchalischen Kleinfamilie speziell in der des Vaters
> gegenüber. Durch Identifizierung mit dem Vater und Verin-
> nerlichung seiner Ge- und Verbote wird das Über-Ich als eine
> Instanz mit den Attributen der Moral und der Macht beklei-

---

[70] Eine in diesem Zusammenhang kaum noch rezipierte Perle ist sicherlich die
Untersuchung von Karl A. Wittvogel über die wirtschaftsgeschichtlichen Grundlagen
der Entwicklung der Familienautorität (Wittvogel, 1987 [1936]: 473–522).

det. Ist aber diese Instanz einmal aufgerichtet, so vollzieht sich mit dem Prozeß der Identifizierung gleichzeitig ein umgekehrter Vorgang. Das Über-Ich wird immer wieder von neuem auf die in der Gesellschaft herrschenden Autoritätsträger projiziert, mit anderen Worten, das Individuum bekleidet die faktischen Autoritäten mit den Eigenschaften seines Über-Ichs… Dadurch aber werden diese Autoritäten umgekehrt wiederum geeignet, immer wieder von neuem verinnerlicht und zu Trägern des Über-Ichs zu werden. (Fromm, 1987 [1936]: 84)

Es geht hier um die soziale Natur des Über-Ichs[71], die sich allerdings nicht in seiner Entstehung als Inkorporierung der durch väterliche Gewalt gestärkten Ge- und Verbote erschöpft, sondern die auch im Leben des Erwachsenen durch die »…Verinnerlichung faktischer äußerer Gewalt…« immer wieder aktualisiert wird (ebd. 85).

Die verinnerlichte Autorität wird dann mit der Verdrängung von tabuisierten Impulsen verknüpft. Im Gegensatz zur (rational motivierten) Angst vor der Bestrafung verbotener Taten, die aber immerhin den Gedanken an die Tat noch zulassen, ist der verdrängte Impuls im Bewußtsein nicht mehr präsent – die Sanktion setzt vorher ein und bezieht ihre Stärke aus der emotionalen Verknüpfung des Impulses mit der diffusen Furcht vor drohendem Liebesentzug der verinnerlichten elterlichen Autorität. Damit ist die Vermeidung gesellschaftlich unerwünschten Verhaltens durch Verdrängung die wirksamere, denn eine bewußte Furcht vor Konsequenzen kann entweder zu strategischem Verhalten zur Reduzierung der Wahrscheinlichkeit des Erwischtwerdens führen oder zumindest eine mögliche Unterschätzung dieser Gefahr nicht ausschließen. Zudem ist hier der sanktionierende Akteur erkennbar und damit auch

---

[71] Dies hat auch Freud beschrieben: »So wird das Über-Ich des Kindes eigentlich nicht nach dem Vorbild der Eltern, sondern des elterlichen Über-Ichs aufgebaut; es erfüllt sich mit dem gleichen Inhalt, es wird zum Träger der Tradition, all der zeitbeständigen Wertungen, die sich auf diesem Wege über Generationen fortgepflanzt haben.« (Freud, 1989 [1933]: 505)

angreifbar. Verdrängung dagegen kann nicht rational vom Verdrängenden analysiert werden, die vermeintliche Gefahr bleibt diffus, dafür aber um so grandioser, und eine verbietende Instanz bleibt unsichtbar (ebd. 93–110).

Die Unterwerfung des Erwachsenen unter die gesellschaftliche Autorität ist also der Unterwerfung des Kindes unter die väterliche Autorität nachgebildet. Diese väterliche Autorität ist jedoch in ihrem Kern bereits gesellschaftlich vermittelt. Das legt auch das Zitat von Freud in Fußnote 71 nahe, in der er darauf hinweist, daß Eltern oder Väter ihr Kind nicht eigentlich nach ihrem Bild formen, sondern nach dem Bild ihres Über-Ichs, das seinerseits das Repertoire der Ge- und Verbote der jeweiligen Gesellschaft enthält, die sich über Generationen gebildet haben. Fromm wiederum macht deutlich, daß dieses nun geformte Über-Ich immer wieder mit gesellschaftlicher Gewalt konfrontiert werden muß, damit das internalisierte Regelsystem stabil bleibt. Hierbei werden dann nicht nur einfache Verbote durch offenkundige Sanktionen aktualisiert, sondern, sehr viel effektiver, auch Verdrängungen, die nicht einmal mehr den Gedanken an das Verdrängte und somit auch keine realistische Abschätzung der tatsächlichen Folgen des verbotenen Tuns erlauben.

Anschlußfähigkeit wird also gewährleistet durch die elterliche Vermittlung gesellschaftlicher Autorität. Damit werden alle drei A priori bedient: Erstens erfährt das Individuum hier, zu welchen Kreisen es gehört, welche Verhaltensmodalitäten in welchem Kreis adäquat sind und, wichtiger noch, zu welchen Kreisen es selbst nicht gehört und wie sich so der gesamte soziale Kosmos gliedern und ordnen läßt.

Es lernt zweitens, was nicht Gesellschaft ist, also welche Innenräume ihm selbst vorbehalten sind und wie sich diese auch in Opposition gegen bestehende Regeln strukturieren. »Persönlichkeit« ist in diesem Verständnis immer auch eine Funktion des Leidens an der gesellschaftlichen Ordnung.

Die bürgerliche Familie entfaltet hier ihre Doppelfunktion: Einerseits bietet sie Schutz vor und Erholung von den Unbilden des äußeren (Erwerbs)Lebens, gerade auch dem Vater und Ernährer, der sich hierhin zurückziehen kann, aber auch den Kindern, die diesen Anforderungen noch nicht ausgesetzt werden können. Andererseits ist sie Ort der Disziplinierung des Kindes, das hier die Qualifikationen für ein Leben »draußen« erlernt und gemäß den geltenden Systemimperativen und der anvisierten Stelle im Geflecht von Simmels drittem A priori »Funktionsfähigkeit« erlangt. In dieser Doppelfunktion erlaubt die bürgerliche Familie dem Kind auch, seinen »Innenraum« zu formen und seine Individualität als Kompromiß zwischen »Lust-« und »Funktions-«Ich zu gestalten.

Dies sind also Sozialisationsbedingungen, unter denen Anschlußfähigkeit relativ leicht herzustellen ist, so denn zwei Dinge gegeben sind: Erstens darf sich die gegenwärtige und zukünftige Lebenswelt der jüngeren Generation nicht allzu sehr von der ihrer Eltern unterscheiden, so daß gelernte Verhaltensmodelle und internalisierte Gebote der tatsächlichen Umwelt adäquat sind und nicht sofort von dieser *gegen* die elterliche oder väterliche Autorität korrigiert werden, oder die Autoritätsverhältnisse durch Kompetenzvorteile der jüngeren Generation (etwa durch die rasche Entwicklung und Verbreitung neuer Technologien) umgekehrt werden. Zweitens müssen die Bedingungen, unter denen Erfolg und Mißerfolg in der jeweils gegebenen (Teil)Gesellschaft wahrscheinlich sind, klar und deutlich zu erkennen und ebenfalls nicht allzu verschieden sein von denen, die für die Elterngeneration galten.

Betrachtet man nun die Vergleichbarkeit von Lebensbedingungen der Großeltern-, Eltern- und Kindergeneration im 20. Jahrhundert, so wird deutlich, daß die Verhaltensmodelle und Kommunikationscodes von der Elterngeneration vergleichsweise kontinuierlich an die jeweils nachfolgenden Generationen weitergegeben wurden. Veränderungen erfolgten speziell für die bürgerlichen Schichten und Eliten inkremental, nicht radikal.

Mit den sechziger Jahren setzte eine radikale Veränderung gesellschaftlicher Wertvorstellungen und Leitbildern ein, die auch das Generationenverhältnis nachhaltig beeinflußte. Inwieweit die sogenannten 68er tatsächlich diese Entwicklung auslösten oder vielleicht doch nur vollzogen, was schon lange in der Luft lag und andernfalls von anderen gesellschaftlichen Akteuren in die Tat umgesetzt worden wäre, mag hier dahingestellt bleiben.[72] Es gab neben den sogenannten 1968ern eine Vielzahl von Faktoren, die 1968 zu *dem* Modernisierungsschub in den meisten Teilen Europas und Nordamerikas machten. Dazu gehörten in der Bundesrepublik zweifellos auch die Universalisierung des Mittelstands in Konsum- und Lebensstil durch die wirtschaftliche Entwicklung der fünfziger und sechziger Jahre, die eine flächendeckende Veränderung gesellschaftlicher Wertmuster erst möglich machte. 1968 markiert auch deswegen den Wendepunkt, weil seitdem nicht nur traditionelle oder auch nur »erwachsene« Verhaltens- und Kommunikations- codes in atemberaubender Geschwindigkeit entwertet werden, sondern auch die jeweils junge Generation und ihre Subkultur gesellschaftliches Leitbild ist. Die in der bürgerlichen Kleinfamilie zementierte »Richtlinienkompetenz« der Eltern oder des Vaters erodiert zugunsten der *peer-group*, die ihre Mitglieder nicht mehr unbedingt *gegen* die elterliche Autorität sozialisiert, sondern eher an dieser vorbei.

Zusätzlich zur moralischen Umwelt hat sich seit den sechziger Jahren auch die technologische Umgebung der bundesdeutschen Kleinfamilie im Vergleich zu – vom heutigen Standpunkt aus betrachtet – eher moderaten Veränderungen der ersten 60 Jahre des 20. Jahrhunderts dramatisch gewandelt und tut dies immer noch. Hier kann man sowohl an den enormen Aufschwung im Bereich der Unterhaltungselektronik, Telekommunikation und Computertechnik denken als auch an die mittlerweile fast schon serienreife Produktion intelligenter Technologien.

Betrachtet man diese Entwicklung unter dem Gesichtspunkt, den das dritte A priori nahelegt, nämlich dem Vorhandensein oder der Abwesenheit eines Platzes in der Gesellschaft, den das Indivi- duum einnehmen kann, und der dazu notwendigen Qualifikatio-

---

[72] Zu einer interessanten Spekulation über die Ursachen und Folgen von 1968, vgl. Offe, 1998.

nen, so vermutet man wohl zu Recht, daß die hier erforderlichen Kompetenzen nicht mehr innerfamiliär, sondern eher im Kreis der Gleichaltrigen vermittelt werden – oder eben gar nicht.

Habermas ließ sich in seinen Überlegungen auch von den Thesen inspirieren, die im Kapitel »Narziß ohne Echo« diskutiert wurden. Anders als die dort zitierten Autoren, die die hier zur Debatte stehenden Veränderungen einer Psychologisierung der Gesellschaft und einer Pathologisierung ihrer Bewohner anlasten, kommt er jedoch zu dem Ergebnis, dass sich das Verhältnis zwischen Systemimperativen und Individuum geändert hat. Ort des Wandels ist auch bei ihm die (Klein)Familie – die Systemimperative schleichen sich nicht mehr über verzerrte Kommunikation in die Familie ein, sondern treten von außen an sie heran.

Im nächsten Abschnitt werde ich Luhmanns Entwurf für eine Theorie der Gesellschaft vorstellen, die zwar nicht die Veränderung der Systemimperative oder des Verhältnisses System und Lebenswelt *analysiert*, dafür aber selbst einen Teil dieser Veränderung *abbildet*. Ich werde Luhmanns Systemtheorie im weiteren also auch wissenssoziologisch verwenden, als Symptom des Zustandes, den sie thetisch behauptet.

noise from order – Die Soziologie des Zettelkastens

Simmels Aufforderung, in der Soziologie den »…Komplex vergesellschafteter Individuen, das gesellschaftlich geformte Menschenmaterial, wie es die ganze historische Wirklichkeit ausmacht…«, von der »…Summe jener Beziehungsformen, vermöge deren aus den Individuen eben die Gesellschaft im ersten Sinne wird…« (Simmel, 1992 [1908]: 23), zu trennen, kann, leicht variiert, auch als Programmatik eines anderen Versuchs verstanden werden, die Soziologie neu zu begründen. Auch Niklas Luhmanns Theorie der sozialen Systeme bemüht sich um eine formale Soziologie, die allerdings die Geometrie-Analogie (ebd. 25), die Simmel bereits vorgedacht hat, sehr wörtlich nimmt.

War Simmel noch bereit, Unzulänglichkeiten dieser Analogie zu konzedieren (ebd. 26–29) und ebenso die daraus folgenden Beschränkungen für die Entwicklung und Anwendung einer »sauberen« Methode in seiner formalen Soziologie (ebd. 29 f.), so ist Luhmann vollständig dem Charme des Abstrakten verfallen. Deshalb ist es legitim, Luhmann als *den* Soziologen der Gegenwart zu verstehen, der Simmels Programm einer formalen Soziologie nicht nur fortgeführt hat, sondern teilweise auch gegen ihn und über ihn hinaus entwickelte.

Auch Luhmann stellte sich also die Frage: »Wie ist Gesellschaft möglich?«, und seine Antwort fiel trotz der auf den ersten Blick ähnlichen Programmatik ganz anders aus. Er verzichtet auf das individuelle Bewußtsein als Ort, an dem sich Gesellschaft vollzieht, und setzte an dessen Stelle gesellschaftliche Systeme wie Ökonomie, Politik oder Recht. Diese funktionieren gemäß einer Eigenlogik, die ihnen einerseits Konsistenz ermöglicht, andererseits aber nur eine beschränkte Wahrnehmungsfähigkeit ihrer Umwelt, also anderer Systeme, erlaubt. »Gesellschaft« ist dann als die Summe der Systemperspektiven verstanden. Ihrem Wesen nach besteht sie aus Kommunikation, die sich über systemspezifische Medien umsetzt.[73]

Das Individuum dagegen ist bei Luhmann nicht mehr Sujet der Soziologie, bestenfalls taucht es als unberechenbares Element auf, das die Systemstabilität gefährdet. Es ist zwar an der Entstehung von Kommunikation beteiligt, kann sie aber nicht steuern oder ihre Regeln ändern. Die Botschaft lautet also im wesentlichen: Erstens, zielgenaue Änderungen auf der Systemebene sind nicht möglich. Wer hier mitspielt, muß wissen, daß der Ausgang der Partie ungewiß ist. Zweitens, es geht nicht um Beziehungsformen und deren Wahrnehmung, die aus Individuen Gesellschaft machen, sondern um Regeln, nach denen Kommunikationssysteme funktionieren.

Dennoch kann man Äquivalente zu Simmels erstem und zweitem A priori bei Luhmann finden, nur sind sie eben auf die Subsysteme

---

[73] Für eine kompakte Einführung in Luhmanns Soziologie vgl. Fuchs 1996.

bezogen. Das erste A priori heißt bei Luhmann »Komplexitäts-reduktion«, das zweite »Autonomie (nicht Autarkie) des Systems«. Das dritte A priori muß aus Gründen der Theoriearchitektur bei Luhmann fehlen; man kann fast sagen, seine Theorie ist der Aus-druck von dessen Abwesenheit. Gesellschaftliche Einheit der Sub-systeme stellt sich dann, wie bei Kant, nur durch den Beobachter dar.

Die integrierende Struktur, die in einer modernen Gesellschaft Individuen aufeinander verweist und miteinander verbindet, wird hier also verworfen zugunsten eines vollständig freigesetzten Wesens, das bestenfalls den Ablauf der Reproduktion der Systeme (also der eigentlichen Gesellschaft) unbelästigt vorangehen läßt oder ihn schlimmstenfalls stört. Damit entspricht Luhmann mit seinem Theoriedesign dem weitverbreiteten Gefühl, »Strukturen« hätten sich verselbständigt und »man könne ohnehin nichts ändern«. Die-ser Eindruck wird durch die Systemtheorie nicht nur bestätigt, son-dern auch noch legitimiert durch den immer präsenten Verweis auf die Gefahren, die auch nur der Versuch, irgend etwas zu verändern, mit sich bringen würde, weil bei entsprechend komplexen Syste-men eine gezielte Steuerung unmöglich ist. Das heißt nicht weniger, als daß eine Verbindung zwischen *input* und *output* für die jeweili-gen Akteure nie im voraus zu erkennen ist – unbeabsichtigte Neben-wirkungen sind also hier die Regel und nicht die Ausnahme.

Im folgenden Abschnitt stelle ich das Grundproblem vor, das im Zentrum der Luhmannschen Soziologie und, so seine These, auch im Zentrum der Problembewältigung sozialer Systeme steht: Kom-plexität. Danach widme ich mich dann der Gesellschaft, die nach dieser Lesart noch möglich ist.

Die Komplexität der Soziologie

Luhmann nimmt also Komplexität als zentrales Problem eines Systems wie der Systemtheorie an. Aufgabe für beide ist es folglich, Komplexität zu reduzieren. Dies zu tun hat die Soziologie lange ver-säumt:

> Die Soziologie steckt in einer Theoriekrise… Teils versteht man unter Theorie empirisch testbare Hypothesen über Beziehungen zwischen Daten, teils begriffliche Anstrengungen in einem weitgefaßten, recht unbestimmten Sinne. (Luhmann, 1988: 7)

Dies führe, bei einer näheren Beschäftigung mit soziologischer Theorie, keinesfalls zu dem Eindruck, es mit *einem* Fach oder *einer* Disziplin zu tun zu haben. Die Einheit der Soziologie manifestiere sich »…als pure Komplexität. Das Fach wird nicht nur intransparent, es hat seine Einheit in Intransparenz« (ebd. 8f.). Dem könne nur mit einem neuen Paradigma oder mit einer neuen (SuperTheorie[74] begegnet werden, die mit der Unübersichtlichkeit aufräumt und eine neue Einheit möglich macht.

Komplexität und der Wunsch, sie zu reduzieren, ist also der Anlaß für Luhmanns Theorieproduktion, eine verständliche Regung, die dem zutiefst menschlichen Bedürfnis entspringt, nicht nur die Umwelt, sondern auch *sich selbst in der Umwelt* zu erklären. Er wagt infolgedessen die »…Formulierung einer fachuniversalenTheorie…«, die »…ihre Gegenstände und sich selbst als einen ihrer Gegenstände als selbstreferentielle Verhältnisse…« (ebd. 10) betrachtet.

Damit will Luhmann alle Einzelbereiche der Soziologie auf ein zentrales Paradigma, das Paradigma funktionaler Differenzierung, verpflichten. Systemtheoretisch gesprochen will er also Operationen an bestimmte Muster der Selektion binden. Im Fall der Soziologie, die unter dem Paradigma der Luhmannschen Systemtheorie operiert, sind Operationen, die an bestimmte Selektionsmuster gebunden sind, solche, die Operationen im sozialen System, die ihrerseits an bestimmte Selektionsmuster gebunden sind, beobachten und beschreiben. Diese Operationen reduzieren Komplexität und stellen durch Selektion Sinn her, sie schaffen Un-

---

[74] »Supertheorien sind Theorien mit universalistischen (und das heißt: auch sich selbst und ihre Gegner einbeziehenden) Ansprüchen.« (ebd. 19)

terschiede in einer zunächst undifferenzierten Menge und erst dadurch »Information«. Die jeweils selektierten Elemente (oder Möglichkeiten) ergeben dann in ihrer je spezifischen Abfolge »Geschichte«.

Innerhalb der Luhmannschen Theoriekonstruktion gewinnt der Komplexitätsbegriff seine zentrale Stellung aus der Annahme einer »… Einheit der Differenz von System und Umwelt…« (1990: 21). Damit vollzieht er den Schritt von der »… Orientierung an der *Einheit* des gesellschaftlichen Ganzen als einer kleinen Einheit in einer großen Einheit (Welt) … (zur) … Orientierung an der Differenz von Gesellschaftssystem und Umwelt, von Einheit auf Differenz als Startpunkt der Theorieentwicklung« (ebd. 23).

Wegen der Differenz zwischen System und (einer vom Systemstandpunkt aus gesehenen chaotischen und unendlichen) Umwelt besteht automatisch ein Komplexitätsgefälle, das das System zur Komplexitätsreduktion zwingt, weil keine »requisite variety« in bezug auf die Umwelt vorhanden sein, also das System keine Punkt-für-Punkt-Abbildung der Umwelt enthalten kann. Es muß also Informationen auswählen und mit einer Relevanz- und Verweisstruktur operieren, die als Schema die für die Reproduktion des Systems unwichtigen oder sogar schädlichen Elemente in der Umwelt ausblendet und Konsistenz herstellt.

Reduktion von (Umwelt)Komplexität bedeutet also bei Luhmann zunächst *Selektion*. Der Prozeß der Selektion selbst wird im Normalfall innerhalb des Systems nicht thematisiert, so daß das System in der Illusion existieren kann, die ganze Welt zu sein.

Dieser analytische Rahmen wird von Luhmann nun auf »Funktionssysteme« bezogen. Den Individuen wird zwar eine konstitutive Rolle bei der Entstehung der Funktionssysteme zugesprochen, aber eigentlich seien ihre Leistungen nicht Sujet der Soziologie.

Auch Luhmann will also das Feld, das zu beackern ist, erst einmal abstecken. Im Gegensatz zu Simmel, der sehr klar gesehen hat, daß die Soziologie bezüglich ihres Sujets in gewisse Begründungsnöte gegenüber und in Konkurrenz zur Psychologie gerät und sich der Aufgabe, die Soziologie als eigenständige Disziplin zu begründen, souverän gestellt hat, weist Luhmann in seiner programmatischen Arbeit »Soziale Systeme« (1988) den Menschen (verstanden als organisches und psychisches System, ebd. 286) im allgemeinen und das psychische System im besonderen aus der Gesellschaft aus.

> Selbstreferenz heißt auf der Ebene der Elemente: daß diese sich durch Rückbezug auf sich selbst miteinander verhaken und dadurch Zusammenhänge bzw. Prozesse ermöglichen. Dies kann jedoch nur bei hinreichender Gleichartigkeit der Elemente geschehen. Es kann deshalb, um dies an Extremfällen zu verdeutlichen, keine Systemeinheit von mechanischen und bewußten, von chemischen und sinnhaft-kommunikativen Operationen geben ... Der Mensch mag für sich selbst oder für Beobachter als Einheit erscheinen, aber er ist kein System. Erst recht kann aus einer Mehrheit von Menschen kein System gebildet werden. Bei solchen Annahmen würde übersehen, daß der Mensch das, was in ihm an physischen, chemischen, lebenden Prozessen abläuft, nicht einmal selbst beobachten kann. Seinem psychischen System ist sein Leben unzugänglich, es muß jucken, schmerzen oder sonstwie auf sich aufmerksam machen, um eine andere Ebene der Systembildung, das Bewußtsein des psychischen Systems, zu Operationen zu reizen. (ebd. 67 f.)

Aber die nicht oder nur unvollkommen vorhandene Fähigkeit zur Selbstbeobachtung scheint zunächst kein hinreichendes Kriterium für die Unterscheidung zwischen Systemen und Nicht-Systemen zu sein, denn auch Luhmanns autopoietische Systeme können sich nicht vollständig erfassen. Die zentrale Unterscheidung folgt dann auch erst im nächsten Satz, und sie bezieht sich korrekterweise auf die Schwierigkeit, unterschiedliche Prozeßtypen ineinander zu übersetzen, scheitert allerdings, wie schon die gesamte Neuzeit zuvor, am selbstgestellten Problem. Dem psychischen System des Menschen (der hier doch noch herumgeistert) ist »sein Leben«

unzugänglich, dieses muß versuchen, jetzt nicht mehr nur das psychische System, sondern nun auch noch das Bewußtsein davon, durch Jucken und ähnlich unangenehme Reize auf sich aufmerksam zu machen.

Das Problem, das hier angesprochen wird und das als Argument für das an sich nicht ganz unplausible Unterfangen einer Verschlankung des Sujets der soziologischen Disziplin bemüht wird, begleitet die westliche Welt unter dem Namen »Leib-Seele-Problem« seit Descartes. Auch dieser mußte sich mit der Schwierigkeit auseinandersetzen, wie sich denn der Mensch, der sich als reines Substrat des Gedankens begreift, mit dem offenbar vorhandenen materialen Rest in Verbindung setzen kann und *vice versa*. Descartes' Lösung, in der die Zirbeldrüse eine prominente Rolle spielte, konnte schon die Zeitgenossen nicht so recht überzeugen, und neuere Versuche, das Verhältnis von Geist und Materie im cartesischen Duktus zu erhellen, ähneln verdächtig einem Zirkelschluß (vgl. etwa Steinvorth, 1994: 159–168).

Immerhin sind sich aber doch die meisten Autoren der letzten 400 Jahre, die dieses Problem als solches anerkennen und diskutieren, der Notwendigkeit bewußt, hier eine Lösung anzubieten, die uns erklärt, wie wir es uns vorzustellen haben, wenn das Leben juckt und das Bewußtsein kratzt.

Luhmann will aber nicht Descartes' Leib-Seele Problem bearbeiten, und deswegen kann er den Erfolg dieser Operation zunächst als gegeben hinnehmen. Ihm geht es um die Legitimation der Ausweisung des Individuums aus Soziologie und Gesellschaft im Dienste einer methodologisch wie methodisch »sauberen« Soziologie, die dadurch allerdings in eine problematische, weil nicht einzulösende Nähe zu den exakten Wissenschaften gerät.

Simmel hatte dasselbe Problem eleganter umgangen, als er bemerkte, daß sich die Soziologie, wie jede Wissenschaft, auf »…ein Bewußtseinsereignis, das eine vollendete Psychologie rein aus seelischen Bedingungen und Entwicklungen restlos deduzieren könnte…« (1992 [1908]: 36), beziehe, daß jedoch »…eine besondere wissenschaftliche Absicht dies seelische Geschehen als solches ganz außer acht lassen (kann) und die Inhalte desselben, wie sie sich unter dem Begriff der Vergesellschaftung anordnen, für sich verfolgen, zerlegen, in Beziehung setzen« (ebd. 27).

Für Luhmann ist dagegen die analytische Trennung zwischen dem Bewußtseinsereignis und der Kategorie, unter der man seine Aspekte betrachtet und gewichtet, die Simmel hier vornimmt, ein Faktum, ein Naturereignis, dem die Theorie zu folgen und das sie getreulich abzubilden hat. Folglich muß er der schwer bestreitbaren Beteiligung von Individuen an systemrelevanter Kommunikation anders Rechnung tragen. Er tut dies mit dem Konzept der »Interpenetration« (1988: 286–345), das sich wie eine kybernetische Variante des zweiten A priori liest:

> Man darf sich Interpenetration weder nach dem Modell der Beziehung zweier getrennter Dinge vorstellen noch nach dem Modell zweier sich überschneidender Kreise … Entscheidend ist, daß die Grenzen des einen Systems in den Operationsbereich des anderen übernommen werden können. So fallen die Grenzen sozialer Systeme in das Bewußtsein psychischer Systeme. Das Bewußtsein unterläuft und trägt damit die Möglichkeit, Sozialsystemgrenzen zu ziehen, und dies gerade deshalb, weil sie nicht zugleich Grenzen des Bewußtseins sind. Das Gleiche gilt im umgekehrten Fall: Die Grenzen psychischer Systeme fallen in den Kommunikationsbereich sozialer Systeme. Kommunikation ist geradezu gezwungen, sich laufend daran zu orientieren, was psychische Systeme in ihr Bewußtsein aufgenommen haben und was nicht… Jedes an Interpenetration beteiligte System realisiert in sich selbst das andere als dessen Differenz von System und Umwelt, ohne selbst entsprechend zu zerfallen. So kann jedes System im Verhältnis zum anderen eigene Komplexitätsüberlegenheit, eigene Beschreibungsweisen, eigene Reduktionen verwirklichen und auf dieser Grundlage eigene Komplexität dem anderen zur Verfügung stellen. (ebd. 295)

Simmel paraphrasierend könnte man das übersetzen in: Kein System kann innerhalb der Ordnung eines anderen stehen, ohne sich zugleich außerhalb dieser zu befinden. Und man kann hinzufügen: Nur wenn diese Bedingung erfüllt ist, kann man sinnvollerweise von einem System sprechen. Die Grenze, die Simmel noch in die Person legte und sie damit als Kombination einer psychischen und einer sozialen Komponente verstand, wird bei Luhmann also nach außen verlegt und zur Abgrenzung zwischen Gesellschaft und Individuum verwandt.

Das zweite A priori verändert hier also seinen Charakter erheblich: Von einer Grenze, die permanent überschritten wird und werden *muß*, von einer Binnendifferenzierung, um mit Luhmann zu sprechen, wird sie zur äußeren Markierung, die nicht mehr überschritten werden *kann*. Das Soziale ist also aus der Person verschwunden, ebenso wie das Persönliche aus dem Sozialen.

»Gesellschaft« als soziales und als soziologisch beobachtbares Ereignis vollzieht sich dann ausschließlich in der Reproduktion der Subsysteme. Die Frage »Wie ist Gesellschaft möglich?« kann deshalb dann auch nur auf dieser Ebene beantwortet werden.

Wie ist Luhmanns Gesellschaft möglich?

»Die Einheit des Gesamtsystems liegt in der Art seiner Operation und im Formtypus seiner Differenzierung« (ebd. 202). Die Art der Operation, die einheitsstiftenden Charakter hat, ist sinnhafte Kommunikation, der Formtypus der funktionalen Differenzierung der Gesellschaft in Subsysteme. Als Subsysteme sind bei Luhmann Funktionssysteme bezeichnet, die »…anspruchsvolle Leistungen des Gesellschaftssystems … (erbringen) … weil nur so ein dafür ausreichendes Komplexitätsniveau gewonnen werden kann.« (1990: 48). Die von ihm behandelten Funktionssysteme sind: Wirtschaft, Recht, Familie/Intimbeziehung, Politik, Erziehung, Wissenschaft und Religion. Zu einem Teil dieser Subsysteme liegen in mehr oder weniger ausgearbeiteter Form Analysen zum Code und zur Programmebene vor.

Der Code ist ein binäres Schema von Wert und Gegenwert, das die Abgrenzung der Teilsysteme gegen die systeminterne Umwelt leistet. Die *Einheit der Teilsysteme* wird durch die Differenz der beiden Codewerte gewährleistet. Der Code ist für das Subsystem also identitätstiftend. Damit kann »... das System seine Operationen an dieser Differenz (der zwischen Wert und Gegenwert des Codes, S. F.) orientieren ... innerhalb dieser Differenz oszillieren (und) Programme entwickeln, die die Zuordnung der Operationen zu Positionen und Gegenpositionen des Codes regeln, *ohne die Frage nach der Einheit des Codes zu stellen*« (ebd. 76 f.). Wie kann man nun zum Beispiel im Rechtssystem die Frage nach der Rechtmäßigkeit der Differenz von Recht und Unrecht beantworten?

Der Versuch, dieses Problem zu lösen, führt in den infiniten Regreß, also in den Irrsinn und wird deswegen gar nicht erst unternommen. Der *blinde Fleck* ist geboren! Mit dem *blinden Fleck* wird der Systemzusammenbruch vermieden, der zwangsläufig eintritt, wenn man realisiert, daß die Systemstatik auf dem Nichts beruht. Luhmanns Systeme erinnern hier ein wenig an jene Comic-Figuren, die schlafwandelnd durch die Luft marschieren und beim Erwachen nach einer kurzen Schrecksekunde, in der sie das Nichts realisieren, das sich unter ihren Füßen befindet, in den Abgrund sausen. Im Unterschied zu Mickey Mouse und Goofy erwachen Luhmanns Systeme aber nicht. Das Schlafmittel, das hier so überraschend wirksam ist, bezeichnet Luhmann als *blinden Fleck*, den er bei seiner Auseinandersetzung mit verschiedenen Ebenen der Funktion von Subsystemen einführt. Der *blinde Fleck* besteht in der Vermeidung der Selbstanwendung des Codes auf sich selbst: Bei der Anwendung des Codes *auf den Code selbst* kollabiert diese Differenz, wie leicht an Beispielen ersichtlich wird, in denen Recht durch Recht definiert wird, oder Wahrheit durch Wahrheit. Diese Tautologien werden durch die Differenz von Code und Programm entschärft (vgl. dazu ebd. 89–100). Die binäre Codierung lädt geradezu ein zur Kreation von Selbstbezüglichkeiten wie zum Beispiel durch die Frage nach der Rechtmäßigkeit der Differenz von Recht und Unrecht. Aber durch den blinden Fleck, den Luhmann analog zu dem aus der Biologie bekannten Phänomen denkt, werden diese Fragen strikt ausgeblendet und dadurch der »Absturz« vermieden.

Die Subsysteme bilden mit der systeminternen Umwelt[75] eine erneute Differenz innerhalb des Gesamtsystems. Sie »…ist wiederum das Gesamtsystem – aber dies in je verschiedener Perspektive. Deshalb ist Systemdifferenzierung ein Verfahren der Steigerung von Komplexität – mit erheblichen Konsequenzen für das, was dann noch als Einheit des Gesamtsystems beobachtet werden kann« (Luhmann, 1988: 38). Da diese Einheit eigentlich nur noch in der Perspektive der Subsysteme besteht,[76] kann die Gesellschaft also nicht als einheitliches System agieren oder reagieren. Sie kann folglich auch nicht von einem Subsystem (wie Politik) gesteuert werden, weil es für eine adäquate Steuerung das Abbild des Gesamtsystems und aller in ihm versammelten Elemente und der Relationen zwischen den Elementen enthalten müßte.[77]

Das Verhältnis von Teilsystemen zum Gesamtsystem beschreibt Luhmann wie folgt:

> Jedes Funktionssystem rekonstruiert mithin, zusammen mit *seiner* Umwelt, *die Gesellschaft.* Jedes Funktionssystem kann daher, wenn und soweit es für die eigene Umwelt offen ist, *für sich selbst* plausibel annehmen, die Gesellschaft zu sein. Mit der Geschlossenheit der eigenen Autopoiesis bedient es *eine* Funktion *des* Gesellschaftssystems. Mit der Offenheit für Umweltveränderungen trägt es der Tatsache Rechnung, daß dies *im* Gesellschaftssystem geschehen muß, weil die Gesell-

---

[75] Die systeminterne Umwelt besteht aus den jeweils anderen Subsystemen und den psychischen Systemen.

[76] Die Gesamtheit des Systems ist natürlich auch auf der Ebene der Beobachtung zweiter Ordnung sichtbar. Damit ist »…die Beobachtung eines Systems durch ein anderes System…« (1990: 52) gemeint. Über die Beobachtung des dort herrschenden System/Umwelt-Verhältnisses kann das beobachtende System Vermutungen über seine eigenen Beschränkungen anstellen.

[77] Hier liegt ein zentrales Argument der »Ökologischen Kommunikation« (1990) gegen die hohen Erwartungen an Steuerungsfunktionen des politischen Teilsystems.

schaft *sich selbst* nicht nur auf eine Funktion spezialisieren kann. Es geht mithin um die Operationalisierung einer Paradoxie. Das Funktionssystem ist, als Differenz von System und Umwelt begriffen, die Gesellschaft, und es ist sie zugleich nicht. Es operiert geschlossen und offen zugleich. Es verleiht dem eigenen Realitätsanspruch Ausschließlichkeit, wenn auch nur im Sinne einer operationsnotwendigen Illusion. Es verleiht dem eigenen Code Zweiwertigkeit und schließt dritte Werte aus, die sich dann in der Intransparenz und Überraschungsträchtigkeit der Umwelt verstecken. (1990: 204 f.)

»Gesellschaft« ist demnach die Summe der Perspektiven der Subsysteme, was Widersprüche innerhalb dieser Konstruktion von Gesamtheit unvermeidlich werden läßt. Da diese Perspektive aber von niemandem mehr eingenommen werden kann, gibt es in diesem Sinne auch keine Gesellschaft, sondern nur noch Ökonomie, Recht, Politik.

Das Individuum dagegen steht draußen und erzeugt *noise*, wenig getröstet von dem Umstand, daß es immerhin in »Co-evolution« (1988: 92) mit dem sozialen System entstand. In diesem Modell ist Kommunikation als individuell verursachtes Geräusch nur dann gesellschaftlich relevant, wenn sie sich der funktionsspezifischen Codes bedient und auf der Programmebene interveniert, also Preise setzt, Theorien entwickelt... Das »Draußen«, die Umwelt des Funktionssystems, die Lebenswelt wird damit als Thematik der Soziologie verschlossen und anderen Disziplinen zugeschlagen.

Gesellschaft ist hier also nicht durch das Vorhandensein von bestimmten Kategorien im individuellen Bewußtsein möglich, sondern dadurch, daß die einzelnen Funktionssysteme ihre Aufgaben erledigen und so wenig wie möglich durch Intervention von außen gestört werden. Denn ein Zuviel an *noise* erzeugt dann eben nicht *order*, sondern gefährdet die Systemstabilität erheblich, wie Luhmann immer wieder betont (vgl. Luhmann, 1990, 1996). Veränderungen, gesellschaftlicher Wandel kann hier nicht oder nur als äußerst riskante Angelegenheit gedacht werden, der jeweilige Status quo ist der einzig mögliche, und zwar deswegen, weil er hier und jetzt vorhanden ist.

Damit ist Luhmanns Systemtheorie, bei aller Abstraktheit, eine eher deskriptive als eine analytische Angelegenheit – und dabei nicht immer sorgfältig bei der Behandlung der empirischen Basis. Das läßt diese Gesellschaftstheorie zu einer Lehre der Sozialmechanik verkommen, die wenig mehr aussagt, als daß die Dinge so sind, wie sie eben sind. Dies tut sie allerdings in aller wünschenswerten Deutlichkeit und trifft dabei in ihrer Abbildung die Veränderungen im Verhältnis zwischen System und Lebenswelt in modernen Gesellschaften zielgenauer als ihr Frankfurter Pendant. Die Probleme, die sich hier für eine erfolgreiche Vergesellschaftung des Einzelnen ergeben, erörtere ich im nächsten Abschnitt.

Kommunikativer Eigensinn, Systemrationalitäten und der Preis der Freiheit

Auf der hier verwandten Matrix der Simmelschen A priori ist das systemtheoretische Paradigma in der Soziologie also Ausdruck des allgemein geteilten und kommunizierten Eindrucks eines Versagens des dritten A priori. Damit ist der Verlust des Gleichgewichts zwischen dem ersten und zweiten A priori impliziert.

Das wurde mir erstmals deutlich anläßlich einer kleinen Debatte über Systemtheorie während meines Studiums. Auf meine Frage nach der Ursache der Faszination durch die Systemtheorie eröffnete mir der so angesprochene Kommilitone zu meinem Erstaunen, Luhmann zeige ihm, wo sein Platz in der Gesellschaft sei. Einige Zeit und einige Getränke später hatte ich ihm immer noch nicht erklären können, daß er in Luhmanns Theorie nicht vorkomme; ebensowenig hatte er mir deutlich gemacht, daß gerade dies den Charme dieser speziellen Platzanweisung ausmache. Mittlerweile meine ich, diese doch zunächst erstaunliche Erklärung meines damaligen Kommilitonen begriffen zu haben. »Gesellschaft« wird anders, als dies eine eher bürgerlich geprägte Sicht der Dinge nahelegen würde, nicht als Produkt des Zusammenlebens von mündigen und in der politischen und ökonomischen Verantwortung stehenden Bürgern begriffen, sondern als etwas, das eben diesen Bürgern, die sich aber in erster Linie als Individuen und eben nicht als Bürger begreifen, äußerlich und deren Vorhandensein Gesellschaft im schlimmsten Falle hinderlich ist. Insofern zeigte Luhmann dem Kollegen nicht, wo er *in* der Gesellschaft steht, sondern wo er sich hinstellen muß, um Gesellschaft möglichst wenig zu belästigen und auch selbst unbehelligt zu bleiben.

Diese generelle Diagnose fand sich so zugespitzt zunächst nur bei Luhmann; auch heute wird sie eher in zeitdiagnostischen Essays als in soziologischer Theorie formuliert.

Das allerdings ein Teilsystem seine integrativen Leistungen nicht mehr optimal erfüllt, ist seit Ende der siebziger Jahre Thema in einschlägigen soziologischen und politikwissenschaftlichen Debatten. Die Rede ist von der Krise, wenn nicht vom Ende der Vollbeschäftigungsgesellschaft und der sie begleitenden Diskussionen.

So wird immer wieder festgestellt, daß Normalarbeitsbiographien, also eine kontinuierliche Beschäftigung von ca. 40 Jahren Dauer bei *einem* Arbeitgeber, für die jüngere Generation unwahrscheinlicher werden und daß Flexibilität und Mobilität zum zentralen Kennzeichen des Erfolgsmenschen des 21. Jahrhunderts wird.[78] Die Analysen dieser Entwicklung unterscheiden sich durch die Bewertung des Beobachteten: Einige Autoren betonen die Entwicklung einer neuen Chancenstruktur und einer generellen Neubewertung von Arbeit jenseits der Erwerbstätigkeit (so Beck (Hrsg.) 1997; Beck/Sopp 1997; Kommission für Zukunftsfragen der Freistaaten Bayern und Sachsen, 1997; etwas zurückhaltender aber ähnlich mittelschichtzentriert: Hacket et al. 2004).

Andere Autoren dagegen sehen vor allem die aus dem Struktur-

---

[78] Vgl. beispielsweise Sennett, 1998; Bonß/Kesselring/Weiß 2004; Ergebnisse einer empirischen Untersuchung zu unterschiedlichen Modi des Umgangs mit erhöhter biographischer Unsicherheit findet man bei Bonß et al. 2004.

wandel der Arbeitsgesellschaft resultierenden Probleme für Individuen und Institutionen:

> Der deutsche Arbeitsmarkt leidet an chronischer Wachstumsschwäche und entsprechend mangelnder Beschäftigungsdynamik. Darüber hinaus stellt der grundlegende Wandel der Beschäftigungsverhältnisse die deutsche Arbeitsmarkt- und Beschäftigungspolitik vor große Herausforderungen: Die unbefristete Vollzeitbeschäftigung verliert in Folge der Erosion interner Arbeitsmärkte an Bedeutung; prekäre Selbständigkeit und Scheinselbständigkeit nehmen zu; hybride Arbeitsverhältnisse in Zeitarbeitsfirmen, Beschäftigungsgesellschaften und Personalagenturen breiten sich aus; die Jugendarbeitslosigkeit steigt in Verbindung mit einer Krise des Ausbildungssystems an; die Schattenwirtschaft blüht; die Erwerbsbevölkerung schrumpft weiter, wenn die Geburtenrate so niedrig bleibt und eine geregelte Zuwanderung unterbleibt; schließlich wird die Vereinbarkeit von Familie und Beruf wegen der Notwendigkeit des lebenslangen Lernens immer voraussetzungsvoller. (Schmidt, 2006: 196)

Einigkeit herrscht dagegen in beiden Lagern hinsichtlich des festgestellten Strukturwandels auf dem Arbeitsmarkt: Der Bedarf an gering qualifizierten Arbeitskräften sinke, weil einfache Tätigkeiten, die traditionell manuell ausgeführt wurden, von Maschinen kostengünstiger und effizienter zu leisten sind. Aber auch Qualifikation schütze nicht mehr vor (temporärer) Arbeitslosigkeit, weil prinzipiell weniger Arbeitskraft zur Erwirtschaftung eines relativen Wohlstands gebraucht werde.

Zusätzlich zu dieser strukturell bedingten Beschäftigungslücke habe sich auch die Anforderung an die Bereitschaft der Arbeitnehmer zur Weiterqualifizierung erhöht, weil eine beschleunigte technische Entwicklung Qualifikationen relativ schnell veralten lasse. Insgesamt führe dies dazu, daß der Arbeitsmarkt nicht mehr alle Arbeitskräfte absorbieren könne und daß sowohl auf der

Beschäftigungs- als auch auf der Konsumseite eine Lücke entstehe.[79]

Kritische Stimmen in dieser Debatte verweisen darauf, daß »Beschäftigung« erstens nicht gleich Lohnarbeit ist und mit dieser Sicht der Dinge andere Formen der Arbeit abgewertet werden und daß, zweitens, Lohnarbeit in den frühindustrialisierten Ländern keineswegs zurückgegangen sei. Daher sprechen diese Autoren lieber vom Ende der Vollbeschäftigung, sowohl in der Dimension der Lebens- als auch der Wochenarbeitszeit (so Vobruba, 1998; 2000). Das Problem bestehe hier eigentlich darin, »…daß wichtige Institutionen, etwa das Steuerwesen und die Sozialpolitik, auf Vollbeschäftigung in Normalarbeitsverhältnissen aufbauen, und daß das Normalmuster individueller Lebensläufe um abhängige Erwerbstätigkeit zentriert ist« (ebd. 1998: 22). Gleichzeitig werde aber Vollzeitbeschäftigung auf Lebenszeit für den Einzelnen immer weniger wahrscheinlich, oder sie sei zumindest nur eine Möglichkeit von vielen anderen. Schmidt weist darauf hin, daß das Modell der Vollzeitbeschäftigung in dieser Form eigentlich ohnehin nur für den Familienvater gedacht war (2006:195).

Vobruba skizziert hier eine Situation für den Einzelnen, die umgangssprachlich in den angelsächsischen Ländern und in der Psychiatrie als *double-bind* bezeichnet wird. Diese Struktur verursacht eine unentscheidbare und unlösbare Situation für denjenigen, der ihr ausgesetzt ist, indem (strategisch) Kommunikations- und Wahrnehmungsebenen zueinander in Widerspruch gesetzt werden. So erzeugt die Aufforderung: »Denk daran, daß du nicht an XY denken darfst!« eine solche Aporie, weil der so angesprochene an XY denken muß, um sich daran zu erinnern, woran er nicht denken darf (vgl. dazu auch Kapitel 6).

Der *double-bind*, den die gegenwärtige Beschäftigungssituation

---

[79] Vgl. z. B. die Beiträge in Eicker-Wolf (Hrsg.), 1998 oder die kurze und erschöpfende Einführung in den ebenfalls kurzen »Traum der Vollbeschäftigung« und die Unwahrscheinlichkeit seiner Wiederholung von Schmid 2006. Es ist nicht zu erwarten, daß der gegenwärtige konjunkturelle Aufschwung grundsätzlich etwas an dieser Diagnose ändert.

für den erfolglos nach Lohnarbeit Suchenden bereithält, besteht hier darin, daß eine Gesellschaft institutionell und rhetorisch trotz der Agenda 2010 und den Hartz-Reformen nach wie vor auf Vollbeschäftigung und auf deren relativ problemlose Gewährleistung für jeden Einzelnen ausgerichtet ist, faktisch aber für einen immer größeren Teil der Bevölkerung die Möglichkeit dauerhaft ein Normalarbeitsverhältnis einzugehen nicht vorhanden ist. Es besteht also ein Widerspruch zwischen der systemischen (in diesem Fall wohlfahrtsstaatlichen und arbeitsmarktpolitischen) Realität und der lebensweltlichen Möglichkeit sie zu gestalten. Zudem wird dem Teil der Bevölkerung, der diesen Widerspruch erleidet, nicht selten vermittelt, er müsse sich eben nur genügend anstrengen, um wieder mitspielen zu dürfen. So wird ein Strukturwandel in letzter Konsequenz in die individuelle Verantwortlichkeit delegiert.

Luhmann universalisiert diese Diagnose einer Entfernung systemischer und lebensweltlicher Strukturen über den Arbeitsmarkt hinaus und konstatiert eine generelle Entkoppelung zwischen System und Lebenswelt – ohne den Mediatisierungsverdacht und ohne die Feststellung einer aus der Entkoppelung resultierenden Dysfunktionalität.

Seine These lautet im Gegenteil: Es gibt keine Systemimperative, die die Lebenswelt mediatisieren oder kolonialisieren, es gibt nur das System, ebenso wie die Lebenswelt auch – und wenn ein Individuum in systemischen Zusammenhängen etwas erreichen will, hat es sich des Codes des entsprechenden Systems zu bedienen. Aber die lebensweltliche Problematik, die in diesem Postulat steckt und die einerseits darin besteht, die entsprechenden Codes zu kennen und zu beherrschen und andererseits jederzeit adäquat auf systemischen Strukturwandel zu reagieren, kann in seinem Theoriegebäude nicht thematisiert werden.

Jürgen Habermas denkt das Verhältnis zwischen System und Lebenswelt vielgestaltiger:

In dem Maße wie sich diese Organisationsprinzipien (bürokratisch-sozialistisch oder kapitalistisch, SF) durchsetzen, entstehen die Austauschbeziehungen zwischen den beiden funktional verschränkten Subsystemen und der gesellschaftlichen Komponente der Lebenswelt, in der die Medien (Geld und Macht, SF) verankert sind. Die von Aufgaben der materiellen Reproduktion entlastete Lebenswelt kann sich einerseits in ihren symbolischen Strukturen ausdifferenzieren und die eigensinnige Entwicklung der kulturellen Moderne freisetzen; andererseits werden Privatsphäre und Öffentlichkeit nun auch als Systemumwelten auf Abstand gebracht. Je nach dem evolutionären Primat des Wirtschaftssystems oder des Staatsapparats bieten dann eher die privaten Haushalte oder eher die politisch relevanten Mitgliedschaften das Einfallstor für die von den Subsystemen auf die Lebenswelt abgewälzten Krisen. Störungen der materiellen Reproduktion der Lebenswelt nehmen in modernisierten Gesellschaften die Gestalt von hartnäckigen Systemungleichgewichten an; diese wirken sich entweder unmittelbar als *Krisen* aus; oder sie rufen *Pathologien* in der Lebenswelt hervor... Als Krisen wirken sich diese Systemungleichgewichte freilich erst aus, wenn die Leistungen von Ökonomie und Staat manifest unterhalb eines etablierten Anspruchsniveaus bleiben und die symbolische Reproduktion der Lebenswelt beeinträchtigen, indem sie dort Konflikte und Widerstandsreaktionen hervorrufen... Bevor solche Konflikte Kernbereiche der sozialen Integration gefährden, werden sie in die Peripherie verschoben: bevor anomische Zustände eintreten, kommt es zu Erscheinungen des Legitimations- bzw. des Motivationsentzuges. Wenn es aber gelingt, Steuerungskrisen, d.h. wahrgenommene Störungen der materiellen Reproduktion durch Rückgriff auf Ressourcen der Lebenswelt abzufangen, entstehen *Pathologien der Lebenswelt*. (Habermas, 1988, Bd. II: 564–566)

Die systemischen Steuerungskrisen definiert er als wahrgenommene Störungen der materiellen Reproduktion der Lebenswelt, die durch Rückgriff auf deren Ressourcen abgefangen werden.

Durch die Entfernung zwischen System und Lebenswelt entstehen aber auch Freiräume, wie Jürgen Habermas am Beispiel der »Autonomisierung« (ebd. 568) der Familie erläutert. Familie sei nicht mehr bewußtlose Agentur der Vermittlung der Notwendigkeiten, die das dominante Subsystem verlangt, sondern Ort der Entwicklung eines kulturellen Individualismus und kommunikativen Eigensinns.

Allerdings hält er die Freisetzung der Lebenswelt von der formativen Kraft des Systems für problematisch und versteht sie nicht umstandslos als Erhöhung individueller Freiheitsgrade. Richtet die Mediatisierung der Familie durch die Systemimperative Schaden durch die systemkonforme Deformation des Individuums an, so ist die Abwesenheit einer Struktur, die die formende Instanz Familie eindeutig bestärkt und bestätigt, keineswegs nur die Erlösung von dieser Deformation. Sie ist auch die Entlassung in die schwer auszuhaltende Permanenz der Unsicherheit nicht nur hinsichtlich der Bedingungen für Erfolg in systemischen Kontexten, wie etwa der Erwerbsökonomie, sondern auch hinsichtlich der Konsistenz und der Struktur der eigenen Individualität:

> Wenn sich die Systemimperative weniger in die Familie einschleichen, in systematisch verzerrten Kommunikationen festsetzen und unauffällig in die Formierung des Selbst eingreifen, als vielmehr geheimnislos von außen auf die Familie zukommen, dann bilden sich um so eher Disparitäten zwischen Kompetenzen, Einstellungen und Motiven auf der einen, funktionalen Erfordernissen der Erwachsenenrollen auf der anderen Seite ... Wenn aber die Sozialisationsbedingungen der Familie auf die Mitgliedschaftsbedingungen der Organisationen, denen die Heranwachsenden eines Tages genügen sollen, funktional nicht mehr abgestimmt sind, werden die Probleme, die der Jugendliche in der Adoleszenz lösen muß, für immer mehr Jugendliche unlösbar. (Habermas, 1988: 569f.)

Hier erkennt Habermas die Problematik, die Luhmann leugnet: Treten System und Lebenswelt immer weiter auseinander und werden die Systemimperative nicht mehr »hinterrücks« in die Sozialisationsagentur Familie eingespeist und dadurch quasi automatisch bedient, so ist die Wahrscheinlichkeit des Scheiterns der jeweils nachfolgenden Generation in funktionalen Zusammenhängen groß.

In Luhmanns Diktion bestehen die funktionalen Erfordernisse, die hier angesprochen werden, in der Kenntnis und Beherrschung der systemspezifischen Codes und ihrer Anwendungsgebiete. Wer diese Codes nicht beherrscht oder sie zwar beherrscht, aber nicht in der Lage oder willens ist, sie in den richtigen Kontexten zu verwenden, muß nicht untergehen und kann sich in Gegenwelten durchaus etablieren – aber ihm wird immer der Zugang zu zwei Medien verwehrt bleiben: Geld und Macht, also Kaufkraft und politische Gestaltungsmöglichkeit.

Aber das ist nur die eine Seite der Medaille, und sie scheint mir (noch) die weniger wichtige zu sein. Man muß hier fragen, ob die Anschlußfunktion von Familie in erster Linie tatsächlich nur deswegen nicht mehr erfüllt wird, weil sich System und Lebenswelt voneinander entfernt oder entkoppelt haben, oder nicht mehr im Verhältnis schwer durchschaubarer Verflechtung, sondern sozusagen einander gegenüberstehen. Es kann sich auch um eine Veränderung der Systemimperative handeln, die zunächst die Anschluß*bemühungen* der Familie selbst kaum berührt. Anders gesagt: Es könnte auch sein, *daß die Familie ihre Autonomie noch nicht bemerkt hat.*

Das würde dann bedeuten, daß die bürgerliche Trennung von »Außersozialem« und Sozialem oder auch von Mensch und Bürger (verstanden als *citoyen* und als *bourgeois*) innerhalb der (Mittelschicht-)Familie immer noch reproduziert wird. Jedoch haben sich die Anforderungen der Systemebene sich so fundamental und so schnell verändert (und tun das auch weiterhin), daß diese Sozialisationsleistung außerhalb der Familie nicht mehr gewürdigt und sogar durch konkurrierende Instanzen, wie *peer groups,* aber auch durch die jeweils aktuellen Systemimperative selbst torpediert wird.

Diese Problematik betrifft sowohl die stabile Reproduktion beider Kategorien als auch die Grenzmarkierung zwischen beiden Aspekten von Persönlichkeitsbildung und die spezifischen Inhalte des ersten A priori, also die funktionalen Erfordernisse der sozialen Existenz einer Person, die damit auch an die systemische Dimension von Gesellschaft anschließen kann.

Damit wäre auch Habermas' These in Zweifel zu ziehen, nach der das freudo-marxistische Verständnis von den Systemimperativen, die die Familie mediatisieren, überholt sei und daß statt dessen »... (d)ie familialen Lebenswelten ... den von außen auf sie zukommenden Imperativen des wirtschaftlichen und des administrativen Handlungssystems ins Gesicht (sehen), statt von ihnen hinterrücks mediatisiert zu werden« (ebd. 568). Möglicherweise hat sich am Tatbestand der Mediatisierung nichts geändert, aber es sind die Systemimperative vergangener Zeiten, die hier wirksam werden und dann als tief in das Individuum gelegte Zwänge und Ansprüche mit den veränderten Rahmenbedingungen zusammen die Dauerkrise erzeugen. Damit wäre dann, gegen Marcuse und gegen Habermas, weder das »Außersoziale« im Zuge der repressiven Entsublimierung verschwunden noch die Mediatisierung der bürgerlichen Kleinfamilie durch die heimliche Präsenz der Systemimperative. Beides ist noch da, nur fehlen die passenden gesellschaftlichen Strukturen, die beide Seiten in ein (vielleicht neurotisches aber immerhin funktionales) Gleichgewicht bringen und sowohl der Kategorie des Sozialen als auch des Außersozialen, also der jeweiligen Individualität Dauerhaftigkeit und Legitimität verleihen.

Vergegenwärtigt man sich, daß Simmel beide Dimensionen von Personalität als zwei Seiten einer Medaille konzipiert hat, dann wird klar, warum sowohl beide Kategorien als auch die Grenze zwischen ihnen prekär wird: Das Außersoziale, die individuelle Persönlichkeit, war bei ihm ja auch formuliert als Produkt der Auseinandersetzung mit, oder stärker: als Produkt des Leidens an der sozialen Ordnung. Diese wiederum war nicht nur als bewußtloser Zwang gedacht, sondern auch als Produkt individueller Präferenzen. Sie war also gleichermaßen Ergebnis und Beschränkung individueller Freiheitsgrade.

Die Legitimität und der Spielraum sowohl der Beschränkung als auch der Präferenz war bei Simmel durch das dritte A priori gewähr-

leistet, das er als den Platz beschrieb, den die Gesellschaft idealtypisch jedem ihrer Mitglieder bietet. Er fand diesen Platz zugespitzt
im Begriff »Beruf«, verstanden als spezifische Mischung aus individueller Neigung – eben Berufung – und standardisierbarer Anforderung.

Betrachtet man aber die Entwicklung der Erwerbsökonomie,
dann wird deutlich, daß sich nicht nur innerfamiliäre Bedingungen
für den Sozialisationserfolg der jeweils jüngeren Generation geändert haben, sondern auch die Eindeutigkeit und die Natur der Systemimperative, an die angeschlossen werden soll. Die klassischen
Tugenden der Arbeitsgesellschaft – Pünktlichkeit, Zuverlässigkeit,
Genauigkeit, Spezialisierung, auch solide Ausbildung mit entsprechenden Zertifikaten, die Fähigkeit und der Wille, sich selbst als
Leistungsträger zu definieren, das (klein)bürgerliche Mißtrauen
gegen Muße und Vergnügen – garantieren immer weniger den Erfolg
beim Versuch, ins Berufsleben einzusteigen oder sich dauerhaft zu
positionieren. Genau das ist die frustrierende Erfahrung, die die
»Generation Praktikum« (Stolz 2005) immer wieder macht.

Damit soll nicht gesagt sein, daß diese Fähigkeiten völlig unwich-
tig geworden sind, vordergründig und im öffentlichen Diskurs sind
sie sogar nach wie vor sehr wichtig. Aber sie haben faktisch nicht
mehr den Stellenwert von Schlüsselqualifikationen, jedenfalls nicht
mehr in den expandierenden Branchen wie in den Medien oder im
Kommunikations- und Informatikbereich. An ihre Stelle treten hier
vielmehr *soft skills*, die eher Kommunikationskompetenz und »Kreativität«[80] umfassen als die Tugend der starren Funktionserfüllung.
Spiegelbildlich dazu entstehen Berufe in schneller Folge, für die es
(noch) keine Ausbildung gibt oder sich standardisierte Zugänge
gerade erst etablieren. Das gilt etwa für den Medienbereich, für den
auch nicht immer leicht anzugeben ist, worin genau die zentralen
Kompetenzen bestehen könnten. Versuche, dieses Dilemma zu

---

[80] Dieser Begriff scheint mehr und mehr eine Fähigkeit zu bezeichnen, die weniger
die originelle Schöpfung eines Objekts beschreibt als die flexible, aber die jeweiligen
Rahmenbedingungen immer im Auge behaltende Selbst-Schöpfung.

beheben, resultieren dann auch wenig erstaunlich in Ausbildungs-
gängen, in denen von allem ein klein wenig vermittelt wird, im
wesentlichen aber die Fähigkeit, über alles und nichts zu reden und
allgemeine Offenheit zu vermitteln.

Die Mischung aus Allgemeinheit und Spezifizität, die Simmel im
bürgerlichen Beruf verwirklicht sah, ist hier nicht mehr gegeben:
Die Allgemeinheit fehlt, weil die geforderten Fähigkeiten eher in
einem unspezifischen und häufig kaum institutionell vermittelba-
ren kulturellen Kapital der sozialen und kommunikativen Kompetenzen liegen. Die Spezifizität geht verloren, weil strenggenommen
keine Fähigkeit erlernt wird, die tatsächlich in einer angebbaren
Qualifikation resultiert.

So ist also mindestens für einen Teil der Bevölkerung der im dritten A priori festgeschriebene Platz in der Phänomenologie und auch
in der individuellen Wahrnehmung von Gesellschaft nicht mehr
(dauerhaft) vorhanden. Genauso wichtig scheint mir aber in diesem
Zusammenhang zu sein, daß dieser ideelle Platz auch seinen Charakter verändert, durch den er erst die Rolle spielen konnte, die
Simmel ihm zuschrieb. Die jeweils aktuellen Systemimperative
haben also nicht nur ihre Position zur Sozialisationsagentur Familie
von der hinterhältigen Mediatisierung zur offenen Konfrontation
verändert, auch sie selbst haben an Eindeutigkeit verloren, indem
die Kompetenzen, die der Schlüssel zum (System)Erfolg sind, nicht
mehr klar definiert sind. In etlichen Wachstumsbranchen, wie beispielsweise der Werbung und PR scheint es eher die Fähigkeit zur
unbegrenzten Simulation des problemlosen Erwerbs der jeweils
nötigen (und in der Regel nicht so sehr anspruchsvollen) »hard
skills« auf der Basis der »soft skills« der sozialen Kompetenz zu sein,
die Türen öffnet – oft allerdings auch nur zu einem weiteren, selbst-
finanzierten Volontariat.

Diese Entwicklung bringt neben Freiheitsgraden in der individu-
ellen Gestaltung der eigenen Biographie auch eine systematische
Unterschätzung der Beschränkungen dieser neuen Freiheit und des
Zwangs, Bindungen und Entscheidungen zu vermeiden, mit sich.
Diese sind ja bekanntermaßen auch immer Entscheidungen gegen

etwas und schließen damit Optionen aus und verringern die eigene Flexibilität. Der Leidensdruck, den diese Situation erzeugt, stellt sich bei flüchtiger Betrachtung paradoxerweise als Leiden an der Abwesenheit des Leidens dar. In Wirklichkeit aber ist der Sachverhalt komplizierter: Der Leidensdruck, mit dem sich die *Avantgarde* dieser Entwicklung quält, ist durch eine rational motivierte Angst davor verursacht, als Quelle von Entscheidungen erkennbar und zurechenbar zu werden. Diese Individuen, die zwar nicht untergehen, aber zwischen Tätigkeiten in den neuen Medien und Belanglosigkeit in den neuen Beziehungen irgendwie unverankert durchs Leben schweben und ihre bis ins Unendliche verlängerte Jugendlichkeit mit einer banalen Biographie bezahlen, haben eine wesentliche Lektion der schönen neuen Welt begriffen: Jeder Akt der Entscheidung liefert dieser Welt die Möglichkeit, diese Entscheidung als Fehler zu bewerten. Akzeptiert man, daß der *double bind* in der reflexiven Moderne eine strukturierende Kraft entfaltet, dann ist die Wahrscheinlichkeit einer solchen Bewertung hoch.[81]

So ist der Eindruck, man könne eigentlich immer alles sein, nicht nur falsch (denn um diesen Zustand zu erhalten, darf man gar nichts sein), sondern auch noch zermürbend. In dieser Freiheit ist die Stabilität eines Lebensentwurfs vorwiegend abhängig von der Beherrschung der delikaten Kunst der Selbstbindung und einer ausgeprägten Ignoranz gegenüber der Welt der unbegrenzten Möglichkeiten.

Die faktisch vorhandene Vielfalt an Lebenslagen – auch wenn sie sich bei genauerer Betrachtung häufig als rein ornamentale Oberflächendifferenzierung herausstellt – begünstigt die hier entstehende Verwirrung noch, zudem verschleiert sie die strukturellen Beschränkungen des permanenten *ego-styling*. So kann »das System« seine Kinder nicht nur ausspucken (nicht etwa fressen), sie sind auch noch selbst daran schuld, weil sie einfach nicht begreifen wollen, daß und wie sie die neuen Chancen nur ergreifen müssen.

---

[81] Und auch der 11. September und der Börsencrash haben hier nur Krise, aber keine (Neu)Orientierung ausgelöst, wie auch ein Vertreter dieser Gruppe konstatiert (vgl. Illies 2006).

Damit ist die Diagnose einer Verdinglichung kommunikativer Beziehungen, in Form einer »...Monetarisierung und Bürokratisierung der Handlungsbereiche von Beschäftigten und Konsumenten, von Staatsbürgern und Klienten staatlicher Bürokratien...« (ebd. 566 f.) zu bezweifeln. Vielmehr kann man zumindest auch gegenläufige Entwicklungen feststellen, also einen Rückzug in informelle Netzwerke und eine Verweigerung der bürokratisierten, wenn auch systemgängigen und -wirksamen Zusammenhänge, wie sie beispielsweise Parteien oder Vereine bieten (vgl. Zinnecker, 1987: 254 f.; Deutsche Shell 1997). Dieser Trend ist stabil und scheint sich eher noch zuzuspitzen, wie eine aktuelle Jugendstudie[82] zeigt: »Abschottung und Flucht in künstliche Paradiese« angesichts des Schwankens zwischen »Versorgungsparadies und Zukunftsängsten« charakterisiere die Jugend im Jahre 2007 (Tagesspiegel vom 17. 4. 2007; Süddeutsche Zeitung vom 23. 4. 2007).

Damit bricht sich mit dem Rückzug aus dem System kein kommunikativer Eigensinn Bahn, der in irgendeinem Subsystem Resonanz oder gar Widerstand erzeugen könnte. Tagträume vereinzeln eher, als daß sie mobilisieren, und informelle Zusammenhänge weisen in diesem Zusammenhang in der Regel mindestens eines der folgenden Charakteristika auf, das sie entweder zur systemischen Wirkungslosigkeit verdammt oder ihnen (zumeist system-affirmativen) Clubcharakter zuweist: Entweder sind die dort zur Verfügung gestellten Ressourcen aufgrund der mangelnder Anschlußfähigkeit an systemspezifische Codes bedeutungslos. Oder aber sie könnten wichtig sein, sind aber durch eine Informalisierung der Zugangshürden und damit der Zugangschancen zu diesen Ressourcen nur für ausgewählte Mitglieder zugänglich. Informelle Netzwerke nehmen durchaus nicht jeden auf und lassen ihn an ihren Ressourcen teilhaben, vielmehr wählen sie nach Kriterien wie sozialer Homogenität, kulturellem Kapital u. ä. aus. Damit ist der Zugang zu diesen Zusammenhängen entweder von mittelschichtspezifischen Qualifikatio-

---

[82] Das Rheingold-Institut führte diese qualitative Untersuchung durch und veröffentlichte erste Ergebnisse im April 2007 in der Tagespresse.

nen abhängig, also kommunikativer und sozialer Kompetenz oder von gemeinsamer Interaktionsgeschichte.

Basieren diese Netzwerke auf einer gemeinsamen Interaktionsgeschichte, sind sie relativ schnell fast hermetisch abgeschlossen – Bedingung der gegenwärtigen Beteiligung ist ja dann immer auch die Partizipation in der Vergangenheit. Das bedeutet, daß diese Netzwerke irgendwann keine Neuzugänge mehr akzeptieren. Gerade dadurch geraten sie leicht in die Gefahr, ihren Mitgliedern keinen Anschluß mehr an das System zu gewährleisten. Dies wäre nur möglich durch das Verlassen des Netzwerkes, wodurch dann allerdings die »Nestflüchter« die sozialen Ressourcen des Netzwerkes entbehren müssen und im Fall eines Mißerfolgs schlechter dran sind als vorher. Ein Beispiel für solche sozialen Zusammenhänge waren etliche Produktionskollektive in den neuen Ländern, wie in der abgewickelten Chemie-Branche, die sich fast ohne nennenswerte Veränderung der personellen Besetzung in ABM-Projekten wiederfanden. Die Teilnahme an Fortbildungs- oder Umschulungsmaßnahmen hätte bedeutet, das Kollektiv zu verlassen. Dieses Risiko wurde, trotz der erheblich besseren Aussichten auf Wiedereingliederung in den ersten Arbeitsmarkt, von den meisten Beschäftigten als zu hoch eingeschätzt – die antizipierten sozialen Kosten wogen hier also schwerer als die ökonomischen.[83]

Anders liegt der Fall beim Mittelschicht-*socializing*: Zugangsbedingung ist hier nicht in erster Linie Teilhabe an einer gemeinsamen Interaktionsgeschichte, sondern spezifische Kommunikations- und Sozialkompetenzen und zumeist auch der erreichte Status in der Erwerbsökonomie, die ihrerseits relativ unkompliziert ein »Erkennen« von *peers* ermöglicht. Kompetenzen und Status wiederum führen in der Regel dazu, daß jedes einzelne Mitglied eines solchen Netzwerkes bereits über die Ressourcen verfügt, die ihm das Netzwerk dann noch einmal potenziert zur Verfügung stellt, nämlich

---

[83] Ich danke Carsten Johnson, ehemals Qualifizierungsförderwerk Chemie in der Region Halle, für seine farbigen Schilderungen dieser und ähnlicher Konstellationen.

über Erwerbs-, Konsum- und Partizipationschancen. Dies tut es jedoch nicht als solches, es hat, anders als der Verein oder die Partei, als Kollektiv keinen systematischen, sondern nur einen personellen Zugang zur Programm-Ebene der Subsysteme. Es ist also nur so viel wert wie der Status seiner einzelnen Mitglieder. [84]

Beide Typen von Netzwerken sind relativ homogen, sowohl hinsichtlich der Schichtzugehörigkeit als auch des aktuellen sozio-ökonomischen Status. Aber sie unterscheiden sich durch ihre Anbindung an die gesellschaftlichen Funktionssysteme und ihre Fähigkeit, ihre Ressourcen durch diese Anbindung aufzufrischen. Außerdem sind die Mittelschicht-Netzwerke insofern offener, als Partizipation hier nicht von gemeinsamer Interaktionsgeschichte abhängt. Sie sind geschlossener hinsichtlich der Anforderungen an Kommunikations- und Sozialkompetenzen, also auch hinsichtlich der Biographien und Herkunft ihrer Mitglieder.

Die Informalisierung von sozialen Zusammenhängen (die man auch als Vergemeinschaftung im Gegensatz zur Vergesellschaftung beschreiben kann) und des Zugriffs auf hier bereitgestellte Ressourcen hat also andere Konsequenzen, als die These der Verdinglichung nahelegt: Nicht eine Kolonialisierung der Lebenswelt findet hier statt, auch werden Handlungsbereiche von Staatsbürgern und Beschäftigten nicht notwendigerweise bürokratisiert oder monetarisiert, sondern es öffnen sich Freiräume, die durch die Neustrukturierung von System und Lebenswelt möglich werden, deren Nutzung jedoch sehr spezifische Kompetenzen verlangt, soll sie nicht in Isolation und Bedeutungslosigkeit resultieren. Gleichzeitig verlieren ihre institutionalisierten *counterparts* an Bedeutung oder hören ganz auf zu existieren (so weite Teile des lebhaften Vereinslebens der Arbeiterbewegung) und verschlechtern die Zugangschancen derer, die nicht über die Eintrittskarten für die neuen Netzwerke verfügen.[85]

---

[84] Dies mag die Erklärung dafür sein, weshalb auch in diesen Netzwerken, die ja nicht selten auch über freundschaftliche Bindungen vermittelt sind, die Status-Verlierer über kurz oder lang herausfallen.

[85] Vgl. dazu auch Offe/Fuchs 2002.

So sympathisch das politische Projekt von Habermas mir persönlich ist, wenn er versucht, der Lebenswelt theoriearchitektonisch wieder einen Platz einzuräumen und ihre systemisch verursachten Deformationen unter den offenkundig neuen Bedingungen zu analysieren, so wenig beschreibt er meiner Ansicht nach mit den Pathologien der Lebenswelt die Realität angemessen. Die Krise der lebensweltlichen Zusammenhänge ist eben nicht mehr so eindeutig systemisch verursacht – und darin besteht die Krise.

Luhmann scheint dann näher an der Wahrheit zu sein, wenn er feststellt, daß der Mensch weder in die Gesellschaft gehöre noch ein Konstituens von Gesellschaft sei. Seine Botschaft läßt sich wie folgt paraphrasieren: »Gesellschaft«, das ist die Summe der Subsysteme, die um ihrer selbst willen existieren und nur unter erheblichen Gefährdungen für die Systemstabilität in ihren Strukturen zu modifizieren ist. Der Mensch kann, so er Code und Programm des entsprechenden Subsystems beherrscht, sich das System zunutze machen. Aber als Urheber und gleichzeitig Element der Struktur, die er bedient, wird er nicht mehr (an)erkannt.

Das ist letztlich eine Universalisierung der Analyse der modernen Kleinfamilie, die Habermas anbietet. Anschlußfähigkeit des Individuums an Systemimperative wird nicht mehr durch eine Mediatisierung der Kleinfamilie erzwungen, sie ist – und hier geht Luhmann wesentlich weiter als Habermas – auch nicht mehr notwendig für die Systemreproduktion. So gewinnt das Individuum etliche Freiheitsgrade in der Gestaltung seiner Existenz, die allerdings Gefahren bergen, deren Bewältigung erhebliche und schichtspezifische Qualifikationen erfordern.

Auf der anderen Seite verlieren die Systemimperative selbst an Eindeutigkeit. Ganz gleich mit welchem *set* an Verhaltensweisen und Fähigkeiten jemand heute an den Start geht – im Laufe des Rennens wird er es mehr als einmal variieren oder gegen ein anderes austauschen müssen, sonst geht er unter. Der eingangs beschriebene *double bind* wird für jedes Individuum, das sich entschließt, nicht vollständig in informellen Zusammenhängen sein Leben zu fristen, eine, wenn nicht *die* bestimmende Struktur seiner gesellschaftlichen Existenz sein. Die These lautet also nicht Kolonialisierung der Lebenswelt durch die Systemimperative und auch nicht Verbindungslosigkeit zwischen System und Lebenswelt, sondern mehrdeutige Beziehung, die nicht mehr eine bestimmte Palette von Tugenden und Eigenschaften mit Erfolg belohnt, sondern vielmehr die Fähigkeit, situationsadäquat zwischen verschiedenen Repertoires zu wechseln. Wer diese Fähigkeit nicht besitzt, läuft immer wieder Gefahr, in seinem Lebensentwurf negiert zu werden. Der Mehrdeutigkeit kann also nur der entgehen, der selbst die Eindeutigkeit verweigert. Andererseits (und auch darin besteht der *double bind*) ist die lebenslange Uneindeutigkeit selbst ein schwer auszuhaltender Zustand, dem man in Zeiten der universellen Verhandelbarkeit von Situationsparametern nur durch einen persönlichen Dezisionismus, der allerdings mit existentiellen Risiken behaftet ist, entgehen kann (vgl. meine Ausführungen im Schlußkapitel).

Ich werde erläutern, warum Reflexivität, warum eine reflexive Moderne notwendigerweise den *double bind* erzeugt, eine Struktur, die ich als charakteristische und problematische Figur im Leben des modernen Individualisten und als wesentliches Charakteristikum des Verhältnisses zwischen System und Lebenswelt bestimmt habe. Dazu werde ich Reflexivität, anders als in den vorhergehenden Kapiteln und anders als in der Soziologie üblich, zunächst technisch bestimmen, also den logischen Implikationen der Idee eines selbstbezüglichen Mechanismus folgen. Davon erhoffe ich mir ein weitergehendes und vor allem präziseres Verständnis der Figuration und der der reflexiven Modernisierung zugrundeliegenden Prozesse, als es eine rein soziologische Annäherung an das Thema zu bieten vermag.[86]

Auch die Systemtheorie Niklas Luhmanns verwendet dieses Verfahren und überträgt ein technisch-naturwissenschaftliches Ver-

---

[86] Reflexive Mechanismen werden in dieser Untersuchung in aller Regel auf Einzelgesellschaften bezogen – so wie die klassische Modernisierungstheorie ihren Bezugspunkt ebenfalls in der territorial begrenzten nationalstaatlich verfaßten Gesellschaft fand. Für eine erste, tentative Anwendung des hier dargelegten Konzepts der reflexiven Moderne über nationalstaatliche Grenzen hinaus vgl. Fuchs 2007.

ständnis von Prozessen und entsprechende Konzepte auf das soziale Geschehen. Seit seinem Tod im Jahr 1998 sind die Früchte dieser Bemühungen ziemlich unpopulär geworden – zum Teil sind zwar Konzepte, wie die funktionale Differenzierung moderner Gesellschaften, soziologisches Allgemeingut geworden, aber eine systematische Weiterentwicklung systemtheoretischer Ansätze in der Soziologie gibt es außerhalb von Kleinstgruppen nicht. Das ist bedauerlich, zumal sich auch Luhmanns Gegenspieler Jürgen Habermas nach seinem Tod erleichtert aus dem ohnehin ungeliebten Feld der Soziologie zurückgezogen hat und damit soziologische Theorieentwicklung zumindest als Großprojekt weder Protagonisten noch Ort zu haben scheint.

Das überraschend schnelle Verklingen der Diskussion um Luhmanns Theorie nach seinem Tod mag nicht zuletzt auch an der schon erwähnten Importstrategie von Konzepten aus naturwissenschaftlichen und technischen Disziplinen liegen. Nicht nur erfordert die Übertragung dieser Konzepte ein solides Verständnis ihrer Bedeutung und Funktionsweise in der Ursprungsdisziplin, sondern es ist zusätzlich notwendig, sie an die Bedürfnisse der importierenden Disziplin anzupassen und letztlich nicht zu vergessen, wozu der Import eigentlich dienen sollte. Beides ist bei Luhmanns Verwendung vorwiegend biologischer, aber auch kybernetisch-mathematischer Begriffe nicht immer gegeben, und das führt gelegentlich in konzeptionelle Sackgassen und eine Vernachlässigung genuin soziologischer Fragestellungen.

Eine wichtige Rolle in der Systemtheorie und auch in der modernen Soziologie spielt der Begriff »Komplexität«, der nicht nur bei Luhmann auftaucht und meist verdeutlichen soll, daß alles irgendwie unübersichtlich geworden ist. Was genau die »neue Unübersichtlichkeit« (Habermas 1985) von der alten, die man noch mit den drei A priori in Schach halten konnte, bedeutet und wieso Luhmanns Verständnis trotz der emphatischen Verabschiedung alteuropäischen Gedankenguts eher der alten als der neuen Unübersichtlichkeit entspricht, diskutiere ich in den folgenden Abschnitten. Dabei werde ich zunächst die Relevanz einer genauen Begriffsbestimmung von »Komplexität« und »Reflexivität« auch für die moderne Soziologie seit Simmel diskutieren.

Im folgenden Abschnitt nähere ich mich diesen beiden Konzepten mit der Diskussion zweier verwandter Phänomene, nämlich »Rekursion« und »Rückkoppelung«, an. Damit wird der Weg geebnet für ein Verständnis selbstbezüglicher Systeme und ihrer Eigenheiten, die wesentlich sind für die akkurate Analyse der späten Moderne.

Im Anschluß stelle ich Luhmanns Definition von Komplexität und ihrer Bedingung und Folge, der Reflexivität vor, um dann den Ursprung und die Bedeutung dieser Konzepte in Logik und Mathematik genau nachzuvollziehen. Damit möchte ich einerseits einige Probleme ausräumen, die durch einen ungenauen Begriffstransfer (nicht nur) bei Luhmann verursacht wurden, und andererseits die Fruchtbarkeit dieser Begriffe, gerade für ein Verständnis der wesentlichen Struktur der späten Moderne, wieder soziologischem Denken zugänglich machen.

Die sehr technische Verwendung der Begriffe »Reflexivität« und »Komplexität« vor allem in der zweiten Hälfte des folgenden Kapitels soll jedoch keinesfalls die Möglichkeit einer genauen Übertragung auf sozialwissenschaftliche Themen nahelegen – auch dies scheint mir eine Luhmannsche Spezialität zu sein, die allzu sehr vom »Physikneid« der Geistes- und Sozialwissenschaften inspiriert war. Dennoch ist ein klares Verständnis dieser Konzepte und ihrer Ursprünge unerläßlich für die Konzeptualisierung des *double bind* und damit für ein neues Verständnis moderner Gesellschaften.

5 »Viel« vs. »Komplex« – Die Kunst der feinen Unterschiede

Komplexitätsreduktion ist auch bei Simmel ein Thema. Er erkannte, daß die moderne Gesellschaft den Einzelnen durch die Vielzahl von Kontakten mit Unbekannten überfordert. Die intime Kenntnis des Anderen, die den Umgang mit ihm ermöglicht, muß in einer modernen Großgesellschaft durch andere Modalitäten ersetzt werden. Simmel schlug hier das erste A priori vor, das in einer Verallgemeinerung des Anderen in unserer Wahrnehmung bestand. Diese wurde geleistet durch die »idealisierte« Wahrnehmung der fragmentierten Persönlichkeit unseres Gegenübers, die bestimmte Aspekte seines Charakters zu einem bruchlosen Gesamtbild, »…der ideellen Persönlichkeit…« (Simmel 1992 [1908]: 49), geraten läßt. Außerdem verallgemeinere ich den Anderen durch die Kenntnis seiner verschiedenen Kreiszugehörigkeiten »…zu der Allgemeinheit eines Typus…« (ebd.). Diese Kategorien, also die der Kreiszugehörigkeit, des Typus etc., wirken analog zu Kants Verstandeskategorien, »…die die unmittelbaren Gegebenheiten zu ganz neuen Objekten formen, doch allein die gegebene Welt zu einer erkennbaren machen« (ebd. 50).

Bei Simmel nicht explizit angesprochen und dennoch nicht weniger wichtig ist die Rolle, die das erste A priori bei der Selbsteinordnung des Individuums spielt. So wird durch die Einsicht in den Platz des Anderen auch der eigene deutlich. Diese Selbstwahrnehmung wird durch den Platz, den das dritte A priori zuweist, bestätigt oder widerlegt. In Gesellschaften, in denen das nicht mehr der Fall ist, weil keine oder keine eindeutigen Zuweisungen erfolgen, sind wesentlich mehr Freiheitsgrade der Selbstzuordnung, aber auch des Scheiterns gegeben. Hier wird dann das zweite A priori wichtiger, das ja die individuelle Reserve jenseits der Vergesellschaftung beschreibt und dann an die Stelle des dritten A priori tritt. Als tük-

kisch erweist sich dann hier der Umstand, daß das zweite A priori
keine objektivierende Bestätigung erbringt, sondern auch falsche
Selbstwahrnehmungen in einem selbstbezüglichen Zirkel unterstützt.

Fällt also eine die Selbstwahrnehmung objektivierende und eindeutige Platzzuweisung in der und durch die Gesellschaft weg, etwa
durch den Status eines Individuums in der Erwerbs- und Konsumgesellschaft oder durch Partizipationsrechte in der politischen
Gesellschaft, dann wird die Last der Selbstverortung mit allen Risiken in das Individuum selbst zurückverlegt. Der bewußtlose Zwang,
das Tabu, das in der klassischen bürgerlichen Gesellschaft über die
Mediatisierung der Kleinfamilie in das Individuum gelegt wurde,
muß nun ersetzt werden durch intelligente Selbstbindung, die
zudem immer wieder überprüft und gegebenenfalls modifiziert werden muß. Widersprüche und Dilemmata, die durch eine relativ
starre Ordnung ausgeblendet oder quasi ritualisiert bearbeitet werden können, sind nun für den Einzelnen erkennbar und verlangen
diesem erstens eine hohe Ambiguitäts- und Ambivalenztoleranz ab
und zweitens großes Geschick im Umgang mit Komplexität. Dies ist
in Kürze auch die Implikation der folgenden Behauptung:

> Modernisierung in den Bahnen der Industriegesellschaft wird
> ersetzt durch eine Modernisierung der Prämissen der Indu-
> striegesellschaft... (Beck, 1986: 14)

Damit ist man also von der einfachen zur reflexiven Modernisierung
gelangt, die sich dadurch auszeichnet, daß sie sich eben auf sich
selbst anwendet. Das klingt zwar einfach und elegant, bei genaue-
rem Hinsehen aber auch irgendwie leer. Diese Leere zu füllen ist
Zweck der Ausführungen dieses Kapitels.

Reflexivität ist, wie noch zu zeigen sein wird, ein wesentliches
Kennzeichen komplexer Sachverhalte und damit nicht nur Charakteristikum moderner und spätmoderner Gesellschaften, sondern
auch ihrer Bewohner. Die Fallstricke, die dieser Umstand für ge-
glückte Individuierungs- und Sozialisierungsprozesse bietet, werde

ich in Kapitel 6 besprechen. So viel sei hier bereits vorweggenommen: Reflexivität verursacht Uneindeutigkeit, Ambivalenz, Ambiguität. Auch funktioniert ein bisher immer wieder besprochener Mechanismus als probates Mittel gegen einen Komplexitäts-overload, die Selektion, hier nicht mehr.

Dieses Rezept, wie es mit dem ersten A priori angewendet wird, birgt ohnehin immer die Gefahr, daß auch wichtige Informationen ausgeblendet werden. Es könnte zudem nur zur Anwendung kommen, wenn das Problem, das Komplexitätssteigerungen darstellen, tatsächlich zutreffend als Mengenzunahme, also als quantitative Veränderung definiert sind und keine neue Qualität produzieren. Reflexivität aber stellt eine neue Qualität dar.

Ich illustriere das Problem, das sich mit dem Wandel von der einfachen zur reflexiven Modernisierung stellt, über die Diskussion zweier der Reflexivität verwandter Phänomene, nämlich Rückkoppelung und Rekursion. Auch hier handelt es sich bereits um recht komplizierte Mechanismen. Sie unterscheiden sich allerdings in einem wesentlichen Punkt von echten reflexiven Systemen: Sie verweisen schlußendlich nicht auf sich selbst, sondern immer auf eine äußere Referenz. Danach wende ich mich echten selbstbezüglichen Systemen und ihren Charakteristika zu. Dafür sind einige Ausflüge in die Gefilde der Systemtheorie und in die Mathematik notwendig.

Rückkoppelung

Eine Struktur, die zwar selbstbezüglich, aber noch vergleichsweise harmlos ist, wird durch den Mechanismus der Rückkoppelung beschrieben.

Bei einer einfachen Rückkoppelung ist ja ebenfalls ein bestimmtes Element gleichzeitig Ursache und Folge. Aber – und darin liegt ein wichtiger Unterschied – es ist nicht Ursache und Folge *seiner selbst*. Nimmt man den einfachsten Fall einer Rückkoppelung, die zwischen zwei Polen »T« und »C« stattfindet: »T« erreicht einen bestimmten Zustand, z. B. eine bestimmte Konzentration und wirkt dadurch dahingehend auf »C«, den Produzenten von »T«, ein, die Produktion zu stoppen. »T« erreicht dann wiederum eine geringere Konzentration, die »C« wieder zur Produktion anregt oder nicht mehr ausreicht, die Produktion zu hemmen.[87] Veränderliche Größe ist der Zustand von »T«. Würde dieser Zustand durch »C« verursacht, dann hätte man ein *perpetuum mobile* beschrieben. Der Zustand von »T« wird aber mindestens an einer Stelle des Kreislaufes von einem *äußeren* (bezogen auf den »T-C«-Kreislauf) Faktor bestimmt.[88]

Der Zustand von »T« fungiert also als Signal für die Produktion seiner selbst durch »C«. Dieses Signal enthält darüber hinaus keine Bedeutung, wie z. B. die Anweisung, *wie* »T« zu produzieren sei. Es gibt also zwei Bedeutungsebenen, die voneinander getrennt bleiben: einmal die Ebene der Bedeutung des Signals von »T« zu »C«, die entweder »Produziere« oder »Stop Produktion« transportiert. Die zweite Ebene ist der Bauplan von »T«. Dieser Bauplan ist natürlich in »T« »inkludiert« aber er wird nicht mit dem Signal »Produziere« an »C« geleitet. »T« hat also mit seinem Signal keine Kontrolle darüber, *was* letztendlich produziert wird. Würde man an die Stelle des Bauplans von »T« innerhalb von »C« einen anderen Bauplan setzen, so würde »C« eben etwas anderes als »T« produzieren. Die Selbstbezüglichkeit, die hier vorzuliegen scheint, ist also bei näherem Hinsehen keine, denn das Signal, das »T« an »C« sendet, enthält keine selbstbezügliche Bedeutung. Der obere Teil der Abbildung 3 wird dies verdeutlichen.

Bei der Rückkoppelung ist »T« sowohl Ursache als auch Folge der Auslösung des Produktionsprozesses von »C« (und insofern natürlich auch seiner selbst). Aber »T« gibt »C« keine Angaben darüber, *wie es selbst* herzustellen ist, sondern nur, *das etwas* herzu-

---

[87] Ein Beispiel für eine solche negative Rückkoppelung ist die Biosynthese des Isoleucins bei Bakterien, allerdings sind hier mehrere Zwischenschritte zwischen hemmender Substanz und Endprodukt notwendig. Die positive Rückkoppelung wird wesentlich seltener beobachtet (Karlson, 1984: 360 f.).

[88] Natürlich wird der Kreislauf auch an anderen Stellen offen sein, wie beispielsweise bezüglich des Zustandes von »C«.

Rückkoppelung

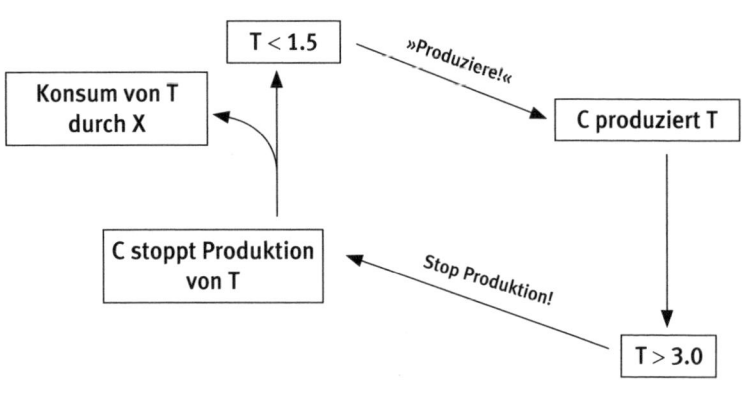

Selbstbezügliche Aussage

ist Aussage über

Abbildung 3: Rückkoppelung und echte Selbstbezüglichkeit

stellen ist. Mithin ist das Wechselspiel zwischen »T« und »C« nicht selbstbezüglich, wenn es auch immer wieder auf »T« zurückverweist.

Abgesehen davon ist der Kreislauf im oberen Teil der Abbildung offen, denn »X« sorgt durch Konsumtion von »T« dafür, daß die kritische Grenze erreicht wird, um »C« zur Produktion anzuregen.

Ganz anders liegt der Fall im unteren Teil der Graphik: Diese Aussage ist selbstbezüglich und zudem noch widersprüchlich. Hier werden *zirkuläre Schleifen über verschiedene Informationsebenen* gebildet, also Hierarchien verletzt. Analog zur Erläuterung zur Rückkoppelung kann man sagen, daß im unteren Teil der Abbildung das Signal »Produziere!« gleichzeitig noch den Bauplan transportiert, allerdings nicht an einen äußeren Produzenten, *sondern an die eigene Adresse*! Ist »T«s Signal an »C« kein Signal, das Informationen *über* »T« enthält, so ist die Aussage im unteren Teil der Abbildung gleichzeitig Aussage und Meta-Aussage.

Die *Bedeutung* des Satzes muß also strenggenommen auf *zwei* Ebenen gleichzeitig ernst genommen und rekursiv auf beide Ebenen bezogen werden:

Es gibt einmal die Ebene der Zeichenfolge: »D«, »i«, »e«, »s«, »e«, usw. und der Grammatik, sozusagen das grammatikalische Skelett, das an sich noch nicht bedeutungstragend ist.[89] Diese Ebene spielt bei der Selbstbezüglichkeit keine Rolle.[90] Die zweite Ebene ist die der Konvention, auf der sich kollektive Deutungsmuster (Bedeutungen) der Zeichenfolge durchsetzen, bzw. durchgesetzt werden. Sie ist also analog zur semantischen Bedeutung bei Hofstadter, die dadurch gekennzeichnet ist, daß es »...immer auch Bedeutungsaspekte (gibt), die beliebig lange verhüllt bleiben...« (Hofstadter, 1979: 620), ganz einfach weil die semantische Bedeutung sich relational konstituiert und also davon abhängt, in welcher Beziehung das bedeutungstragende Objekt wahrgenommen wird. Gleichzeitig wird die Zeichen- und Zeichenkombinationsfolge hier Meta-Aussage, also »Aussage über« (anderes kann eine Aussage nicht sein). Sie ist

---

[89] Damit verwerfe ich an dieser Stelle den Begriff »syntaktische Bedeutung« als dem Objekt innewohnend, wie Hofstadter ihn einführt (Hofstadter 1979: 620 ff.), weil ich der Ansicht bin, daß sich Bedeutung immer nur relational herstellt, also auch in einem noch so eingeschränkten Bereich keine stabile Bedeutungssprache existieren kann. Anders läßt sich meiner Meinung nach auch das Problem der Selbstbezüglichkeit nicht erfassen: Gäbe es eine syntaktische Bedeutung, dann würde uns zumindest bei *diesen* Selbstbezüglichkeiten nichts irritieren, sondern nur die Immanenz der betreffenden Bedeutung bestätigen. Dies mag in bestimmten Bereichen der Geometrie, der Zahlentheorie und der Logik anders sein (so wird z. B. eine Kontradiktion, wie »grün« = »nicht grün« in allen denkbaren Welten eine Kontradiktion bleiben), in allen anderen Bereichen müssen wir uns wohl mit semantischen Bedeutungen bescheiden und also auch mit den Problemen, die Selbstbezüglichkeit verursacht, herumschlagen.
[90] Es sei denn, es gelingt mir, mit »A« auszusagen: Das ist kein »A« (vgl. Exkurs: Gödels Unvollständigkeitstheorem, Kapitel 5).

also einerseits Bedeutungsträger, und andererseits weist sie Bedeutung zu. Hier weiche ich von Hofstadter ab, der sich zu diesem Punkt
nicht eindeutig äußert, aber meint, daß hier Ebenen in Konflikt geraten. Ich meine, daß die beiden Ebenen des Tragens von Bedeutung
und der Zuweisung von Bedeutung immer gleichzeitig vorhanden
und auch »aktiv« sind.[91] Die Problematik einer selbstbezüglichen
Aussage liegt dann nicht in der Gleichzeitigkeit beider Ebenen, sondern in ihrem Bezugspunkt. Um dies zu verdeutlichen, stelle man
sich eine nicht selbstbezügliche Aussage und ihren Bezug vor:

»Schweine sind grün und fliegen«
»Dieser Satz ist falsch«

Im Falle dieser Satzfolge werden wir automatisch davon ausgehen,
daß sich die Aussage »Dieser Satz ist falsch« auf die Aussage
»Schweine sind grün und fliegen« bezieht.[92] Die Deutung erfolgt im
Einklang mit Russells Typentheorie (die kurz gesagt Selbstbezüg-

---

[91] Diese Konstruktion der Gleichzeitigkeit des Tragens und des Zuweisens von
Bedeutung kreiert eine Situation, die an das Kreter-Paradoxon erinnert (vgl. Kapitel 6). Denn das Tragen von Bedeutung kann natürlich nur möglich sein, wenn eine
Zuweisung von Bedeutung erfolgt ist. Das Satzelement »regnet« ist nur bedeutungstragend (also wohlgeformt), wenn durch eine Aussage auf einer anderen Ebene
Bedeutung zugewiesen wurde. Das »Bedeutungs-Paradoxon« ist durch die Komplexität des Systems »Sprache« kaum noch als solches zu erkennen, aber irgendwann
wird auch hier klar, das eigentlich keine Bedeutung existiert, weil es sozusagen keine
Bedeutungsressource gibt, deren Verbrauch irgendwann begann. Borniert könnte
man hier von »Autokatalyse« sprechen, soziologisch (und auch linguistisch) ist die
Frage nach dem ersten Ursprung keine sinnvolle.
   Dieses Problem ist übrigens nicht identisch mit dem, was man allgemein als definitorischen Regreß bezeichnet. Bei diesem gibt es zumindest einen Ansatzpunkt,
man beginnt eine Definition und stellt fest, das man unendliche lange weiter definieren kann und doch nie eine Vollständigkeit zustande bringen wird. Das Bedeutungs-
Paradoxon hingegen läßt den Betrachter stumm und blöd zurück (was dieser allerdings kaum bemerken wird, da es, strenggenommen, auch keine Bedeutung hat).
[92] Warum wir dies tun, ist eine Frage, die bis heute nicht befriedigend gelöst ist. Eine
Möglichkeit, sich dem komplexen Phänomen des Lernens von Kontexten zu nähern,
hat Bateson mit seiner Stufentheorie von Lernprozessen angeboten (vgl. Bateson
1992 und Kapitel 6, S. 215 f.). Auch Hofstadter pirscht sich auf faszinierende Weise
an dieses Problem heran, wenn er versucht, der Beantwortung der Frage nach der
Natur der Intelligenz näherzukommen (Hofstadter, 1979).

lichkeit einfach verbietet, s. auch den Exkurs zu den »Principia Mathematica«, S. 190–197), wir sind um ein Paradoxon ärmer geworden, und die Welt ist in Ordnung. Denn wenn man davon ausgeht, daß jede bedeutungstragende Aussage »Aussage über« ist, daß also Bedeutung zuweisen und das Erreichen der Meta-Ebene gleichbedeutend ist, dann besteht das Problem, das Selbstbezüglichkeit für hinreichend komplexe Systeme darstellt, in der Zirkularität der Bezüge. Und es gibt Fälle, in denen das wenig Aufsehen erregt:

ist Aussage über

Dieser Satz ist richtig.

Abbildung 4: Unproblematische selbstbezügliche Aussagen

Diese Aussage kann als selbstbeschreibend verstanden werden, und das läßt den Betrachter kalt, obwohl hier nach der Typentheorie genauso Hierarchien »illegal« aufeinander bezogen werden. Das Problem liegt also offensichtlich nicht in der Selbstbezüglichkeit allein.[93] Nur bei bestimmten Aussagen, die gleichzeitig Aussagen über sich sind, schielt der Betrachter. Die Aussagen, die uns stutzen lassen, sind die *sich selbst negierenden* Aussagen.

Was die selbstbezügliche Struktur betrifft, ist natürlich auch der unproblematische Satz problematisch. Nur scheint uns hier eine harmonische Selbstbezüglichkeit vorzuliegen – bis man bemerkt, daß sie im leeren Raum schwebt. Was dann nach einiger Verwirrung

---

[93] Hofstadter geht zwar der Einfachheit halber davon aus (Hofstadter, 1979: 23), aber die »Seltsame Schleife« wird nicht bereits durch Selbstbezüglichkeit seltsam. Prinzipiell hat Hofstadter insofern recht, daß ein System, das hinreichend komplex ist (also Selbstbezüglichkeit erzeugen kann), auch »Seltsame Schleifen« erzeugen kann.

klar wird, ist, daß in diesen Fällen keine widersprüchliche Bedeutung übrigbleibt, *sondern die Konstruktion bedeutungsleer wird*, weil es sich hier um eine Tautologie handelt.

Rekursion

Eine weitere Spielart der Rückkoppelung ist die Rekursion. Kurz gesagt besteht auch hier der Trick darin, mindestens einen Weg aus dem Zirkel hinausweisen zu lassen und den Rest durch mehr oder weniger komplexe Verweisstrukturen zu erledigen:

Man nehme eine komplexe Prozedur, die an irgendeiner (oder auch mehreren) Stelle(n) sich selbst aufruft. Der »Selbstaufruf« hätte dieselbe Form wie die des selbstbezüglichen Satzes »Dieser Satz ist falsch« in Abbildung 3. Aber um diese rekursive Schleife sind noch einige andere Schleifen herumgebastelt, und der Selbstaufruf findet nur statt, wenn der Weg, auf dem sich der Knoten »Selbstaufruf« befindet, beschritten wird. Der Knoten wird dann expandiert, also die Prozedur innerhalb der Prozedur aufgerufen. Dort muß man wieder einen Weg wählen, der entweder wieder einen Selbstaufruf nach sich zieht oder aber auch den direkten Weg zum Ende der Prozedur erreicht und sich also wieder auf der ersten Stufe befindet, die man jetzt ebenfalls beenden kann. Mindestens ein Weg verzichtet also auf den Selbstaufruf und geht über Fremdreferenzen (vgl. dazu auch Hofstadter 1979, Kapitel 5).

In der Abbildung 5 wird die Prozedur A gezeigt, die drei Verfahrenswege umfaßt:

Weg 1: Prozedur B → Prozedur A (Selbstaufruf) → Prozedur F → Ende
Weg 2: Prozedur C → Ende
Weg 3: Prozedur B → Prozedur D → Prozedur A (Selbstaufruf) → Prozedur Z → Ende

Angenommen, die Prozedur A wird aufgerufen und geht den Weg 1. Nachdem die Prozedur B beendet wurde, wird innerhalb der Prozedur A die Prozedur A aufgerufen. Dort wird der Weg 3 gewählt,

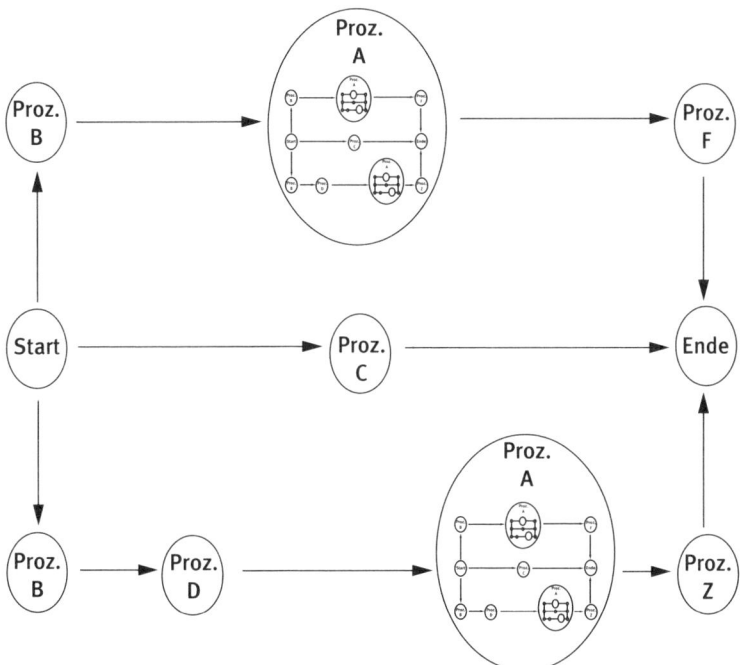

Abbildung 5: Prozedur A mit Rekursion

also Prozedur B aufgerufen und beendet, Prozedur D aufgerufen
und beendet und Prozedur A innerhalb der Prozedur A innerhalb
der Prozedur A aufgerufen. Hier wird nun der Weg 2 gewählt, der
keinen Selbstaufruf der Prozedur A enthält. Es wird also Prozedur C
aufgerufen und beendet und die Prozedur A innerhalb der Prozedur
A innerhalb der Prozedur A beendet. Man befindet sich jetzt also
innerhalb der Prozedur A innerhalb von A und ruft die Prozedur Z
auf (Prozedur A innerhalb der Prozedur A innerhalb der Prozedur A
war ja bereits beendet), beendet dies und beendet damit die Prozedur A innerhalb der Prozedur A. Damit wird die Prozedur F aufgerufen und beendet und die Prozedur A beendet.

  Der vorhergehende Absatz, der den Charme einer Bauanleitung
für ein IKEA-Regal hat, ist in der folgenden Abbildung noch einmal
graphisch dargestellt:

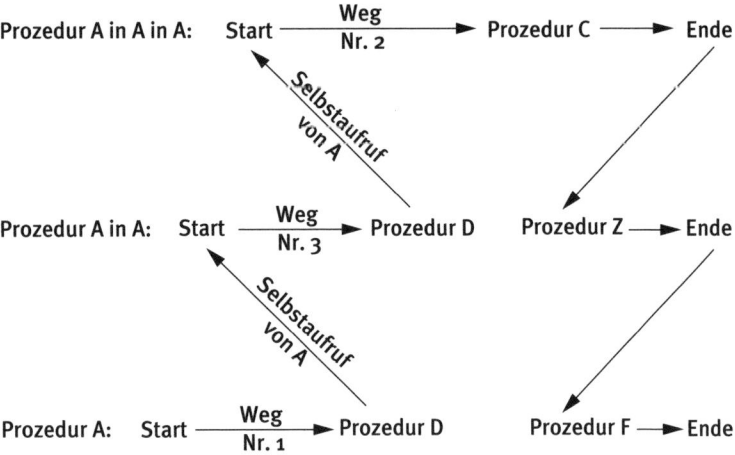

Abbildung 6: Ebenen der Rekursion in der Prozedur A

Die Rekursion kann hier beliebig komplex werden und ist auf der ersten Ebene (der Prozedur A, Abbildung 6 unten) noch überschaubar. Gleichzeitig können die anderen Prozeduren, die innerhalb von A aufgerufen werden, selbst rekursive Elemente enthalten, also B innerhalb von B aufrufen und/oder A noch einmal innerhalb von B innerhalb von A aufrufen. Rekursion endet also nicht im infiniten Regreß und ist auch nicht zirkulär. Das System Prozedur A enthält nicht nur *eine* vollständige Kopie seiner selbst, sondern *unendlich viele* vollständige Kopien seiner selbst.

Rekursion ist also ein Mechanismus, der es erlaubt, sehr komplexe Verweisstrukturen innerhalb von sehr kurzen Zeiträumen zu errichten, also »Sinn« zu etablieren (vgl. Kapitel 4 und Luhmann, 1988, Kap. 2). Sinn enthielte demnach nicht die nicht ausgewählten Möglichkeiten, sondern eine Beschreibung des Weges von einem Anfangspunkt, also z. B. der Prozedur A zu einem Endpunkt auf höherer Ebene, also z. B. der Prozedur A in A in A. Diese Wegbeschreibung macht es möglich, die Wechsel zwischen den Ebenen wieder zurückzuverfolgen und am richtigen Punkt wieder anzufangen.

Vermutlich muß man sich auch »Sinn« als rekursive Struktur vorstellen, denn abgesehen von einer »kleinen« Sinnstruktur, die einen komplexeren Ablauf, wie beispielsweise die Abfolge der Schritte für die Herstellung einer *sauce bernaise* ordnet, muß es auch »große« Sinnstrukturen geben, die die »kleinen« in eine Ordnung bringen. Individuell wird dann die Letztstruktur eine biographische sein, kollektiv eine historische (oder verwandte Formen der kollektiven Geschichtsschreibung). Aber sie wird nicht *die* Biographie oder *die* Geschichte sein, sondern eher eine Art Anleitung, wie man sich in dieser Biographie oder dieser Geschichte zurechtfindet. Vielleicht verhält sich diese Struktur zur Biographie wie der tabellarische Lebenslauf zum autobiographischen Roman. Diese Strukturen enthalten aber nicht all das, was nicht geschehen ist (das würde es bedeuten, wenn alle nicht gewählten Möglichkeiten in dieser Verweisstruktur enthalten wären), ebensowenig wie sie all das »enthalten«, was geschehen ist. Sondern der Inhalt von »Sinn«, wie Luhmann ihn konzipiert, ähnelt vielmehr der Abbildung 6. So kann man mit relativ einfachen Mitteln Verbindungen zwischen komplexen Vorgängen abbilden, ohne diese selbst zu inkludieren. Die Rekursion ist also eine Möglichkeit, a) Komplexität zu steigern und b) Selbstbezüglichkeit zu entzerren.

Nachdem ich nun die harmlosen Varianten von Komplexitätssteigerungen durch Kapazitätssteigerung dargestellt habe, wende ich mich jetzt echter Selbstbezüglichkeit zu. Hier wird klar werden, daß der Übergang von einfacher zu reflexiver Modernisierung vergleichbar ist mit dem Übergang von der Fertigung durch Manufaktur und Handwerk zur industriellen Produktion: Es ändert sich nicht nur die Quantität von produzierten Waren, sondern das Prinzip der Produktion und damit auch das Prinzip der weiteren Entwicklung von Produktion.

Als kleine Verschnaufpause vor den höheren Gefilden von Mathematik und Logik, die hier noch drohen, beginne ich meine Annäherung an selbstbezügliche Systeme mit der Bearbeitung eines soziologischen Beitrags zur Systemtheorie: Luhmanns Überlegungen zur Eigenkomplexität eines Systems und deren Problemen.

Wann bin ich komplex? – Eigenkomplexität und das Regreßargument gegen die Vollständigkeit der Selbstbeschreibung

Für Luhmann produziert die *Eigenkomplexität* des Systems ein Problem, das andere Maßnahmen verlangt, als reduzierte und selektierte Abbildung von Welt im Umgang mit Umweltkomplexität (vgl. Abschnitt 4).

Ein System sei komplex, wenn es nicht mehr möglich ist, alle Elemente mit allen anderen Elementen gleichzeitig in Relation zu setzen, wenn es also einen Überschuß an Möglichkeiten gibt (vgl. Luhmann 1988: 46 und 1990: 267). Das bedeutet, daß es höchstens zwei Mengen geben kann, die nicht komplex sind: sicher die Menge, die nur ein Element enthält, möglicherweise auch noch die, die zwei Elemente enthält. Zählt der Fall der »Nicht-Relation« ebenfalls als Möglichkeit, so ist diese wiederum komplex, weil die beiden Elemente dann entweder in Relation zueinander oder nicht in Relation zueinander stehen könnten, dies aber keinesfalls gleichzeitig.

In einem so definierten komplexen System sind die Relationen zwischen den Elementen folglich kontingent, und Komplexität wird dann durch die Kontingenz der Relationen zwischen den Elementen bestimmt. Das Bestehen einer bestimmten Relation zwischen zwei Elementen zu einem bestimmten Zeitpunkt im System ist Folge einer Auswahl, die angesichts der Gleichwertigkeit anderer Möglichkeiten in diesem Augenblick nicht determiniert[94] ist. Die intrasystemische Komplexitätsreduktion wird also in ein Selektionsproblem, in »...das Strukturproblem der Befähigung der *richtigen* Auswahl...« (Luhmann, 1987a: 6, Hervorhebung: SF), transformiert. Dieses Problem wird durch die Erstellung einer Verweisungsstruktur, durch »Sinn« gelöst. »Sinn« enthält die »Ge-

---

[94] »Zufällig« ist hier nicht zu verstehen als »außerhalb einer Kausalkette stehend«, weil dies logisch nicht möglich ist, sondern im Sinne von »absoluter« Gleichwertigkeit der anderen (nicht selektierten) Möglichkeiten. Nicht zufällig ist die Selektion natürlich bezüglich der vorhergehenden Selektionen, also bezüglich ihrer »Geschichte«.

schichte«[95] der bisher erfolgten Entscheidungen, so daß Komplexität hier nicht zerstört, sondern eher aufgehoben oder konserviert wird. Gleichzeitig werden durch die spezifische Sinn*struktur* (eben die Geschichte) bestimmte Anschlußmöglichkeiten von Selektionen wahrscheinlich, andere wiederum eher unwahrscheinlich. Die nicht gewählten Möglichkeiten sind also weiterhin vorhanden. Es ist nach erfolgter Selektion möglich, zu einem beliebigen Ausgangspunkt zurückzugehen und neu auszuwählen.[96]

Eine vollständige Selbstbeschreibung eines Systems zu einem definierten Zeitpunkt ist dennoch nicht möglich, denn das System würde sich selbst noch einmal in vollständiger Abbildung enthalten und *zusätzlich alle seine Elemente*. Damit wäre es wiederum komplexer geworden, und die vollständige Selbstbeschreibung wäre schon wieder nicht mehr vollständig, weil sie sich selbst als Element des Systems nicht noch einmal enthält:

> Komplexe Systeme sind unfähig, ihre eigene Komplexität voll zu erfassen. Würde ihnen das gelingen, so wären sie eben damit bereits wieder komplexer als zuvor, da das System dann zusätzlich auch eine Beschreibung der eigenen Komplexität enthält… Jede Selbstbeobachtung und Selbstbeschreibung muß daher auf Selbstsimplifikation beruhen. (Luhmann, 1987: 75)

Die Komplexitätsproblematik und die damit einhergehende Unvollständigkeit von Selbstbeschreibungen ist bei Luhmann also quanti-

---

[95] Analog zur Option verschiedener *browser* im Internet, »History« oder »Verlauf« für das www. Mit dieser Option kann man sich erstens eine Überblick über die bisher aufgerufenen Informationsseiten verschaffen und zweitens den Weg der Selektionen nachträglich modifizieren. Man kann also vom Punkt t_2 zurückgehen zu Punkt t_1 und von dort eine neue Route einschlagen. So unkompliziert kann man Entscheidungen allerdings nur im Internet rückgängig machen.

[96] Dies ist natürlich überspitzt formuliert und wiederum nur auf der »absoluten« Ebene oder der Internet-Ebene gültig. Es ist nicht möglich, von jedem beliebigen Punkt aus zurückzugehen und neu auszuwählen, wenn eine nicht mehr umkehrbare Chronologie hinzukommt.

tativ bestimmt. Das System hechelt immer einen Schritt hinter sich her, wie Achilles hinter der Schildkröte in Zenons Paradox.[97] Geht man zunächst davon aus, daß das Argument logisch zutrifft, so kann man sich fragen, ob es sozio-logisch relevant ist: Wenn das Argument auf die Unmöglichkeit von Vollständigkeit reduziert wird, dann bedeutet es nichts anderes, als daß Komplexität innerhalb der Selbstbeschreibung nur insoweit reduziert werden muß, als diese nicht noch einmal in sich selbst enthalten sein kann. Alle anderen Elemente könnten theoretisch in ihr abgebildet sein. Selbstsimplifikation als Problem müßte hier also stark relativiert werden, will man ein soziologisches und nicht nur ein logisches Argument präsentieren. Wenn das System plus Selbstbeschreibung = N wäre, dann könnte die Selbstbeschreibung maximal N – Selbstbeschreibung enthalten. Natürlich könnte das System auch (N + Selbstbeschreibung) – (Selbstbeschreibung von (N + Selbstbeschreibung)) enthalten usw.[98] Aber es ist nur auf einer sehr allgemeinen und prinzipiellen Ebene von Bedeutung, daß diese Kette an einen bestimmten Punkt abgebrochen wird, und diese Ebene liegt jenseits der soziologischen Erwägungen. Mit der Kenntnis der Natur des Problems ist es für soziologische Bedürfnisse bereits ausreichend behoben.

Ein infiniter Regreß wäre so also theoretisch möglich, aber praktisch keineswegs unvermeidlich und vor allem auch nicht notwendigerweise problematisch. Hier stellen sich dann zwei Fragen: Erstens, wenn man Luhmanns Vorbehalt gegen eine vollständige Selbstbeschreibung eines Systems in Termini einer allgemeineren Theorie

---

[97] In diesem Paradox läßt sich Achilles auf einen Wettlauf mit der Schildkröte ein, die offenbar Logik studiert hat und um einen (kleinen) Vorsprung bittet. Sobald Achilles diesen Vorsprung eingeholt hat, hat sich die Schildkröte wieder ein Stückchen vorwärts bewegt usw. Achilles kann logisch die Schildkröte nie einholen. Ähnlich ist ein anderes Paradox von Zenon gestrickt, in dem er beweist, daß Bewegung überhaupt nicht existiert. Wenn ich die Strecke von A nach B gehen will, muß ich zunächst die erste Hälfte der Strecke zurücklegen. Von dem verbleibenden Weg muß ich wieder die erste Hälfte zurücklegen usw. Ich werde also nie nach B kommen.

[98] Noch sehr viel mehr Varianten und Inklusionen sind möglich, wenn man den Faktor »Zeit« oder »Biographie« mit hinzunimmt. Dann nämlich ist auch eine reflektierte Inklusion von Inklusionen früherer Beschreibungen möglich... Aber selbst ohne die Variable »Zeit« überzeugt Luhmanns Argument nicht.

formulieren würde (wie er es selbst ja für seine Theorie beansprucht), wie müßte dieses Theorem lauten? Zweitens, erfaßt und löst dieses Theorem tatsächlich das zugrundeliegende Problem, sowohl in der allgemeinen Systemtheorie als auch in ihrem soziologischen Spezialfall? Beide Fragen werden in den folgenden Kapiteln behandelt, wo a) aufgezeigt wird, wo die Wurzeln der Luhmannschen Formulierung der Unmöglichkeit der vollständigen Selbstbeschreibung liegen, und b) die Kritik an der Formulierung und Lösung des zugrundeliegenden Problems in der Logik vorgestellt wird.

Zu den nächstliegenden Lösungen des Inklusionsproblems gehört die Hierarchisierung. Selbstbeschreibung muß auf einer anderen Ebene stattfinden als das Selbst. Eine immer noch recht einfache Möglichkeit der Vermeidung »illegitimer Gesamtheiten«, also sich selbst inkludierender Systeme, bietet die Mengenlehre. Wir haben es in der Soziologie zwar nicht mit »Mengen« zu tun, das Problem jedoch, auf das sich Luhmann hier bezieht, stammt aus der Mengenlehre. Seine scheinbare Lösung in den »Principia Mathematica« von Russell/Whitehead ist Thema des folgenden Abschnitt.

Das Zirkelfehlerprinzip

Bei seinen Vorarbeiten zu den »Principia Mathematica« in der ersten Dekade des 20. Jahrhunderts, die Mathematik auf Logik zurückführen wollte, stolperte Bertrand Russell über ein Paradox, das zunächst trivial schien: Man nehme die Menge aller Mengen, die sich nicht selbst enthalten, und überlege sich, ob sich diese Menge dann selbst enthält. Lautet die Antwort »Ja«, so gehört diese Menge offenbar nicht zu den Mengen, die sich nicht selbst enthalten. Lautet sie »Nein«, so gehört sie offenbar zu den Mengen, die sich nicht selbst enthalten, ist aber dennoch nicht in ihr enthalten. Es gibt endlose Variationen des Russell-Paradoxons, einige werde ich hier diskutieren.

Dieses Problem kann man bei allen Systemen entdecken, die selbstreferentiell operieren. Bezogen auf Luhmanns Überlegungen zur Selbstbeschreibung läßt sich das Problem wie folgt reformulieren: Vollständige Selbstbeschreibung sei verstanden als Inklusion aller im System enthaltenen Mengen, also als Menge aller Mengen. Man stelle sich nun die Frage, ob die Selbstbeschreibung, also die Menge aller Mengen, sich selbst inkludiert oder nicht. Lautet die Antwort »Ja«, so ist die Menge aller Mengen offenbar nur Teilmenge. Lautet sie »Nein«, so ist die Menge aller Mengen offenbar nicht vollständig, weil sie sich selbst nicht inkludiert.

Das Problem, das Luhmann bei seiner Beschränkung der Inklusion von Selbstbeschreibung umtrieb, führte also Russell bereits 1910 in den »Principia Mathematica« zur Formulierung des Zirkelfehlerprinzips:

> Das Prinzip, das uns instand setzt, illegitime Gesamtheiten zu vermeiden, kann ausgesprochen werden wie folgt: »Was immer *alle* Elemente einer Menge voraussetzt, darf nicht ein Element der Menge sein«; oder umgekehrt: »Wenn eine gewisse Menge unter der Voraussetzung, sie bilde eine Gesamtheit, Elemente enthielte, die nur in Termen der Gesamtheit definierbar sind, dann bildet diese Vielheit keine Gesamtheit«... Man nehme z. B. den Satz vom ausgeschlossenen Dritten in der Form »alle Propositionen sind wahr oder falsch«. Wenn wir aus diesem Satze schließen, daß deshalb, weil der Satz vom ausgeschlossenen Dritten eine Proposition ist, der Satz vom ausgeschlossenen Dritten wahr oder falsch sei, so verfallen wir einem Zirkeltrugschluß. »Alle Propositionen« muß irgendwie eingeschränkt werden, bevor es zu einer legitimen Gesamtheit wird, und jede Einschränkung, die es legitimiert, muß eine Behauptung über die Gesamtheit aufstellen *und fällt dadurch eben aus der Gesamtheit heraus*. (Russell/Whitehead, 1990 [1925]: 56, Hervorhebung: SF)

Eine im System enthaltene *vollständige* Selbstbeschreibung würde also, akzeptiert man die Konstruktion des Zirkeltrugschlusses, eine illegitime Gesamtheit produzieren, denn eine vollständige Selbstbeschreibung setzt alle Systemelemente voraus und kann daher nicht selbst Element des Systems sein. Implizit liegt hier also eine Ordnungs-Theorie vor. *Eine vollständige Selbstbeschreibung eines Systems der Ordnung n muß selbst ein System n + 1er Ordnung sein.* In Russells Theorie kann die Selbstbeschreibung also per definitionem nicht Bestandteil dessen sein, was sie beschreibt.

Das Argument ist allerdings nicht dem von Luhmann äquivalent: Dieser formuliert das Problem als ein quantitatives, als Unmöglichkeit der unendlichen Fortsetzung des zum Scheitern verurteilten Versuchs der Inklusion der Selbstbeschreibung, während Russell es in Form einer Verletzung von Hierarchien auflöst. Gleichzeitig wagt er es eine Lösung zu formulieren, indem er den Zirkeltrugschluß identifiziert, durch den die Ebenen dieser Hierarchie in unzulässiger Weise durcheinandergeworfen werden. Eine Vermeidung des Zirkeltrugschlusses eliminiert folglich das Problem.

Luhmann dagegen meint, mit der Formulierung des Problems als quantitatives auch gleich die Lösung mitgeliefert zu haben: Systeme inkludieren keine vollständigen Selbstbeschreibungen, sie würden andernfalls die Raum-Zeit-Dimension (und sich selbst) notwendigerweise sprengen. Außerhalb von Raum und Zeit kann es bezüglich dieser beiden Dimensionen auch nicht zu Knappheitserscheinungen kommen. Russell wußte, daß die Mengen in Cantors Mengenlehre nicht innerhalb eines Raum-Zeit-Kontinuums existieren[99], dennoch traten Paradoxien, wie die Menge aller Mengen, auf. Das wirft ein neues Licht auf das hier zu behandelnde Problem: Das Argument des infiniten Regresses hält also nur, wenn man das System in einem Raum-Zeit-Kontinuum ansiedelt.[100]

Bis jetzt ist deutlich geworden, daß Luhmanns Lösung des Pro-

---

[99] Oder, wenn sie es täten, unterlägen sie dennoch nicht den Restriktionen dieser Dimensionen. Ansonsten wäre auch die Konstruktion von unendlichen Reihen etc. sinnlos.

[100] Fallen diese Dimensionen weg und es bleibt immer noch ein Problem, so muß der entscheidende Punkt nicht in dem vergeblichen Bemühen um Vollständigkeit liegen, sondern in einer noch zu bestimmenden Metaphysik der Abbildung des Ganzen in seinen Teilen (vgl. dazu Schulte, 1993).

blems Komplexität in unzulässiger Weise reduziert. Im folgenden Abschnitt führe ich in den Entstehungshintergrund von Russells Theorie logischer Typen ein und beleuchte die Natur des Problems der Inklusion von Selbstbeschreibung von einer anderen Warte aus.

EXKURS:

Die »Principia Mathematica« und die Paradoxien
mathematischer Logik

Eine Theorie über Systeme muß Aussagen über *alle* Systeme erlauben, ansonsten ist sie ein Spezialfall einer Groß-Theorie. Im Falle der Ausführungen in den »Principia Mathematica« von Russell und Whitehead handelt es sich um den Versuch, die klassische Mathematik vollständig und widerspruchsfrei aus einigen einfachen Grundaxiomen abzuleiten.

Für den Laien ist das Problem nicht auf den ersten Blick ersichtlich: Es scheint eine sehr banale Forderung an den Mathematiker zu sein, daß er sein Gebiet vollständig beherrscht, ohne sich dabei permanent zu widersprechen. Wie so oft, liegen auch hier die Probleme anders, als auf den ersten Blick zu vermuten ist.

Im 19. Jahrhundert begann in der Mathematik eine Periode der Erschütterungen und der Unsicherheit, wie es sie Anfang des 20. Jahrhunderts in der Physik durch die Ablösung Newtonscher Gewißheiten durch Einsteinsche Undenkbarkeiten geben sollte. Bis dato war man der Ansicht, daß die euklidische Geometrie zwar ein paar Ungenauigkeiten enthielt, die aber mit normalwissenschaftlicher Forschung im Sinne Kuhns (1979) zu beheben seien. Mit der Entdeckung nicht-euklidischer Geometrie wurde das euklidische Paradigma zwar nicht verworfen, aber doch in seinem universellen Geltungsanspruch bezüglich der Erklärung der Eigenschaften von Punkten und Geraden erschüttert und damit auch das Vertrauen in die Fähigkeit der Mathematik geschwächt, empirische Aussagen zu treffen. Weitere Probleme traten in der Differentialrechnung auf. Die in unserem Zusammenhang interessierenden Paradoxien waren

jedoch Cantors Mengenlehre geschuldet, die in der Folge etwas aus-
führlicher betrachtet wird:

Georg Cantor entwickelte im letzten Drittel des 19. Jahrhunderts
die Mengenlehre, die sowohl für die Mathematik als auch für die
formale Logik eine fundamentale Disziplin wurde. Cantor systema-
tisierte den Begriff der Menge M als Zusammenfassung der wohlde-
finierten Objekte a. Ein Beispiel für eine Menge ist die Menge $\mathbf{N}$ =
{1,2,3,4,...} der natürlichen Zahlen. Der naive Umgang mit dem
Mengenbegriff führt jedoch zu widersprüchlichen Konstruktionen,
wie der Menge aller Mengen. Diese kann sich nicht selbst enthalten
und kann daher auch nicht die Menge *aller* Mengen sein, sondern
nur die Menge aller Mengen *außer sich selbst*. Man sieht auf den
ersten Blick, daß das Problem der Menge aller Mengen dasselbe ist,
das Luhmann bei der Möglichkeit einer vollständigen Selbstbeschreibung sieht. Auch die Selbstbeschreibung muß formal alle Elemente dessen, was sie beschreibt, enthalten und scheitert bei der
Selbstinklusion. Es wird hier allerdings auch deutlich, daß eben kein
infiniter Regreß zu befürchten ist, sondern eine Paradoxie vorliegt.
Der Unterschied liegt darin, daß eine Paradoxie einen Widerspruch
im Sinne der formalen Logik darstellt (z. B.: g und $\sim g$), während ein
Regreß *ad infinitum* eine unendliche Ursache-Wirkungskette beschreibt, in der immer wieder Ursachen höherer Ordnung einge-
führt werden müssen. Die Paradoxie läßt sich veranschaulichen
durch das Werk des Graphikers M. C. Escher, der zum Beispiel
immer wieder mit der optischen Illusion der Gleichzeitigkeit von
konkaven und konvexen Oberflächen gespielt hat. Das Hirn ebenso
wie das Auge des Betrachters oszilliert hier verwirrt zwischen beiden (einander ausschließenden) Möglichkeiten und muß sich dennoch damit abfinden, daß beide gegeben sind. Der Regreß *ad infini-*
tum dagegen ist in dem optischen Phänomen dargestellt, das durch
das Gegenüberstellen von zwei Spiegeln produziert wird: Es erscheinen unendlich viele Spiegel in den Tiefen des Spiegelbildes verborgen, allerdings fehlt hier das Element der Gleichzeitigkeit von einander ausschließenden Möglichkeiten.

Wichtig ist diese Differenz für die theorietechnische Verarbeitung des Problems: Einen infiniten Regreß kann man per Konvention beenden: jeder tut dies, beispielsweise während einer Definition.[101] Eine Paradoxie hingegen muß anders angegangen werden. Sie bleibt paradox, und das, was diesen Eindruck verursacht, kann nicht per Entscheid über den Abbruch einer ansonsten unendlichen Inklusionskette eliminiert werden. Eine paradoxe Struktur ist dadurch gekennzeichnet, daß *immer* beide sich logisch ausschließende Möglichkeiten präsent sind. Ein Beispiel dafür ist der Satz des Epimenides:

Epimenides sagt: Alle Kreter lügen.

Dies wäre kein Problem, wenn nicht Epimenides selbst ein Kreter wäre. Es ist formal unentscheidbar, ob Epimenides lügt oder nicht. Strenggenommen handelt es sich hier um eine Pseudoantinomie, weil der Satz nicht ausschließlich selbstbezüglich ist (Schulte 1993: 188f). Eine echte Antinomie bestünde erst dann, wenn es sich bei Epimenides um den einzigen existierenden Kreter handeln würde oder bei dem Satz »Alle Kreter lügen« um den einzigen Satz, den Kreter jemals äußern. Ich werde in Kapitel 6 und 7 zeigen, daß in sozialer Kommunikation echte Antinomien behandelt werden wie Pseudoantinomien und durch die geniale Erfindung der Ausnahme aufgelöst werden.

Sowohl Antinomie als auch Pseudoantinomie geraten mit der Dichotomie wahr/falsch in Konflikt. Ein Satz kann in der zweiwertigen Logik entweder wahr oder falsch sein, eine dritte Möglichkeit ist nicht gegeben.[102] Diese Sätze zeichnen sich aber nun gerade

---

[101] Um dem definitorischen Regreß zu entgehen, der unvermeidlich ist, wenn man sich vornähme, eine Definition tatsächlich zu Ende zu führen, weil dann alle Bestandteile der Definition ebenfalls definiert werden müßten und ebenso die Bestandteile der Definitionen der Bestandteile der Definitionen usw., bricht man die Definition an einem Punkt ab, der in Hinblick auf das Untersuchungsziel zweckmäßig erscheint. Darüber hinaus läßt sich dieser Punkt nicht bestimmen, aber keiner, der so zu seinen Definitionen kommt, hat das Gefühl, etwas Schlimmes getan zu haben. Allerdings kann der Prozeß jederzeit wieder aufgenommen werden.

[102] Die effektive und die dialogische Logik verzichten zur Vermeidung von Paradoxien beide auf dieses Kalkül der formalen Logik. Auch Spencer-Brown, auf den Luh-

dadurch aus, daß sie unentscheidbar, also widersprüchlich zu sein scheinen.

Die Mathematik des 19. Jahrhunderts bemühte sich folglich darum, Widersprüche zu eliminieren und Vollständigkeit der Beweissysteme zu gewährleisten. Insofern sind die »Principia Mathematica« von Russell und Whitehead als der letzte große Versuch zu verstehen, das klassische abendländische Wissenschaftsverständnis paradigmatisch zuzuspitzen und vor immer beunruhigenderen Anomalien zu schützen.

Den Paradoxien der Mengenlehre (wie der Menge aller Mengen) rückte Russell mit der »Theorie der logischen Typen« (Russell/ Whitehead 1990 [1925]: 55 ff.) zu Leibe. Durch eine strenge Hierarchisierung von Klassen sollten Mengen wie die Menge aller Mengen unmöglich gemacht werden. Dem vorausgehend wird das Zirkelfehlerprinzip entwickelt, mit dem imprädikative (sich selbst voraussetzende) Begriffsbildungen als illegitim definiert werden. Beides soll in der Folge kurz erläutert werden, ohne den Anspruch zu erheben, der Komplexität der Theorie von Russell gerecht zu werden.

In der Einleitung der ersten Auflage der »Principia Mathematica« heißt es zum Zirkelfehlerprinzip:

> Eine Analyse der zu vermeidenden Paradoxien zeigt, daß sie alle von einem circulus vitiosus bestimmter Art herrühren. Der fragliche fehlerhafte Zirkel entsteht durch die Annahme, daß eine Gesamtheit von Objekten Glieder enthalten mag, die nur mittels der Gesamtheit als eines Ganzen definiert werden… Was immer *alle* Glieder einer Gesamtheit involviert, darf nicht Glied der Gesamtheit sein. (Russell, 1910: 37, zitiert nach Bekker, 1990: 324).

---

mann sich oft bezieht, vermeidet die Qual der Wahl durch Einführung einer dritten Kategorie, des »Imaginären«. Außerhalb mathematischer Logik schlägt Spencer-Brown die Ersetzung des »Imaginären« durch »Zeit« vor. Die Entparadoxierung durch »Zeit« ist auch in der Tat eine mögliche Strategie im Umgang mit widersprüchlichen Strukturen (vgl. Kapitel 6).

Wie verhält sich dieses Prinzip nun zu einer Menge aller Mengen?

Die Menge aller Mengen mußte, um tatsächlich die Menge *aller* Mengen zu sein, sich selbst enthalten. Ihre Struktur ist selbstbezüglich, *weil sie sich selbst als eines ihrer Elemente voraussetzt.* Sobald eine Gesamtheit dies tut, bildet sie nach Russell eine illegitime Menge, also eine Vielheit, die nicht als die Summe der Elemente (oder Teilmengen) einer Gesamtmenge definiert werden kann.

Mit dem Zirkelfehlerprinzip werden also Selbstbezüglichkeiten erkannt, mit einer Hierarchisierung der Mengen werden sie systematisch ausgeschlossen. M kann also X, Y und Z nur noch dann als Teilmenge enthalten, wenn M eine höherstufige Menge ist als X, Y, und Z, also zu einer höheren Ordnung als X, Y und Z gehört.

Russell meint nun, er könne mit seiner Typentheorie die mathematische Logik entparadoxieren, also auch das Kreter-Paradox lösen:

> Wenn ein Mann sagt »Ich lüge«, so können wir seine Behauptung so interpretieren: »Da ist eine Aussage, die ich behaupte und die falsch ist.« D. h. er behauptet die Wahrheit von einem gewissen Wert der logischen Funktion »Ich behaupte *p*, und *p* ist falsch«. Aber das Wort »falsch« ist vieldeutig, und um es eindeutig zu machen, müssen wir die Ordnung der Falschheit spezifizieren, oder, was auf dasselbe hinauskommt, die Ordnung der Aussage, in der *p* als scheinbare Variable vorkommt, nicht von der *n.*, sondern von einer höheren Ordnung. Mithin ist die Art Wahrheit oder Falschheit, die zu der Behauptung »Es gibt einen Satz *p*, den ich behaupte und der eine Falschheit *n.* Ordnung besitzt« gehören kann, Wahrheit oder Falschheit von einer höheren Ordnung als der *n.* Also bezieht sich die Behauptung des Epimenides nicht auf sich selbst und es entsteht kein Widerspruch. (Russell, 1910: 60 f. zitiert nach Bekker, 1990: 326).

So einfach kann das sein ...!?

Russell löst die Paradoxien, die durch *Selbstbezüglichkeit* entstehen, durch ein *Verbot von Selbstbezüglichkeit* auf. Luhmann dagegen mißversteht die Problemlage als unendliche *Komplexitätssteigerung* und löst sie durch ein *Verbot von Komplexitätssteigerung*.

Man muß kein Mathematiker sein, um zu erkennen, daß es nicht sehr elegant ist, ein Problem dadurch zu lösen, daß man es verbietet. Anlaß für beide Überlegungen war dasselbe Problem. Insofern ist es berechtigt, nachdem sich Luhmanns Konzeption des Problems als zu einfach erwiesen hat, die Typentheorie weiterzuverfolgen und sich darüber klarzuwerden, welches Problem nun für komplexe Systeme konstitutiv wird.

* * *

In der Theorie logischer Typen kennzeichnet Russell also Irrtümer bezüglich der Zuweisung der *Ebene* von Wahrheit und Falschheit einer Aussage.[103] Eine Proposition kann niemals Element der Gesamtheit sein, über die sie etwas aussagt. Welche Konsequenzen ergeben sich für die Frage, wie das Problem der Selbstbeschreibung komplexer Systeme jetzt, nach der Diskussion der Erwägungen von Russell und Whitehead, konzipiert werden muß?

Auch in Russells Theorie logischer Typen kann es keine vollständige Selbstbeschreibung geben. Denn das würde eine Paradoxie wie die Menge aller Mengen kreieren und ist somit verboten. Dies trifft auf alle Aussagen zu, die in irgendeiner Form auf die Totalität des Ganzen Bezug nehmen. Beispielsweise wäre eine Aussage wie »Ich bin« in der Theorie logischer Typen verboten oder inhaltsleer. Das trifft auf jede Aussage zu, in der ich in irgendeiner Weise von mir spreche, denn allein die Verwendung des Wortes »Ich« setzt mich in der Gesamtheit voraus. Wende ich die Differenzierung in Klassen und Elemente an, so komme ich zu der überraschenden Erkenntnis, daß der Satz »Ich bin« nichts über mich aussagt.

---

[103] Zur Kritik der Idee des Zirkeltrugschlusses, vgl. u. a. Gödel 1931 (sehr gut erläutert in Becker, 1990: 402–406), Hofstadter 1979: 22 f., Quine, 1990: 307–329.

Auch bei Luhmann war die Menge aller Mengen verboten, wenn auch mit einer etwas anders gelagerten Begründung. Die Menge aller Mengen müßte sich selbst enthalten und wäre damit wieder komplexer geworden, also nicht mehr vollständig, etc. Wie steht es nun mit dem zunächst harmlos scheinenden Satz »Ich bin«? Hier liegt das gleiche Verbot vor wie bei Russell, vorausgesetzt, mit »Ich« will ich eine Gesamtheit, nämlich mich bezeichnen. Denn das System, das sich selbst als Gesamtheit bezeichnet, müßte bereits seine vollständige Beschreibung inkludieren (sonst würde es nämlich doch nicht um die Gesamtheit gehen) und würde dann de facto nicht mehr die Gesamtheit bezeichnen. So kommt es, daß bei Luhmann zwar der Satz »Ich bin« etwas über mich aussagt, aber niemals den Anspruch auf Vollständigkeit erheben könnte, also letztlich nicht das bezeichnet, was er zu bezeichnen vorgibt.

Wie im Exkurs zu den »Principia Mathematica« festgestellt, haben Russells und Luhmanns Annahmen ihre Wurzel im Unbehagen an der Selbstbezüglichkeit und ihren Gefahren. Luhmann erklärt das Problem mit einer unendlichen Komplexitätszunahme, während Russell zutreffender erkennt, daß Komplexität zwar gesteigert wird, aber nicht durch eine Zunahme der Elemente im System, sondern über eine illegale Verschränkung von Gesamtheiten und ihren Elementen, also über eine offenbar problematische Beziehung zwischen verschiedenen Systemebenen.

Hier liegt eine neue Definition von Komplexität nahe: Bei Luhmann ist ein System komplex, wenn die Relationen zwischen einzelnen Elementen kontingent sind, womit eigentlich jede Ansammlung von mehr als zwei Elementen komplex war. Diesem Verständnis liegt die Verwechslung von »viel« und »komplex« zugrunde. Ein Sack Erbsen erfüllt beispielsweise alle Merkmale von »ganz viel«, nicht jedoch von »komplex« in einem etwas trennschärferen Sinne als dem von Luhmann verwendeten. Die Erbsen können hier zwar nicht alle zugleich miteinander in Verbindung stehen, ihre Verbindungen sind also kontingent, aber der Sack Erbsen ist nicht reflexiv.

Mit Russells Herangehensweise interessieren nur noch *hinreichend komplexe Systeme*. Hinreichend komplex sei ein System, das selbstbezügliche Aussagen inkludiert oder inkludieren kann, also wenn es reflexiv ist. Seinsproblem hinreichend komplexer Systeme ist dann nicht mehr die Reduktion von Komplexität, sondern der Umgang mit (selbst- und weltgestrickten) Antinomien, deren Ursprung zumeist in der Selbstbezüglichkeit und/oder in der Verwicklung von (z. B. Kommunikations)Ebenen liegt.

Vorteil dieses Komplexitätsbegriffs ist die Möglichkeit der Differenzierung zwischen schwachen und starken Systemen, weil nicht alle Systeme oder systemischen Formationen mit dem gleichen Problem zu kämpfen haben, was intuitiv einleuchtet. Außerdem läßt diese Definition eine weit differenziertere Behandlung der verschiedenen »Seinsäußerungen« von Systemen zu, weil diese nun nicht mehr ausschließlich mit dem Vorgang der Reduktion befaßt sein müssen. War mit Luhmanns Komplexitätsbegriff fast jedes System komplex, so ist die Konstruktion des hinreichend komplexen Systems eine, die es ermöglicht, Komplexitätsbewältigung jenseits der Reduktion zu thematisieren und damit auch zu einem tieferen Verständnis der spezifischen Problematik reflexiver Gebilde zu gelangen. Komplexität ist also nicht mehr etwas, das quasi für jede systemische Formation zutrifft, sondern der Begriff sagt jetzt etwas darüber aus, ob ein System reflexiv ist, also zum Selbstbezug in der Lage, oder nicht.

Leider ist jedoch auch die Typentheorie von Russell und Whitehead nicht der Weisheit letzter Schluß im Umgang mit reflexiven Gebilden – weder in der Mathematik noch in der Soziologie noch in der Gesellschaft. Ein weiterer Exkurs zum Gödelschen Unvollständigkeitstheorem erläutert die nicht ganz einfache Widerlegung der Typentheorie durch Kurt Gödel im Jahr 1931 und liefert so eine Annäherung an das Wesen des *double bind*, der reflexive Zusammenhänge charakterisiert.

EXKURS:

Gödels Unvollständigkeitstheorem

Russell und Whitehead unternahmen mit den »Principia Mathematica« den Versuch, die klassische Mathematik aus einigen einfachen Grundaxiomen widerspruchsfrei und vollständig abzuleiten. Insbesondere der Kreis um David Hilbert beschäftigte sich mit dem Versuch, zu beweisen, daß dies auch gelungen sei. 1931 legte Gödel den Aufsatz »Über formal unentscheidbare Sätze der Principia Mathematica und verwandter Systeme« vor, mit dem er diese Bemühungen unwiderruflich beendete und gleichzeitig eine Meta-Mathematik ins Leben rief, die sich nicht mehr damit befaßte, neue Beweise zu formulieren, sondern die Struktur mathematischer Beweissysteme untersuchte.

Auf Grund des Zusatzes »…und verwandter Systeme« besitzt Gödels Theorem auch außerhalb der Mathematik Gültigkeit. Ohne diesen Zusatz wäre es möglich gewesen, die Defizite, auf die der Beweis aufmerksam macht, ausschließlich den »Principia Mathematica« zuzuschreiben und nach einem neuen, vollständigeren und widerspruchsärmeren System zu suchen. Gödel hat jedoch gerade für *alle* Versuche dieser Art ihre Erfolglosigkeit bewiesen.

Er folgte in dem nach ihm benannten Theorem im Prinzip einer einfachen Intuition: Mathematik sollte durch Mathematik erforscht und auch bewiesen werden. Der strapazierte Leser ahnt, daß es wiederum die Selbstbezüglichkeiten sein werden, die für Probleme sorgen. Im Unterschied zu Russell (und auch Luhmann) ging es Gödel jedoch nicht darum, Selbstbezüglichkeiten zu vermeiden, sondern sie gezielt herzustellen. Er ahnte, daß er damit etwas fundamental Wichtiges über komplexe Systeme herausfinden würde.

Es gelang ihm, das bereits erwähnte Kreter-Paradoxon in die Mathematik zu übersetzen, genauer gesagt: in die Zahlentheorie. Durch eine Codierung ließ er die Zahlen gleichzeitig Aussagen über sich selbst sein. Die (Grob)Struktur seines Theorems wird in der Folge besprochen: Daß Sprache über sich selbst sprechen kann, scheint zunächst eine relativ unproblematische Vorstellung. Daß das Wort »dreisilbig« sich selbst beschreibt, sorgt nirgends für Aufregung. Man kann nun die Adjektive der deutschen Sprache in zwei Gruppen teilen: Die erste beschreibt sich selbst (autologisch), die zweite hingegen nicht (heterologisch). Stellt man nun die Frage, ob »heterologisch« heterologisch ist, hat man Grellings Paradoxie formuliert, in der einfach Mengen durch Adjektive ersetzt werden (Hofstadter 1979: 23).

Aussagen der Zahlentheorie jedoch sind per se keine Aussagen *über* Zahlentheorie. Gödels Trick bestand darin, Aussagen der Zahlentheorie gleichzeitig Aussagen über Zahlentheorie repräsentieren zu lassen. Dies tat er mit Hilfe des Gödel-Codes:

> Im Gödel-Code, den man gewöhnlich als »Gödel-Numerierung« oder »Gödelisierung« bezeichnet, stehen Zahlen für Symbole oder Symbolfolgen. Auf diese Weise erhält jede Aussage der Zahlentheorie – eine Folge spezialisierter Symbole – eine Gödel-Nummer, etwa wie eine Telephon- oder Autonummer, mit der er bezeichnet werden kann. Und dieser Kunstgriff des Codierens macht es möglich, daß man zahlentheoretische Sätze auf zwei verschiedenen Ebenen verstehen kann: als zahlentheoretische Aussagen und auch als *Aussagen über zahlentheoretische Aussagen.* (Hofstadter, 1979: 20)

Wie noch zu zeigen ist, gerät ein »gödelisierter«[104] Satz mit verschiedenen Fronten in Konflikt: erstens mit dem bereits angedeuteten Ideal von Vollständigkeit und Widerspruchsfreiheit und zweitens mit der zweiwertigen Logik, nach der ein Satz entweder wahr oder falsch ist. Der Trick, mit dem der gödelisierte Satz das System erledigt, funktioniert wie folgt:

---

[104] Den Vorgang des Gödelisierens von Sätzen werde ich nicht darstellen, er ist hier unerheblich, weil ich ein sprachliches Beispiel verwende, in dem die Gödelisierung quasi automatisch mitgeliefert wird. Lesbare Abhandlungen zur Gödelisierung arithmetischer Axiome finden sich unter anderem in Hofstadter (1979, hier besonders Kapitel 13 und 14) und Quine (1990, besonders Teil IV, 307–315).

Man nehme ein komplexes System XY, das dadurch definiert ist, daß es hinreichend mächtig ist, um selbstbezügliche Aussagen zu inkludieren. Man nehme weiterhin eine selbstbezügliche Aussage, wie z. B. »G«. Der Satz »G« besagt nun folgendes:

»*G ist kein Satz des Systems XY*«

Stellt man jetzt noch die Frage, ob »G« ein Satz des Systems XY ist, dann hat man den Salat. Um diesen auch wirklich genießen zu können, muß man sich des Anspruchs des Systems XY vergewissern, vollständig und widerspruchsfrei zu sein. Außerdem enthält XY nur wahre Sätze. Wäre also »G« ein Satz des Systems XY, so müßte »G« eine Wahrheit ausdrücken, nämlich die, daß »G« kein Satz des Systems XY ist. Wäre »G« kein Satz des Systems XY, so würde er eben diese Wahrheit ausdrücken und XY wäre damit unvollständig. Die Frage, ob »G« ein Satz des Systems XY ist, kann folglich nicht beantwortet werden, sie ist unentscheidbar.

Mit der Anerkennung dieses Beweises ist auch die Typentheorie von Russell unheilbar an Unvollständigkeit erkrankt:

> Die elementare Zahlentheorie ist übersetzbar in das System der Klassentheorie ... da man die elementare Klassentheorie nicht vervollständigen kann, ist das also für die Klassentheorie *a fortiori* nicht möglich... Die Begriffe der allgemeinen Klassenlogik sind zwar der klassischen Mathematik angemessen; aber jede Anstrengung, eine vollständige deduktive Theorie für die Klassenlogik und damit für die klassische Mathematik zu finden, ist zum Scheitern verurteilt... Man kann von diesem Punkt an nichts Besseres tun, als hin und wieder spezielle Axiome hinzuzufügen, um das System für spezielle Zwecke zu verstärken. (Quine, 1990: 313 f.)

Russells und Whiteheads Bemühungen führten also letztendlich zum Gegenteil: Nicht Vollständigkeit und Widerspruchsfreiheit wurden erreicht, sondern die Einsicht in die Unmöglichkeit des *gleichzeitigen* Erreichens beider Ideale. Die Tragweite dieses Satzes für die Geisteswissenschaften ist, soweit ich sehe, bis heute völlig unterschätzt oder sogar ignoriert worden. Man hat jetzt die Wahl zwischen schwachen, also nicht-reflexiven Systemen, die mindestens widerspruchsfrei sind, oder starken, also reflexiven Systemen, die nie vollständig sein können und immer die Gefahr eines noch nicht entdeckten Widerspruchs in sich bergen.[105]

* * *

Mit Russells Überlegungen und Gödels Theorem ist also das wesentliche Charakteristikum hinreichend komplexer, d.h. reflexiver, Systeme als die Potenz zur Erzeugung eines *double bind* bestimmt worden. Reflexivität kann also immer unentscheidbare Situationen erzeugen. Das von Russell und Whitehead empfohlene Gegenmittel, die Typentheorie, mag in der Mengenlehre auch als unvollständiges Satzsystem zur Vermeidung von Paradoxien sinnvoll (wenn auch nicht überwältigend ästhetisch) sein, aber »…(w)ir sehen uns beim Sprechen über verschiedene Dinge nicht eine linguistische Hierarchie hinauf- und hinunterhüpfen« (Hofstadter, 1979: 25). Bei einer strengen Anwendung der Typentheorie auf Aussagen in natürlichen Sprachen wäre »…der Akt des Diskutierens der Theorie der krasseste Verstoß gegen sie, der möglich ist…« (ebd.).

Dennoch kann die Typentheorie auch in kommunikationstheoretischen und soziologischen Zusammenhängen von Nutzen sein, indem sie problematische Ebenenverwechslungen sichtbar macht, so die Verwechslung von Kontexten in Kommunikationssystemen. Gregory Bateson war ein in vielen Disziplinen beheimateter Wissenschaftler, der sich mit der Typentheorie und der Folge der Verletzung ihrer Regeln in Kommunikation, des *double bind* befaßt hat. Er verwendet die Typentheorie eher als Inspiration, als eine Regel mit unzähligen Ausnahmen und macht dabei die pathogene Potenz ihrer Verletzung in Form des *double bind* sichtbar. Sein Gegenmittel, das ich in Kapitel 6 vorstellen werde, macht deutlich, wie vor-

---

[105] Vgl. dazu auch Quine, 1974: 319.

aussetzungsvoll die Integration eines Individuums in einer Gesellschaft ist, die sich durch diese Struktur auszeichnet.[106]

Diese Struktur kann man sich bildlich vergegenwärtigen, wenn man an das Möbiusband von M. C. Escher denkt, bei dem Innen- und Außenseite in einem mehrdeutigen und sehr verwirrenden Verhältnis stehen. Ein sprachliches Beispiel für eine derart vertrackte Selbstbezüglichkeit wie die des Möbiusbande von Escher ist das bereits bekannte Kreter-Paradoxon. Glaubt man dem Satz des Epimenides, so ist der Satz falsch, glaubt man ihm nicht, so ist er wahr. Bei dem Versuch, beide Dimensionen dieses Satzes gleichzeitig zu erfassen, fangen wir gedanklich ebenso an zu schielen wie bei dem Versuch, beide Dimensionen des Möbiusbandes gleichzeitig zu sehen.

Sowohl die graphische als auch die sprachliche Vergegenständlichung läßt den Betrachter in einem Zustand der Unentschlossenheit zurück: Man kann nicht endgültig entscheiden, ob die Kreter lügen oder nicht oder ob eine bestimmte Stelle des Möbiusbandes nun konkav oder konvex ist. Uneindeutigkeit scheint also ein zentrales Merkmal dieser Konstruktionen zu sein. Damit ist es an dieser Stelle möglich, die Struktur dessen genauer zu fassen, was ich in der Einleitung in der Lektion 1 aus dem *house of pancakes*, geschildert habe. Das Problem, sich zu entscheiden, ist nicht dem reichhaltigen Angebot auf der Speisekarte geschuldet, auch nicht der Lektion 2, die nahelegt, daß jede Auswahl ohnehin nur in einem unerträglich süßen *topping* endet, sondern einer reflexiven Struktur, die sich durch die Unübersichtlichkeit des Angebots im bestellenden System bildet. Unterstelle ich diesem die Fähigkeit zu Reflexion und die Einsicht in die eigene Endlichkeit, so produziere ich einen unlösbaren Konflikt: Die Menge der Angebote ist völlig undifferenziert, und wenn mir keine mitleidige Bedienung zur Seite steht, gibt es für mich keinen äußeren Hinweis auch nur für die Richtung meiner

---

[106] Aber nicht jede selbstbezügliche Struktur ist ein *double bind*. Am Anfang des Kapitels stellte ich zwei nur scheinbar paradoxe Konstellationen und deren kommunikative Handhabung vor, die aus alltäglicher Kommunikation jedem bekannt sind.

Wahl. Und ringe ich mich dann aus unerfindlichen Gründen doch zu einer Entscheidung durch, so gibt mir wiederum die Welt nicht nur keinen Hinweis auf die Richtigkeit meines entschlossenen Handelns, sie karikiert es sogar, weil die anderen Möglichkeiten weiterhin präsent und gleichermaßen verlockend bleiben.

Das Beispiel scheint aus zwei Gründen banal: Erstens ist die Entscheidung für das *pancake topping* eine unwichtige, und zweitens ist sie für eine gefestigte Persönlichkeit mit stabilen Referenzen zwar lästig, aber zu bewältigen. Nimmt man aber an, daß meine Erfahrung im *house of pancakes* als Metapher durchaus auch für wichtige Entscheidungszusammenhänge Beispielcharakter hat, und nimmt man weiterhin an, daß eine gefestigte Persönlichkeit das Resultat der Abwesenheit dieser Konstellation ist, dann ahnt man, daß hier ein Problem beschrieben wird, das durchaus zur Bündelung des Unbehagens an der späten Moderne taugt. Und man kann das Problem noch dahingehend zuspitzen, daß die Speisekarte meine Wahl nicht nur karikiert, sondern mich ins Unrecht setzt – und zwar ganz gleich, welche Wahl ich treffe. Unentscheidbarkeit impliziert dann, im Falle der Entscheidung, Negation der Entscheidung, Komplexität heißt dann: unauflösbar widersprüchliche Struktur.

Im folgenden Abschnitt diskutiere ich einen Versuch von Jon Elster, widersprüchliche Strukturen für die Soziologie fruchtbar zu machen und zeige, warum er scheitert. Dann stelle ich die meiner Ansicht nach einzige Möglichkeit vor, einen echten Widerspruch in sozialen und individuellen Zusammenhängen aufzulösen. Die Brisanz dieser Widersprüche, aber auch ihre kreative Potenz erläutere ich im weiteren Verlauf des Kapitels 6, bevor ich dann auf dieser Basis im Schlußkapitel meine Erweiterung der Simmelschen Antwort auf die Frage »Wie ist Gesellschaft möglich?« vorstelle und mit neuen Fragen, die eine soziologische Theorieentwicklung in der späten Moderne anleiten sollten, schließe.

6 Was ist der Titel dieses Kapitels?

Mit dem *double bind* habe ich bis jetzt eine *Gestalt* beschrieben, die reflexiven Systemen immanent ist, so also auch der reflexiv gewordenen Moderne. Sie ist charakterisiert durch eine im Vergleich zur klassischen Moderne veränderte Beziehung zwischen System und Lebenswelt, die einerseits zwar die individuellen Freiheitsgrade hinsichtlich der Gestaltung der eigenen Persönlichkeit und der eigenen Biographie erhöht, andererseits und infolgedessen steigt aber auch die Wahrscheinlichkeit, daß so selbstbestimmt geschaffene Lebensentwürfe scheitern. Der *double bind* tritt aber auch in lebensweltlicher Kommunikation auf und kann hier eine sehr zerstörerische, aber auch eine kreative Kraft entfalten. In diesem Kapitel diskutiere ich verschiedene Möglichkeiten des Umgangs mit dieser widersprüchlichen Struktur.

Logik und Gesellschaft

Bevor man sich verschiedenen Möglichkeiten der Auflösung logischer Widersprüche zuwendet (und der *double bind* schafft im Augenblick seines Bestehens für den Betroffenen einen logischen Widerspruch), muß man sich darüber klar sein, was denn ein logischer Widerspruch überhaupt in sozialen Kontexten bedeuten kann. Diese Klärung wollte auch Jon Elster in seinem Buch »Logik und Gesellschaft« (1981) erreichen. Er beschränkt den Anwendungsbereich des logischen Widerspruchs in der Psychologie auf bestimmte Erscheinungsformen widersprüchlicher Wünsche und widersprüchlicher Überzeugungen, wobei er »...das Widersprüchliche als expliziten Gegenstand von Überzeugungen oder Wünschen...« (Elster, 1981: 118f.) aus seiner Analyse ausschließt. Widersprüchliche Wünsche und Überzeugungen spielen bei Elster bestenfalls als »geistige Widersprüche« eine Rolle, während er die sozialen Widersprüche mit »Kontrafinalität« und »Suboptimalität« (ebd. 152) beschreibt. Kontrafinalität ist die Folge des »Kompositionsfehlschlusses«, *fallacy of composition* (ebd. 154 ff.):

> Die gängigste Interpretation in der philosophischen Literatur ist die Ableitung des Satzes »diese Gruppe ist F« von »jedes Mitglied dieser Gruppe ist F«; der Teilungsfehlschluß gilt dann als die umgekehrte Deduktion.
> In vielen Fällen ist der Fehlschluß bedingt durch die Doppeldeutigkeit des Eigennamens »F«. »Stark« meint offenbar nicht dasselbe, wenn es auf eine Armee und wenn es auf die Individuen angewandt wird, die diese Armee bilden. (Elster, 1981: 154 f.)

Elster nennt u. a. zwei Beispiele, in denen durch den Kompositionsfehlschluß Kontrafinalität erreicht wird:

> (b) Von der Tatsache, daß jedermann sein Geld auf die Bank bringen kann und Zinsen aus ihm zieht, wird manchmal geschlossen, daß jeder das gleichzeitig tun könnte.
> (c) Aus der Tatsache, daß einer sein eingezahltes Geld von der Bank abheben kann, wenn er möchte, ist man leicht versucht, den (allerdings falschen und verhängnisvollen) Schluß zu ziehen, daß das jedermann gleichzeitig tun könnte. (Elster, 1981: 164 f.)

Kontrafinalität entsteht also dann, wenn ein Individuum von einer richtigen Voraussetzung ausgeht, die aber im Fall einer Verallgemeinerung zu einer falschen Ableitung führt.

Die zweite Variante sozialer Widersprüche bezeichnet Elster mit »Suboptimalität« (Elster, 1981:195 ff.). Der zentrale Unterschied zur Kontrafinalität liegt in der unterschiedlichen Motivation der beteiligten Akteure:

> In einem Gefangenen-Dilemma wird z. B. Kontrafinalität her-
> vorgebracht, wenn jedermann x tut, in der Hoffnung, der ein-
> zige zu sein, der x tut, und Suboptimalität, wenn jedermann x
> tut, aus Angst, der einzige zu sein, der x nicht tut. (Elster, 1981:
> 196)

Kontrafinalität entsteht also, wenn ich im Gefangenendilemma alles
gestehe und noch die Kollegen heftig belaste in der Hoffnung, Nutz-
nießer einer Kronzeugenregelung zu sein. Suboptimalität hingegen
wird erreicht, wenn ich und alle anderen Kontenbesitzer das Geld
von der Bank holen, weil ich befürchte, ebenso wie die Kollegen, ich
könnte der einzige sein, der das nicht tut, und dennoch weiß, daß es
nicht alle tun dürfen, sofern der befürchtete Effekt nicht eintreten
soll.

Die gemeinsame Struktur von Kontrafinalität und Suboptimalität
besteht darin, daß etwas getan wird, von dem man weiß, daß es in
keinem Fall von allen anderen auch getan werden kann, sonst hat
auch das individuelle Tun nicht nur keinen Sinn, sondern erreicht
gerade das Gegenteil des Beabsichtigten. Anders ausgedrückt, das
eigene Tun ist nur unter der Annahme sinnvoll, daß mindestens
einer dümmer ist als man selbst.

Elster hat hier zwei Dilemmata beschrieben, die sich offenbar
ohne weiteres in die Soziologie übersetzen lassen. Dennoch hat er
die offensichtlichste Möglichkeit übersehen beziehungsweise als
Geistesverwirrung zurückgewiesen. Diese bestand ja darin, daß sie
das explizit Widersprüchliche zum Gegenstand hatte, also *g* und *~g*.
Diesen klassischen logischen Widerspruch hielt Elster für irrele-
vant:

> Der letzte Fall (in dem das Widersprüchliche explizit Gegen-
> stand eines Wunsches oder einer Überzeugung war, SF) kann
> vermutlich pathologisch genannt werden: nur Schizophrene
> und Hegelianer können das Widersprüchliche als expliziten
> Gegenstand von Überzeugungen oder Wünschen wählen.
> (Elster, 1981: 118 f.)

Elster schließt hier das einzige Modell aus, das tatsächlich einen Widerspruch darstellt. Ein Fehlschluß, also das Modell, das er als Vorbild für Widersprüche in Gesellschaft zuläßt, ist kein logischer Widerspruch, bestenfalls kann er zu einem solchen führen.[107] Und erst dann, also rückblickend, können wir von einem Fehlschluß sprechen. Elsters Modell eines korrekten Antecedens und eines korrekten Schlusses, der dann zu einem falschen Consequens führt, gibt es logisch betrachtet nicht. Entweder ist hier das Antecedens falsch oder die Schlußweise, *denn das und nichts anderes besagt ein falsches Consequens.*[108]

Die Einsicht, daß ich mein Geld von der Bank abheben und dann noch Zinsen bekommen kann, dies aber nicht funktioniert, wenn alle dasselbe tun, hat mit logischem Schließen also wenig zu tun. Wenn ich ernsthaft untersuchen will, wie sich die Logik und ihre Paradoxien zum Sozialen verhalten, scheint die Frage, wann eine Struktur, die mit g und $\sim g$ (= echter logischer Widerspruch) beschrieben ist, in sozialen Kontexten auftaucht, ob sie das tut und wie diese Struktur aufgelöst wird, interessanter zu sein. Sie wird in den folgenden Abschnitten untersucht.

---

[107] Die »geistigen« Widersprüche, die Elster behandelt, kommen eher in die Nähe von g und $\sim g$, aber auch hier sind die Widersprüche immer Folge von falschen oder irrigen Ableitungen (die nicht einmal vom Träger der Überzeugungen/Wünsche vorgenommen werden müssen: es reicht, wenn sie prinzipiell möglich sind).

[108] Ein Beispiel für ein falsches Antecedens, das über ein falsches Consequens entlarvt wird, ist die Deduktion des singulären Satzes »Schwein Anton ist grün und fliegt« aus der Hypothese »Alle Schweine sind grün und fliegen«. Ein Beispiel für eine falsche Schlußweise, die man sehr viel schwerer erklären kann, ist die folgende Ableitung, die Bateson als typisches Beispiel für eine schizophrene Symptomatik nennt:
Menschen sterben
Gras stirbt
Menschen sind aus Gras
Was hier genau durcheinandergebracht wird, ist Thema des Abschnitts »Diesen Satz darf man nicht lesen«.

Zeit

Es gibt drei Möglichkeiten, den klassischen Widerspruch der zweiwertigen Logik als sozialen und/oder psychologischen Widerspruch zu übersetzen und aufzulösen: erstens durch die Einführung eines Zeitpfeils, zweitens durch die Aufhebung der Gleichrangigkeit der einander widersprechenden Möglichkeiten (Russells Typentheorie)[109], und drittens durch die Anerkennung verschiedener Kommunikationsebenen, die durchaus im selben Moment widersprüchliche Signale senden können und so eine unentscheidbare Situation herstellen. Letzteres ist natürlich keine Auflösung des Widerspruchs, meistern kann man ihn dennoch (und tut das in der Regel in Alltagskommunikation auch). Bei der Behandlung der ersten und zweiten Möglichkeit wird zu zeigen sein, daß es sich hier um alltägliche Situationen handelt, die kaum gefährlich sind. Bei der Untersuchung der dritten Möglichkeit werde ich zeigen, daß sie für den dauerhaft Betroffenen in der Tat in die Pathologie führen kann, aber manchmal auch in kreativer Problemlösung resultiert.

In Kapitel 5 habe ich schon festgestellt, daß die *Erfassung beider Möglichkeiten der Interpretation* des Satzes des Epimenides offenbar nicht gleichzeitig geschehen kann, sondern nur *nacheinander und abwechselnd*. In dem Augenblick, wo Gleichzeitigkeit angestrebt wird, ist die Wahrnehmung sowohl des logischen als auch des visuellen Paradoxons (wie etwa beim Möbiusband) unscharf. Insofern erinnert die Problematik (nicht nur) des Kreter-Paradoxons an die Heisenbergsche Unschärferelation: Es ist nicht möglich, gleichzeitig Aufenthaltsort und Geschwindigkeit eines Elektrons festzustellen, das einen Atomkern umkreist.

Die erste Variante der Auflösung von Widersprüchen der Form *g* und *~g*, nämlich die der Verzeitlichung ist schnell durchdacht. *g* soll

---

[109] Letztlich ist auch die Verzeitlichung eine Aufhebung der Gleichrangigkeit beider einander widersprechender Möglichkeiten, aber es wird hier nicht hierarchisch bezüglich der logischen Typenzugehörigkeit differenziert, sondern chronologisch.

hier eine Präferenz für die Farbe »Grün« bezeichnen, ~g also die Abwesenheit einer Präferenz für die Farbe »Grün«. Die Diskussion, ob ein psychisches System beide Möglichkeiten beherbergen kann, scheint fast schon banal. Die Möglichkeit, Farb-Präferenzen zu verändern, ist vermutlich jedem aus eigener Erfahrung bekannt oder ohne allzu große Mühe vorstellbar. Und auch wesentlich radikalere Veränderungen von Präferenzen sind in der menschlichen Geschichte beobachtet und dokumentiert worden.

Der historischen Betrachtung bietet sich dann ein logisch kaum zu begreifendes Bild: g und ~g sind friedlich im selben Bild vereint!

Übersetzt man also g und ~g in einander ausschließende Wünsche oder Aussagen, so sind diese Widersprüche über die Invention des Faktors Zeit zu neutralisieren. Das Kreter-Paradoxon fällt aber offenbar nicht in die Kategorie dieser Widersprüche.

Der strukturelle Unterschied zwischen beiden Arten von Widersprüchen besteht darin, daß im ersten Fall, also g und ~g, *zwei Sätze* miteinander in Konflikt geraten und im zweiten Fall *ein Satz* mit sich selbst (»Dieser Satz ist falsch«) bzw. mit dem System, in dem er gültig zu sein behauptet (Kreter-Paradoxon), im Krieg zu liegen scheint.

Das psychische Äquivalent zu dem Satz, der mit sich selbst im Konflikt liegt, ist der Selbstmord, der damit auch gleichzeitig die Lösung des Widerspruchs enthält. Dies ist der einzige Fall, der, analog zur Logik, das Ende der Existenz des Systems notwendig zur Folge hat, oder es gleichzeitig mit dem Prozessieren dieses Widerspruches bewirkt.[110]

Das Kreter-Paradoxon in sozialer Kommunikation endet weniger

---

[110] Natürlich gibt es hier dennoch zentrale Unterschiede zur zweiwertigen Logik: Die Selbstnegation eines psychischen Systems kann sich graduell verstärken und sich erst im Höhepunkt der Ich-Verneinung erfüllen, die Logik hingegen kennt weder die Tragik noch die graduelle Verstärkung eines Widerspruchs. Prinzipiell bleibt aber festzustellen, daß bezüglich der Auflösung des Widerspruchs hier tatsächlich zur Logik analoge Mechanismen zu erkennen sind: Entweder der Widerspruch oder das ihn enthaltende System verschwindet.

fatal, und die Auflösung erinnert in einigen Varianten an die Typentheorie von Russell. Im nächsten Abschnitt wird dies anhand einer persönlichen Begegnung der Familie Meier mit Epimenides verdeutlicht.

Principia Mathematica – wie man versucht, klarzumachen, daß man das nicht ist, was man behauptet hat zu sein

Wie kann nun das Kreter-Paradox in der persönlichen Begegnung aufgelöst werden?

Angenommen, wir kennen Epimenides persönlich, und er konfrontiert uns mit seinem Satz. Nach Russell läge die Entscheidung, ganz gleich was man von Epimenides' Charakter hält, klar vor dem Betrachter: Epimenides kann Kreter sein und behaupten, alle Kreter lügen. Im Moment seiner Aussage ist er jedoch so zu betrachten, als sei er kein Kreter und gehöre nicht zu der so beschimpften Gruppe. Interessanterweise geht die erste Variante der sozialen Auflösung des Paradoxons genauso vor: Man kennt und schätzt Epimenides, ist angenehm überrascht von der Offenheit seines Geständnisses bezüglich der negativen Eigenschaften seiner Landsleute und vermutet keinen Augenblick, daß Epimenides ähnlich schlitzohrig sein könnte. Dieses Phänomen ist aus allen Gegenden mit einigermaßen hohem Touristenaufkommen bekannt.[111]

Auch die andere Möglichkeit, mit Epimenides und seinem Satz umzugehen, schließt Epimenides aus der Gruppe derer, über die er etwas aussagt, aus: Man kennt und schätzt den einen oder anderen Kreter, hielt Epimenides von Anfang an für ein Schlitzohr und vermutet, eben jener schwärzt seine Landsleute ungerechtfertigt zur Durchsetzung seiner eigenen Interessen und zur Verbesserung der eigenen Reputation an – um dann erst so richtig in die Sahne zu lan-

---

[111] Damit soll natürlich nicht angedeutet werden, daß die abendländische Philosophie jahrhundertelang auf dem Holzweg war, indem sie einem antiken Touristenverführer aufsaß.

gen. Soweit besteht also eine erstaunliche Übereinstimmung mit der Typentheorie Russells.

Aber es gibt noch eine dritte Möglichkeit, die ebenfalls von deutschen Touristen praktiziert wird und die Typentheorie in geradezu unerträglicher Weise verletzt. Man weiß, die Kreter lügen, man weiß, Epimenides lügt auch, und alles ist in schönster Ordnung. Eigentlich hatte Epimenides nur noch einmal explizit bestätigt, was man schon immer ahnte und was nun dadurch, »daß er ja selbst ein Kreter…«, bestätigt wird.

Nun kann man hier einwenden, daß sich diese Touristen vermutlich nicht mit Logik befaßt haben. Gerade das macht sie in diesem Zusammenhang interessant. Der Logiker würde nie wieder aus Epimenides' Taverne hinauskommen und über dem Versuch, dessen Paradox zu enträtseln, in einer Ouzo-Lache elend zugrunde gehen. Paul und Erna Meier sehen die Situation viel entspannter. Aber wie und warum?

Offenbar wird in den ersten beiden Beispielen die Ratlosigkeit, die das Kreter-Paradox verursacht, durch eine (intuitive) Anwendung der Typentheorie vermieden. Die Typentheorie von Meiers bedient sich der »Ausnahme«, um Sprecher oder die Menge, über die die Aussage getroffen wird, vom Geltungsbereich der Aussage auszuschließen. Im ersten Fall ist Epimenides die Ausnahme, im zweiten Fall die Menge (der Kreter). Auch im dritten Beispiel scheint es ein Bewußtsein über das Vorhandensein verschiedener Kommunikationsebenen zu geben, nur hat es scheinbar keine Auswirkungen auf das Verständnis der Kommunikation.

Dieser Eindruck ändert sich, wenn man sich die Feinstruktur dessen ansieht, was sich zwischen Epimenides und Familie Meier abspielt. Der Mechanismus, der hier wirksam wird, ähnelt in vieler Beziehung der *Koketterie*, die ich später beschreiben werde als strategische Verwendung von Kommunikationsebenen mit scheinbar paradoxem Ergebnis: Familie Meier geht davon aus, daß Epimenides ihnen etwas anvertraut, was der Wahrheit entspricht, um durch diesen Vertrauensbeweis wiederum ihr Vertrauen zu erringen. Weiter nehmen sie an, daß Epimenides seine vertrauliche Mitteilung

mit Bedacht wählt: Durch die Diskreditierung der Gruppe, der Epimenides angehört, setzt selbiger offenbar besonders großes Vertrauen in die Meiers und hofft gleichzeitig auf den »Russell-Effekt«,
der darin bestünde, daß Meiers selbstverständlich nicht davon ausgehen, daß jemand, der so ehrlich ist, daß er arme Touristen vor der
Doppelzüngigkeit seiner Landsleute warnt, selbst ein Lügner ist.
Meiers jedoch sind so dumm nicht.

Die komplexe »verwickelte« Hierarchie, die Familie Meier zu
diesem Schluß führt, ist in Abbildung 7 noch einmal grafisch aufbe-
reitet.

Zwei Aspekte hebt die Graphik noch einmal besonders hervor:
erstens die »Ausnahme« und zweitens den »Russell-Effekt«, der in
dieser doppelt verwickelten Fassung im Ergebnis zum Gegenteil der
eigentlichen Intention (von Epimenides) führt. Die Kreter lügen,
Epimenides lügt auch, bestätigt wundersamerweise durch seine
Aussage noch einmal, daß die Kreter lügen, und sagt hier ausnahmsweise die Wahrheit. Hier ist offenbar keine Aussagenlogik ausschlaggebend, sondern eher eine *unterstellte »Strategie-Logik«*. Auch
der »Russell-Effekt« ist ein strategischer: Das scheinbare Paradoxon, das durch den Satz und den Autor des Satzes kreiert wird, soll
dazu führen, daß der Autor als quasi lebendige Ausnahme des
Systems, das er gerade bestätigt, wahrgenommen wird, schlägt aber
durch die Reflexion seines Kalküls durch die potentiellen Opfer auf
ihn selbst zurück.

Ein »Russell-Effekt« entsteht also dann, wenn man eine paradoxe Struktur à la Epimenides einsetzt, um zu erreichen, daß der
Sprecher aus der Menge, über die er etwas aussagt, exkludiert wird,
obwohl sich die Aussage (auch) auf ihn bezieht.

Im Falle des Verhaltens, das man als *Koketterie* beschreibt, ist die
ganze Struktur sogar noch bemerkenswerter: Die Menge, über die
etwas ausgesagt wird, enthält nur den Sprecher. Durch strategische
Verwendung der Beziehung zwischen Kommunikation und Meta-
kommunikation wird die Exklusion des Sprechers aus der Menge
erreicht, die dann letztlich nichts mehr enthält, es bleiben keine
anderen Kreter/zu dicke/zu doofe mehr übrig! Er diskreditiert also

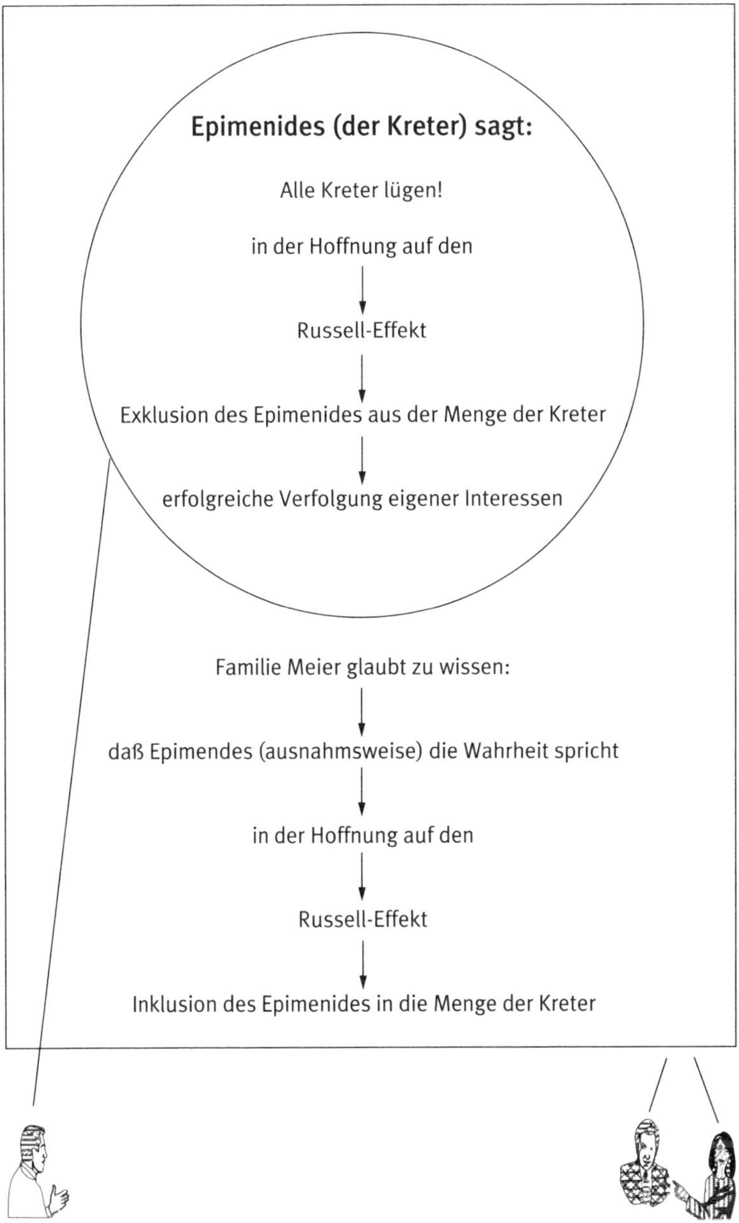

Epimenides (der Kreter) sagt:

Alle Kreter lügen!

in der Hoffnung auf den

↓

Russell-Effekt

↓

Exklusion des Epimenides aus der Menge der Kreter

↓

erfolgreiche Verfolgung eigener Interessen

Familie Meier glaubt zu wissen:

↓

daß Epimendes (ausnahmsweise) die Wahrheit spricht

↓

in der Hoffnung auf den

↓

Russell-Effekt

↓

Inklusion des Epimenides in die Menge der Kreter

Abbildung 7: Familie Meier und Epimenides

von vornherein und ausschließlich sich selbst, und er diskreditiert strategisch. Klagt Paul Meier also lautstark über die ein wenig außer Form geratene Körpermitte und läßt sich dann von Erna damit trösten, daß er sich einfach zu kritisch betrachtet, dann hat der Russell-Effekt der ersten Ordnung funktioniert.

Der »Russell-Effekt« beruht also darauf, daß der Satz, der das System bestätigt, gleichzeitig die Exklusion des Systems aus dem Gültigkeitsbereich des Satzes notwendig machte, um eine paradoxe Struktur zu vermeiden. Der »Russell-Effekt« für Fortgeschrittene erkennt die strategische Anwendung des Russell-Effekts beim Gegenüber und macht das Ganze wieder rückgängig. Auch hier wird ein Paradox durch die Anwendung der Ausnahme vermieden, ohne die sich wahrscheinlich schon die Atome in der Ursuppe sehr schnell wieder getrennt hätten.

So ist Hofstadter in seiner Kritik der Typentheorie zwar dahingehend zuzustimmen, daß wir »...beim Sprechen über verschiedene Dinge nicht eine linguistische Hierarchie hinauf- und hinunterhüpfen...« (Hofstadter, 1979: 25), aber es scheint dennoch so etwas wie eine sprachlogische Intuition zu geben, die uns sagt, wann wir etwas mitteilen, wann wir etwas über eine Mitteilung mitteilen, wann unser Gegenüber so tut, als würde er uns etwas mitteilen, und uns eigentlich etwas über eine Mitteilung mitteilt usw. Daher mag seine Kritik an Russells Typentheorie (ganz zu schweigen von der Widerlegung bzw. Relativierung durch Gödel 1931) durchaus berechtigt sein, gerade wenn er bemerkt, daß diese Theorie versucht, Paradoxien um den Preis der theoretischen Eleganz und Einfachheit auszuschließen.

Dennoch scheint es sich bei der basalen Konstruktion von logischen Typen, die sich hierarchisch zueinander verhalten und bei deren »illegaler« Verknüpfung mehr als nur Verwirrung entsteht, um eine sehr grundlegende Struktur zu handeln. Nur ist offenbar Kommunikation (und möglicherweise auch viele andere Gebiete, auf denen diese Strukturen wirksam sind) dadurch gekennzeichnet, daß die Hierarchien keine unüberwindbaren Grenzen darstellen, sondern sowohl im Dienste der Kreativität als auch der pathogenen strategischen Exklusion miteinander verwickelt werden können. Nach dem eher harmlosen Beispiel von Pauls Koketterie werde ich im nächsten Kapitel den ernsthaften Gefahren einer dauerhaften Verwicklung in Gestalt des *double bind* nachspüren.

»Diesen Satz darf man nicht lesen!« – Der double bind

Der *double bind* ist die dritte Möglichkeit, die Auswirkungen eines logischen Widerspruchs in sozialen Zusammenhängen zu konstruieren. Es handelt sich dabei um eine Kommunikationssituation, in der die Fähigkeit mindestens eines Teilnehmers, über Mitteilungen (seien es die eigenen oder die von anderen Gesprächsteilnehmern) zu kommunizieren, negiert wird.

Das Konzept des *double bind* wurde von Gregory Bateson in den fünfziger Jahren im Rahmen eines Forschungsprojektes über die Genese von Schizophrenie an der Stanford University entwickelt.[112] Die Grundannahme war, »...daß die Symptome der Schizophrenie auf eine Unfähigkeit hinweisen, die logischen Typen zu unterscheiden...« Bateson et al., 1984: 11, vgl. auch Bateson, 1992 [1942 bis 1971]). Kommunikative Grausamkeit bedeutet dann, diese Patienten mit strategischer Kommunikation, wie sie im vorhergehenden Kapitel geschildert wurde, zu konfrontieren.

Die kommunikationstheoretischen Grundlagen für den Ausbau dieser Intuition zur *double bind*-Hypothese finden sich in Batesons Lerntheorie, die ich im folgenden Abschnitt vorstelle.

Wie lernt man, wie man lernt?

Bateson (1992 [1942 – 1971]) geht von vier verschiedenen Stufen des Lernens aus, die sich hierarchisch zueinander verhalten: Lernen II kann auf Lernen I wirken und es verändern, aber nicht umgekehrt. Er entwickelt seine Typologie der einzelnen Lernstufen in Anleh-

---

[112] Vgl. die Beiträge in Bateson et al., 1984.

nung an Russells Typentheorie. Die Lerntypen diskutiere ich in diesem Abschnitt.

Auf der ersten Stufe (Lernen null) wird nur reagiert und nicht gelernt:

> Das ist der Fall, bei dem ein Einzelwesen minimale Veränderungen in seiner Reaktion auf eine wiederholte Einheit der sensorischen Eingabe zeigt ... (z. B. in) ... Fällen, in denen das Reaktionsmuster minimal durch Erfahrung und maximal durch genetische Faktoren determiniert ist ... (z. B. in) ... einfachen elektronischen Schaltungen, wo *die Schaltmuster selbst nicht der Veränderung unterworfen sind, die sich aus dem Durchgang von Impulsen innerhalb der Schaltung ergibt* – d. h. wo die kausale Verknüpfung zwischen »Reiz« und »Reaktion« »eingelötet« sind ... (Bateson, 1992 [1942–1971]: 367).

Lernen durch »Versuch und Irrtum« gibt es auf dieser Ebene nicht. Denn »Versuch und Irrtum« würde heißen, einen Fehler zu machen und aus der *Einsicht in den Fehler* künftiges Verhalten modifizieren. Bei Lernen null wird dagegen nur ein mechanisch oder genetisch festgelegter Mechanismus an Veränderungen in einem sehr engen Rahmen adaptiert.[113]

Lernen I enthält dagegen Elemente vom »Versuch und Irrtum«.

> Lernen I wird ein geeignetes Etikett für die Zurücknahme der Wahl innerhalb einer unveränderten Menge von Alternativen sein; Lernen II wird das Etikett für die Revision der *Menge* sein, aus der die Wahl getroffen werden soll, ... (Bateson, 1992 [1942–1971]: 371)

Lernen I ist also die Veränderung von Lernen null und damit eigentlich erst »Lernen« im strengen Sinne. Bateson nennt Fälle von Ge-

---

[113] Ein Beispiel für Lernen null ist die Ausrichtung eines Servo-Zielmechanismus (vgl. Ruesch/Bateson, 1968).

wöhnung, von Erlöschen von Gewohnheit, Konditionierung etc. als Beispiele für Lernen I. Was konstant bleibt, ist der Kontext der Reaktionen, verändert werden nur die Reaktionen selbst. Die Annahme eines konstanten Kontextes ist zentral für Batesons Versuch, Lernprozesse analog zur logischen Typentheorie zu verstehen:

> *Ohne* die Annahme eines wiederholbaren Kontexts (und *ohne* die Hypothese, daß die Abfolge der Erfahrung *für den Organismus*, den wir studieren, tatsächlich irgendwie in dieser Weise interpunktiert ist) würde folgen, daß alles »Lernen« von *einem* Typ wäre: nämlich »Lernen null«. Über das Pawlowsche Experiment würden wir einfach sagen, daß die Nervenschaltungen des Hundes von Anfang an »eingelötete« Charakteristika dergestalt enthalten, daß er im Kontext A zum Zeitpunkt 1 keinen Speichel absondert, dies aber in dem vollkommen verschiedenen Kontext B zum Zeitpunkt 2 tun wird. Was wir zuvor als »Lernen« bezeichneten, würden wir nun als »Unterscheidung« zwischen den Ereignissen des Zeitpunkts 1 und den Ereignissen von Zeitpunkt 1 *plus* Zeitpunkt 2 beschreiben. (Bateson, 1992 [1942–1971]: 373)

Ein Kontext bezeichnet für Bateson »...alle jene Ereignisse, die dem Organismus mitteilen, unter welcher *Menge* von Alternativen er seine nächste Wahl zu treffen hat.« (Bateson, 1992 [1942–1971]: 374). Die Typentheorie[114] von Russell/Whitehead wendet Bateson nun für eine Hierarchisierung der Kontexte von Reaktionen an:

---

114 Hier bemerkt Bateson zudem, daß ein zentrales Problem der Übertragbarkeit der logischen Typentheorie auf nicht formalisierte Gebiete darin liegt, daß diese ursprünglich auf digitale Systeme bezogen war. Kommunikation im sozialen oder psychischen Bereich hat aber natürlich auch (und teilweise überwiegend) analoge und ikonische Elemente. In diesem Bereich funktionieren die Axiome der Typentheorie nicht mehr. Wenn auf der Ebene digitaler Kommunikation ein durch die Typentheorie verbotenes Mißverständnis darin bestünde, die Speisekarte anstatt der Speise zu verzehren, so gäbe es dieses Problem in rein analoger Kommunikation, in der die Speise für sich selbst stehen könnte, nicht.

Wir müssen den Begriff des »Kontexts« entweder aufgeben, oder wir halten an diesem Begriff fest und akzeptieren mit ihm auch die hierarchische Reihe – Reiz, Kontext des Reizes, Kontext des Kontexts des Reizes usw. Diese Reihe läßt sich wie folgt in Form einer Hierarchie von logischen Typen ausdifferenzieren:

Reiz ist ein elementares inneres oder äußeres Signal.

Der Kontext des Reizes ist eine Metamitteilung, die das elementare Signal klassifiziert.

Der Kontext des Kontexts des Reizes ist eine Meta-Metamitteilung, die die Metamitteilung klassifiziert. (Bateson 1992 [1942 – 1971]:374)

Weitere Informationen codiert die »Kontext-Markierung«. Sie ist ein Signal, das ankündigt, daß nun mit einer bestimmten Reihe von Kontexten zu rechnen ist. Ein Beispiel für eine Kontext-Markierung ist das Gurtzeug, das dem Laborhund angelegt wird, und dieser »weiß« damit, daß jetzt mit einer Versuchssituation zu rechnen ist. Die Situation eines Theaterbesuchers, der sich das Stück *Hamlet* anschaut, beschreibt eigentlich schon eine Kontext-Markierung einer Kontext-Markierung. Die Zuschauer werden hier nicht die Polizei rufen, wenn Hamlet von Selbstmord spricht »... weil sie Informationen über den Kontext von Hamlets Kontext erhalten haben. Sie wissen, daß es ein ›Stück‹ ist, und haben diese Information aus vielen ›Markierungen des Kontexts des Kontexts‹ gewonnen« (Bateson, 1992 [1942 – 1971]: 375).

Das Erkennen von Kontext-Markierungen muß gelernt werden. Kinder wissen bis zu einem bestimmten Alter nicht, was die Kontext-Markierungen »Eintrittskarten, Stuhlreihen, Vorhang, etc.« zu bedeuten haben, und agieren z. B. bei bedrohlichen Situationen auf der Bühne so, als fänden diese außerhalb des Theaters statt. Ähnliche Konfusion kann der Kontakt mit anderen Kulturen verursachen, etwa begeistertes (touristisches) Klatschen bei religiösen Darbietungen als Reaktion auf die Kontexte »Stuhlreihen, Bühne, Darbieter«.

Mit der Möglichkeit der Mißachtung von Kontexten oder von Kontext-Markierungen ist der Schritt zu Lernen II getan. Lernen II soll die Veränderung in der Wahl der Menge der Alternativen »…oder eine Veränderung in der Art und Weise, wie die Abfolge der Erfahrung interpunktiert ist« (Bateson, 1992 [1942–1971]: 379) beschreiben. Anders formuliert, der Lernende lernt hier Muster, er abstrahiert vom Einzelfall und wendet Verhaltensabfolgen in einem als ähnlich erkannten[115] Kontext wieder an. Die verschiedenen Lernebenen lassen sich wie folgt charakterisieren:

Lernen null ist durch die *spezifische Wirksamkeit der Reaktion* charakterisiert, die – zu Recht oder zu Unrecht – keiner Korrektur unterliegt.

Lernen I ist *Veränderung in der spezifischen Wirksamkeit der Reaktion* durch Korrektur von Irrtümern der Auswahl innerhalb der Menge von Alternativen.

Lernen II ist *Veränderung im Prozeß des Lernens I*, z. B. eine korrigierende Veränderung in der Menge von Alternativen, unter denen die Auswahl getroffen wird, oder es ist eine Veränderung in der Art und Weise, wie die Abfolge der Erfahrung interpunktiert wird.

Lernen III ist *Veränderung im Prozeß des Lernens II*, z. B. eine korrigierende Veränderung im System der Mengen von Alternativen, unter denen die Auswahl getroffen wird…

Lernen IV wäre *Veränderung im Lernen III*, kommt aber vermutlich bei keinem ausgewachsenen lebenden Organismus auf dieser Erde vor. Der Evolutionsprozeß hat jedoch Organismen hervorgebracht, deren Ontogenese sie zum Lernen III bringt. Die Verbindung von Ontogenese und Phylogenese erreicht in der Tat Ebene IV. (Bateson, 1992 [1942–1971]: 379)

---

[115] Zu den enormen Schwierigkeiten, den Prozeß des Erkennens von Ähnlichkeiten zu erklären und zu simulieren, vgl. Bongard (1970).

Lernen IV ist im Zusammenhang mit meinen Überlegungen nicht relevant. Ich werde hier jetzt vor allem Lernen II und Lernen III erläutern, um mit diesen analytischen *tools* im folgenden Kapitel zu klären, was genau in einer *double bind*-Situation durcheinandergerät.

Ob Lernen II erreicht wurde, läßt sich folgendermaßen feststellen: Wenn die Übertragung des Kontexts auf die neue Situation erfolgreich ist, müßte sich eine Beschleunigung im Lernen I feststellen lassen. Also wenn z. B. jemand noch nie mit Bongard-Problemen gearbeitet hat (vgl. Abbildung 8), so wird er sich zunächst mit dem Versuch, sie zu lösen, schwertun. Sobald er aber gelernt hat, daß es bei Bongard-Problemen darum geht, komplementäre Muster zu erkennen, die durch jeweils sechs Kästchen, die einander gegenüberstehen, ausgedrückt werden (= Lernen II), wird die einzelnen Bongard-Probleme deutlich schneller lösen können.

Gelernt und in den Kontext eines neuen Bongard-Problems transportiert wurde hier nicht, daß im Bongard-Problem Nr. 25 im ersten Set die Dreiecke ausgefüllt sind und im zweiten Set die Kreise. Eine Übertragung dieser Lerninhalte auf das Bongard-Problem Nr. 61, dessen Lösung darin besteht, daß die Linie im ersten Set eine gleiche Anzahl von Kreuzen trennt und im zweiten Set eine ungleiche Anzahl, wäre eher hinderlich und würde eine Übertragung der Inhalte auf der Ebene von Lernen I bedeuten. Erfolgreiches Lösen von Bongard-Problemen setzt hingegen Lernen II voraus, das hier darin besteht, zu erkennen, daß Bongard-Probleme Analogien verschlüsseln. Gelernt wird also das folgende Muster

1. *(Set 1 in Einzelelemente zerlegen – Gleiche Elemente zu Charakteristikum von Set 1 summieren) = Suchen der Besonderheit in Set 1*

2. *»Geschärften Blick« Set 2 zuwenden – Hypothese auf den ersten Blick*

3. *Hypothesenüberprüfung durch Zerlegung von Set 2 in Einzelelemente*

4. *Gleiche Elemente zu Charakteristikum von Set 2 summieren.*

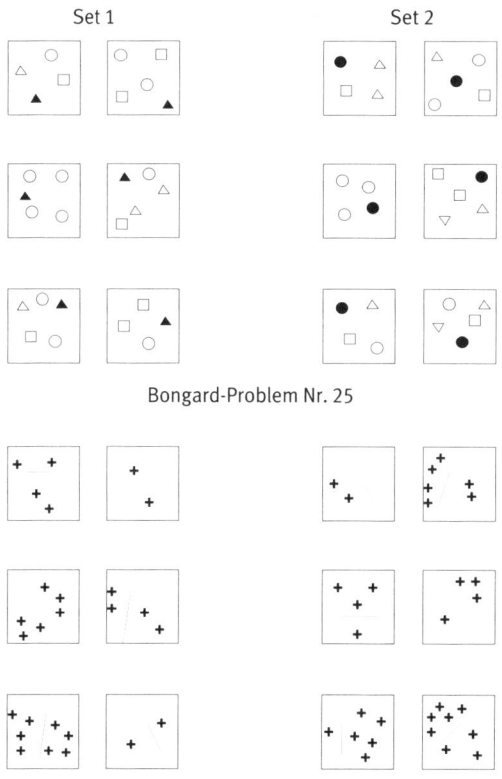

Set 1   Set 2

Bongard-Problem Nr. 25

Bongard-Problem Nr. 61

Aus Bongard, 1970: 222 und 224

Abbildung 8: Bongard-Probleme

Wie schnell der geschärfte Blick zur »Hypothese auf den ersten Blick« führt, hängt von der Routine im »Bongard-Probleme-Lösen« ab. Am Anfang wird es vermutlich so sein, daß man auch Set 2 zuerst in Einzelelemente zerlegt, um zu dem Charakteristikum zu gelangen. Bei Erfolg wird die »Hypothese auf den ersten Blick« immer öfter zutreffen. Bei Mißerfolg, also einer falschen Mustererkennung und/oder -übertragung, wird sich hingegen Lernen I verlangsamen. Mißerfolg könnte hier bedeuten, daß sich die Idee festsetzt, Bongard-Probleme könnten durch das Abzählen voneinander unabhängig vorhandener geometrischer Strukturen in den einzelnen Kästchen gelöst werden. Wenn man einen so in die Irre geführten

Menschen beobachtet, vermutet man, wenn er sich an das erste Bongard-Problem macht, daß er einfach eine falsche Idee über das Muster dieses speziellen Bongard-Problems entwickelt hat (=Lernen I). Sieht man ihn sich aber genauso über das zweite und dritte Problem hermachen, so kann man vermuten, daß die Fehlleistung auf einer anderen Ebene lokalisiert ist und der Betrachter meint, »Zählen« sei das Muster, mit dem man Bongard-Probleme lösen kann. Mit einem kleinen Hinweis von außen fällt es dem Fehlgeleiteten dann wie Schuppen von den Augen (=Lernen II). Lernen II umfaßt also die sehr komplexe Leistung des Erkennens einer *Gestalt* oder auch von Familienähnlichkeiten im Sinne Wittgensteins (Wittgenstein,1984 [1945]: 278[§67]).

Die Schritte auf der Ebene von Lernen I werden mit zunehmendem Erfolg auf der Ebene von Lernen II immer schneller. Lernen III als Modifikation von Lernen II (oder, vielleicht besser: als Erwerb der Freiheit zu potentiellen Modifikationen von Lernen II) findet dagegen nicht sehr häufig statt, und der Versuch birgt in sich die Gefahr ernsthafter psychischer Erkrankung, aber auch die Chance zu echter Kreativität.

Bei meinem Beispiel der Mustererkennung zur Lösung von Bongard-Problemen kann es nicht zu Lernen III kommen, weil keine Revision von Lernen II notwendig geworden ist. Die Schwierigkeit einer solchen Revision liegt darin begründet, daß sie auf Strukturen zugreifen muß, die weitgehend im Unterbewußten liegen und der Prozeß des Zugreifens und Modifizierens selbst noch einmal eine Stufe tiefer lokalisiert ist. Bateson warnt allerdings auch davor, allzu schnell von Lernen III zu sprechen, weil es theoretisch möglich ist, Prämissen von Lernen II zu ändern, ohne Lernen III zu erreichen. Natürlich könnte in meinem Beispiel unter Lernen II auch statt »Suchen der Besonderheit« auch »Zählen der geometrischen Figuren« stehen. Dies würde schon beim Überprüfen des ersten Sets des Bongard-Problems Nr. 25 nicht zu einer Bestätigung von Lernen II, also der Klasse der Muster führen, denn mit dieser Klasse, »Zählen der geometrischen Figuren«, kann man das Bongard-Problem nicht lösen.

Lernen III bedeutet also, *das System der Klassen von Mustern* zu ersetzen, kein singuläres Muster und auch keine Klasse von Mustern. Die Abstraktionsgrade von Lernen I zu Lernen III verlaufen also folgendermaßen:

> **Lernen I:** *Ersetzen von konkreten Mustern → z. B. Ersetzen der Alternative »In jedem Kästchen mindestens ein Quadrat« durch »In jedem Kästchen mindestens ein Dreieck« als ausschlaggebend für die Lösung des Bongard-Problems Nr. 25, Set 1.*
>
> **Lernen II:** *Ersetzen von Klassen von Mustern, nach denen Alternativen selektiert werden → z. B. Ersetzen des Musters »Zählen der geometrischen Figuren« durch »Suchen nach einer Besonderheit einer Klasse geometrischer Figuren« im Bongard-Problem Nr. 25. Lernen II beinhaltet also die Interpunktionsregeln der Erfahrung und ist daher in hohem Maße selbstbestätigend*
>
> **Lernen III:** *Ersetzen der Oberklasse von Mustern durch eine andere Oberklasse → z. B. Ersetzen der Oberklasse »Mustererkennung« durch die Oberklasse »Ausmalen« im Umgang mit graphischen Strukturen. Lernen III bedeutet also, Distanz zu den eigenen Interpunktionsregeln zu gewinnen und sie alternierend mit anderen Regelsets zu verwenden.*

Der Begriff »Oberklasse« läßt ahnen, daß sich erstens diese Idee unendlich weiter fortführen läßt und zweitens die Klassifizierung des konkreten Lerninhalts davon abhängt, was als Ausgangsstufe festgelegt wird. So kann in der konkreten Situation das »Zählen der geometrischen Figuren« durchaus Lernen I beschreiben. Entsprechend würde sich dann die Hierarchie verschieben. Ausschlaggebend für das Verständnis der Lern*ebenen* ist, daß nicht die Inhalte, also die Beispiele (z. B. auf der Ebene von Lernen I: »In jedem Kästchen mindesten ein Quadrat«), gelernt werden, sondern Verhaltensabfolgen, die Kontexte der Verhaltensabfolgen der jeweils nächstniedrigeren Stufe sind (also beispielsweise auf der Ebene von Lernen I »Ersetzen von konkreten Alternativen« als Modifikation des Kontextes von Lernen null, das in einer instinktiven, reflexartigen Reaktion auf ein Signal besteht).

Lernen III wird dann notwendig, wenn sich eine widersprüchliche Struktur auf der Ebene von Lernen II bildet, also die Interpunktionsregeln, nach denen Erfahrung interpretiert wird, negiert werden. Allerdings sind die Widerstände gegen Lernen III auch beim Auftreten von Widersprüchen erheblich:

> Der Praktiker der Magie verlernt seine magische Sicht der Ereignisse nicht, wenn die Magie nicht funktioniert. In der Tat haben die Leitsätze, die die Interpunktion beherrschen, das allgemeine Charakteristikum, sich selbst zu bestätigen. Was wir als »Kontext« bezeichnen schließt sowohl das Verhalten des Subjekts als auch die äußeren Ereignisse ein. Aber dieses Verhalten wird durch früheres Lernen II beherrscht und wird daher so geartet sein, den gesamten Kontext dergestalt zu formen, daß er zur erwarteten Interaktion paßt. Kurz gesagt, dieses selbstbestätigende Charakteristikum des Inhalts von Lernen II hat die Auswirkung, daß solches Lernen fast unauslöschlich ist. (Bateson, 1992 [1942–1971]: 389)

Lernen III bedeutet also, aus dem folgenden tautologischen Zusammenhang auszusteigen (Abbildung 9).

Hier wird die Struktur einer unproblematischen selbstbezüglichen (allerdings auch zirkulären) Aussage verwendet. Allerdings enthält die Selbstbestätigung von Lernen II, wenn man genau hinschaut, noch eine zusätzliche Ebene (s. Abbildung 10):

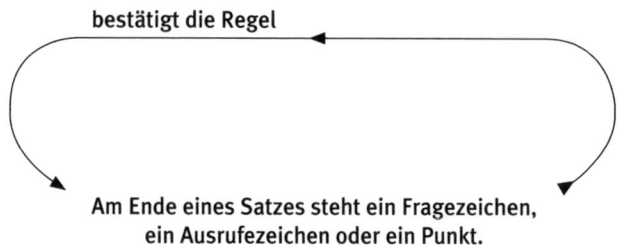

bestätigt die Regel

Am Ende eines Satzes steht ein Fragezeichen,
ein Ausrufezeichen oder ein Punkt.

Abbildung 9: Selbstbestätigung auf der Ebene von Lernen II

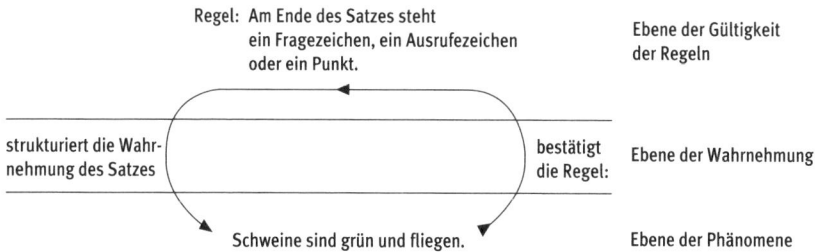

Abbildung 10: Die Feinstruktur der Selbstbestätigung beim Lernen II

Während in der Abbildung 10 der Selbstbezug und die -bestätigung noch direkt, also der Satz und die Regel identisch waren, stellt sich diese Identität im Falle von Lernen II als nicht notwendig heraus. Es ist zwar theoretisch denkbar, daß die Regel hier auch als Satz steht, aber sie tut es eben nicht mehr als Regel, sondern als *Objekt* und *Prüfstein für die Regel*, das durch die – wiederum durch die Regel strukturierte – Wahrnehmung erkannt wird. »Ausstieg aus dieser tautologischen Struktur« heißt dementsprechend dann auch nicht »Ersetzung der Regel durch eine andere«, sondern »Anwendung von Regeln und Prämissen ohne tautologische Rückbestätigung«, d. h. in sozialen Zusammenhängen nichts anderes als die Vermeidung von Gewohnheit. Ohne Gewohnheiten, d. h. ohne Elemente des täglichen Seins, die nicht jedesmal auf ihre Bedeutung hin überprüft werden müssen (und das ist ein Merkmal der meisten Elemente des Alltags) entpuppt sich Leben als ziemlich riskante und beunruhigende Angelegenheit.

Denk daran, daß du nicht daran denken darfst!

> *Wenn du sagst, dieser Stock sei real, werde ich dich damit schlagen. Wenn du sagst, dieser Stock sei nicht real, werde ich dich damit schlagen. Wenn du nichts sagst, werde ich dich damit schlagen.*
>
> Koan aus Hofstadter 1979

Der so Angesprochene befindet sich in einer fatalen Situation: Er kann nur einen schmerzhaften Fehler machen.

Wie wird nun dieser Kreislauf durchbrochen,[116] also wie kann man einem *double bind*, der im Titel dieses Kapitels beispielhaft erzeugt wird, begegnen und welche Rolle spielt dabei Lernen II?

Die Ökonomie des Lernens II besteht darin, die Regel, die Prämisse, unter der ich all diese verschiedenen Sätze wahrnehme, nicht jedesmal zu überprüfen. Diese Prämissen sind also nicht sehr flexibel gestaltet, sie werden zu Gewohnheiten. Der *double bind* verhindert nun konstant diese Gewohnheitsbildung, also die Ausbildung der Fähigkeit, Meta-Kommunikation korrekt zu deuten und selbst zu kodieren. Die Symptome, die ein an Schizophrenie erkrankter Mensch aufweist, deuten darauf hin, daß in der Genese seiner Krankheit die Verhinderung des Lernens der korrekten und stabilen Einordnung und Deutung von Kontexten eine wichtige Rolle spielt.[117]

---

[116] Der Zen-Schüler kann dem Prügeln entgehen, indem er seinem Meister den Stock wegnimmt. Wie Bateson bemerkt, hat der in einem echten *double bind* Gefangene diese Möglichkeit des Befreiungsschlags nicht.

[117] Der Umstand, daß Schizophrenie heute auch als genetisch verursacht begriffen wird, ist in diesem Zusammenhang nicht von Interesse. Denn erstens muß irgend etwas die genetische Disposition aktivieren, und zweitens verträgt sich die *double bind*-Hypothese auch mit genetischen Erklärungen. Bateson formuliert in diesem Zusammenhang die Vermutung, daß eine Komponente einer Persönlichkeitsstruktur, die anfällig ist für Schizophrenie, darin bestehen könnte, daß besonders schnell und leicht Gewohnheiten gebildet werden, also das Terrain für eine mögliche Enttäuschung besonders gut geeignet und immer wieder (bis zum Verlust dieser Fähigkeit) vorbereitet ist: »Vielleicht läßt sich die Person, die zur offenen Schizophrenie veranlagt ist, durch eine besondere Stärke der psychologischen Unterwerfung unter den Status quo charakterisieren, wie sie ihn im Augenblick sieht, wobei diese Unterwerfung durch die schnellen Verschiebungen des Rahmens und des Kontextes von seiten der Eltern verletzt oder frustriert wurde. Oder vielleicht könnte man diesen Patienten durch den hohen Wert irgendeines Parameters charakterisieren, der die Beziehung zwischen Problemlösung und Gewohnheitsbildung bestimmt. Vielleicht wird gerade die Person, die zu schnell bereit ist, Lösungen in Gewohnheit zu überführen, durch jene Veränderungen des Kontexts verletzt, die ihre Lösung genau in dem Augenblick zunichte machen, in dem sie sie in ihre Gewohnheitsstruktur eingegliedert hat.« (Bateson 1992 [1942–1971]: 345)

Kern der Erfahrung, die zur Schizophrenie führt, sei damit eine kontinuierliche »…Negation des Selbst…« (Bateson, 1992 [1942 bis 1971]: 320):

> Vielleicht ist das, was jeder von uns mit dem »Selbst« meint, tatsächlich eine Ansammlung von Gewohnheiten der Wahrnehmung und der Anpassungshandlung, *plus,* von einem Moment zum anderen, unsere »inneren Zustände der Handlung«. Wenn jemand die Gewohnheiten und innere Zustände angreift, die mich gerade im Augenblick des Umgangs mit diesem Jemand charakterisieren – das heißt, wenn er genau die Gewohnheiten und inneren Zustände angreift, die als Teil meiner augenblicklichen Beziehung zu ihm ins Leben gerufen worden sind –, dann negiert er mich. (ebd. 319)

Diese Konstellation findet sich auch in der Familie, und die Negation nimmt beispielsweise die Form der »Erinnerung an das, was nicht erinnert werden darf« an. Mit der Aufforderung »Denk nicht an XY« kreiert man einen *double bind*. Um der Aufforderung nachzukommen, muß der so Angesprochene zunächst an XY denken, um daran zu denken, daß er nicht an XY denken darf. Die Vergegenwärtigung der Regel, des Kontexts von XY, impliziert notwendig die Verletzung der Regel durch die Vergegenwärtigung dessen, wovon sie Kontext ist.

> Der *»double bind«,* der für die ätiologische Seite unserer Hypothese zentral ist, läßt sich nun einfach dergestalt zusammenfassen, daß er eine Erfahrung ist, gerade dafür bestraft zu werden, daß man mit seiner eigenen Auffassung vom Kontext im Recht ist. (Bateson, 1992 [1942–1971]: 311)

Bateson illustriert diese Definition durch ein Beispiel, in dem eine Mutter mit feindseligen Gefühlen gegenüber ihrem Kind nicht umgehen kann und diese unter simulierten positiven Gefühlen versteckt, wenn das Kind auf die Feindseligkeit reagiert.

> Entscheidend ist hier, daß dabei ihr liebevolles Verhalten das
> feindselige kommentiert (da es dessen Kompensation ist) und
> folglich einer anderen *Art* von Mitteilung entspricht als das
> feindselige Verhalten – es ist eine Mitteilung über eine Abfolge
> von Mitteilungen. Doch es verleugnet seiner Natur nach die
> Existenz derjenigen Mitteilungen, auf die es sich bezieht, d. h.
> die feindselige Abwendung. (Bateson, 1992 [1942 – 1971]: 285)

Reagiert das Kind nun auf die Meta-Ebene als Heuchelei und wendet sich ab, wird die Mutter erstens das Verhalten des Kindes ihr
gegenüber als falsch definieren (also als falsche Dekodierung der
Meta-Kommunikation seinerseits) und eventuell auch noch gleichzeitig die Meta-Kommunikation des Kindes mitdefinieren (z. B. »Du
meinst das ja gar nicht so!«), also auch dessen Fähigkeit untermini-
ren, *die eigenen Kommentare korrekt einzuordnen.* Nimmt es die
Meta-Kommunikation, also das liebevolle Verhalten der Mutter,
ernst und wendet sich ihr daraufhin zu, so gibt es erstens den
Anspruch auf, Kontexte selbst zu interpretieren, und wird zweitens
erreichen, »…daß sich die Mutter von ihm abwendet, und diese
Abwendung als den Idealfall der Liebesbeziehung definiert.« (Bateson, 1992 [1942 – 1971]: 286)

> Das Kind wird bestraft, wenn es genau unterscheidet, was sie
> ausdrückt, und es wird bestraft, wenn es ungenau unterschei-
> det – es ist in einem double bind gefangen. (ebd.)

Dem so gequälten Individuum wird eine wichtige Voraussetzung für
den Erfolg in der Deutung und Gestaltung von Kommunikation
genommen: die Fähigkeit, *über* Kommunikation zu kommunizieren
und potentiell mehrdeutige Signale *über* eine Identifizierung des
Kontexts eindeutig zu entschlüsseln.[118]
    Das Verhalten, das sich der *double bind*-Geschädigte angewöhnt
hat, ist das der Vermeidung von Gewohnheiten, weil jeder Versuch,

---

[118] Vgl. dazu auch Krappmann 1988: 174 – 198.

eine Verhaltensweise in den Status der Gewohnheit zu überführen, sofort negiert wurde. Sein Verhaltensmuster besteht also paradoxerweise in der Mustervermeidung, weil Verletzungen immer dann erlitten wurden, wenn ein Muster in den Status der Gewohnheit überführt werden sollte, also die Identifikation mit einer Verhaltensstrategie angesichts eines bestimmten Kontexts sicher genug schien.

Der offen Schizophrene wird sein Defizit im Umgang und in der Dekodierung von Kontexten und Kontext-Markierungen durch ein Reagieren auf die wörtliche Mitteilung unabhängig vom situativen, nonverbalen und jedem anderen Kontext zu balancieren versuchen und die Existenz der Kategorien »Metapher« und »Gleichnis« in seinem Kommunikationsverhalten und dem der anderen Gesprächspartner zu negieren suchen.

Das ist auch eine Methode, mit der man als Erwachsener mit gefestigter Identität den Einstieg in den *double bind* vermeiden kann. Reagiert man als Gleichgestellter nämlich nur auf die verbalisierte Ebene, dann zwingt man das Gegenüber dazu, entweder auch andere bedeutungstragende Kommunikationsebenen zu verbalisieren oder sie in dieser Kommunikation aufzugeben. Das geschieht beispielsweise, wenn die Schwiegermutter mit Grabesstimme und Leidensmiene erklärt, sie hätte vollstes Verständnis dafür, nur die ersten zwei und nicht die kompletten drei Wochen des Jahresurlaubs mit Sohn und Schwiegertochter verbringen zu dürfen, und die (ja ohnehin durch zwei Wochen bereits schwer belasteten) Betroffenen sich daraufhin harmlos lächelnd für das Verständnis bedanken.

Ein erfolgreich erzeugter *double bind* setzt also auch ein Kompetenz- und Statusgefälle hinsichtlich der Decodierung von Kontexten zwischen den Beteiligten voraus. Ohne dieses Gefälle läßt sich die Struktur leicht entschärfen.

Eine andere Strategie im Umgang mit dem *double bind* besteht darin, (sowohl eigene als auch fremde) Mitteilungen permanent in falsche Kontexte einzubetten. In jedem Fall wird hier das eigene Mitwirken an Kontext-Markierungen verschleiert (Bateson, 1992

[1942–1971]: 343), weil die prägende Erfahrung, die für die Krankheit mindestens mitverantwortlich war, in einer Bestrafung sowohl für das Herstellen als auch für das Interpretieren von Kommunikationskontexten bestand.

Der Komiker oder der besonders kreative/originelle Charakter zeigt alle oben geschilderten Symptome *strategisch* oder ist in der Lage, durch eine quasi gelockerte Bindung zum jeweiligen Kontext ungewöhnliche, komische und originelle Verbindungen herzustellen. Der herzhafte Biß in die Speisekarte ist bei »Dick & Doof« ein gelungener Scherz, bei dem offen schizophrenen Patienten eine Tragödie. Beide Verhaltensweisen beruhen jedoch auf demselben Mechanismus, der (gewollten oder ungewollten) Kontextverwechslung und -variation. Nur ist der zweite Fall Ausdruck eines Zwangs zur Beschränkung, der erste dagegen Zeichen einer Freiheit zum Spiel.

Hier kann dann auch Lernen III ins Spiel kommen, wie Bateson in dem Versuch, eine mögliche Genese eines »transkontextuellen Syndroms« zu beschreiben (Bateson, 1992 [1942–1971]: 353 ff.) aufzeigt: Ein Delphin wird konditioniert, beim Einschwimmen in das Schaubecken den Kopf zu heben, einen Pfeifton zu hören (Verstärkung des Kopfhebens) und gefüttert zu werden. Bei der nächsten Vorführung hebt das Tier erwartungsgemäß den Kopf, aber der Pfeifton bleibt aus. Er kommt erst, wenn ein anderes Verhalten erfolgt, etwa eine Schwanzbewegung. Bei der dritten Vorführung wird wiederum der Schwanzschlag nicht verstärkt, sondern erst eine andere, neue Verhaltensweise. Auf diese Weise wird das Tier permanent einer Frustration ausgesetzt, insofern es Gewohnheiten annimmt, die auch durch den Dresseur verstärkt werden, aber durch »...einen *größeren Kontext von Kontexten* ... (beim jeweils nächsten Ereignis SF) ... ins Unrecht...« (Bateson, 1992 [1942–1971]: 360) gesetzt wird. Erst wenn diese Ebene bemerkt und Verhalten auf dieser Ebene modifiziert wurde, kann die Frustration zu Ende sein.

Im Fall des Delphins bestand die Modifikation darin, bei jeder Vorführung eine neue Verhaltensweise zu präsentieren. Gelernt werden sollte hier also nicht das Kopfheben, sondern der Wechsel der Präsentationen. Bateson schließt daraus zweierlei:

> Erstens, daß starker Schmerz und Fehlanpassung induziert werden können, wenn man ein Säugetier bezüglich seiner Regeln ins Unrecht setzt, in einer wichtigen Beziehung zu einem anderen Säugetier Sinn zu stiften.
>
> Und daß zweitens, wenn es gelingt, diese Pathologie abzuwehren oder zu überstehen, die Gesamterfahrung *Kreativität* fördern kann. (Bateson, 1992 [1942–1971]: 361)

Kreativität ist dann definiert als erstens eine hohe Ambiguitätstoleranz im Umgang mit Kommunikationskontexten, zweitens als eine geringe Neigung zur Gewohnheitsbildung, also eine Bereitschaft, Kontexte probeweise anders zu denken und mit Mustern zu spielen, bis sie passen. Drittens heißt das auch, daß Identität, so man sie mit Bateson als »...Ansammlung von Gewohnheiten der Wahrnehmung und der Anpassungshandlung...« (Bateson 1992 [1942–1971]: 319) versteht, gewissermaßen »flüssig« wird.

Damit ist nicht gemeint, daß sie instabil wird, sondern daß eine Person, die in diesem Sinne kreativ ist, über durchaus verschiedene Identitäten verfügt – und zwar ohne in die Nähe der Pathologie zu geraten. Schauspieler verfügen über diese Fähigkeit und nutzen sie durchaus auch abseits der Bühne oder Kamera, um angemessen auf wechselnde Kontexte sowohl in ihrer Umwelt als auch in ihrer eigenen Befindlichkeit zu reagieren. Sie sind dann tatsächlich, wie in Kapitel 2 mit dem Zitat vom Peter L. Berger und Thomas Luckmann als Befürchtung ausgesprochen, auch *Schauspieler ihrer selbst*, nur führt das offenbar nicht nur nicht automatisch zum Zusammenbruch jedweden sozialen Geschehens, sondern diese eigentümliche Verwässerung des bürgerlichen Individualitätsideals scheint sogar Voraussetzung für den Bestand von Gesellschaft zu sein.

Die Fähigkeit, sich selbst in dieser Weise zu variieren, wird notwendig in einer Umwelt, die eben nicht mehr eindeutig ist und ebensowenig eindeutige Biographien nahelegt, sondern auch hier einer Modullogik folgt, die in der modernen Zeitdiagnose gern als »Bastelbiographie« angesprochen wird. Einzelne Lebensschritte wie Ausbildungsgänge, Berufswahl, Familiengründung implizieren nicht mehr eindeutig den jeweils nächsten Schritt in der Karriereplanung oder der Gestaltung des Privatlebens. So gerät jedes Modul zum eigenständigen Entwurf mit vielfältigen Anschlußmöglichkeiten. Das erhöht zwar einerseits die Möglichkeit des Scheiterns auf der Ebene der einzelnen Module, macht aber andererseits auch einen Neuanfang nach einem Scheitern wesentlich einfacher als unter Bedingungen festgelegter Abfolgen. Das *Set*, aus dem die einzelnen Module ausgewählt werden können, bleibt jedoch starr und die Möglichkeiten, dieses *Set* zu verlassen, sind mitunter noch beschränkter als in der klassischen Moderne. Hier liegt ein Irrtum von Autoren, die sich in ihren Analysen allzu sehr auf die *Möglichkeiten*, die die neue Entwicklung, etwa auf dem Arbeitsmarkt, aber auch in der Gestaltung der privaten Dimension von Biographien, kaprizieren. Die Beobachtung, daß sich Freiheitsgrade erhöht hätten ist zwar durchaus zutreffend, und es gibt kaum eine Dimension der individuellen Existenz, die man nicht in (fast) jeder Variation gestalten kann. Aber man bleibt auf das verfügbare *Set* seiner sozioökonomischen Umwelt beschränkt, auch wenn man die hier präsenten Module vielleicht mit der Welt verwechselt. Doch muß man, anders als es von der reflexiven Moderne euphorisierten Kollegen gelegentlich tun, im Auge behalten, daß Lieschen Müller, ehemals bei einem Supermarkt an der Kasse und nun seit 18 Monaten ohne Lohnarbeit, wahrscheinlich ihre Tage nicht als Aufsichtsratsvorsitzende der Deutschen Bank beschließen wird. Es gibt eben keine *crêpes* im *house of pancakes,* und unter Bedingungen einer zunehmenden Informalisierung von sozialen Kontakten und Netzwerken und damit auch von Zugangschancen (vgl. Kapitel 4) wird es auch immer schwieriger, sich auch nur in die Richtung der *crêperie* zu bewegen. Die Einsicht in diese Art der Beschränkung sozialer Mobilität wird indessen erschwert durch die Summe und die Farbenvielfalt der vorhandenen Möglichkeiten, die durch die in ihnen repräsentierte Auswahlzumutung bereits die verfügbare Energie der modernen Lebensplaner bindet.

An die Stelle des (neurotischen) Leidens an sozial-moralischen Beschränkungen der Gestaltbarkeit der eigenen Biographie, an die Stelle des *bürgerlichen* Unglücks also, tritt hier eher die Gefahr der Flachheit, der biographischen Spurlosigkeit, die verursacht ist durch eine Übersättigung angesichts der scheinbar unendlichen Kombinationsmöglichkeiten der Biographiemodule, die – da unterschiedslos kombinier- und austauschbar – wohl auch alle gleich(wertig) zu sein scheinen.

Als Illustration dieses Typus dient mir im folgenden und letzten Kapitel ein Protokoll eines Gesprächs erfolgreicher Pop-Literaten von 1999, das den Anspruch formuliert, das Sittenbild der Generation derer zu entwerfen, die heute zwischen 35 und 45 Jahren alt sind. Sie sind wohl die ersten, die unter den hier geschilderten Bedingungen erwachsen wurden.

Zwar haben die Autoren, die sich hier unterhalten, in den letzten Jahren etliche weitere Publikationen auf den Markt geworfen (für eine sehr gute Zusammenfassung der letzten 25 Jahre Pop-Literatur vgl. Gleba/Schuhmacher 2007), teilweise sogar scheinbar eine ganz neue Richtung eingeschlagen,[119] aber in keiner wird die *Gestalt* des Bewohners der reflexiven Moderne so deutlich, wie in dem als »Tristesse Royale« (Bessing et al. 1999) veröffentlichten Plauderstündchen. Ich werde außerdem kurz auf einige Rezensionen dieses vielbesprochenen Schriftstücks eingehen, denn auch die hier versammelten Mißverständnisse mit der nicht immer sympathischen Selbstpräsentation der Autoren sind nach wie vor aktuell.

---

[119] So wurde Krachts 2001 erschienener Band »1979« zunächst als (halbgare, so die NZZ am 23.10.2001) Abkehr von der popliterarischen Banalität hin zum Houellebecqschen Ekel vor der Moderne verstanden. Mir scheint seine hier im chinesischen Umerziehungslager gelandete Barbour-Jacke aus »Faserland« (1995) lediglich und konsequent eine neue Pose zu probieren – allerdings eine, die in der eigene Auslöschung Erleichterung findet. Einen ähnlichen Gestus findet man auch in Bessings »Wir Maschine« (2001).

Herausgekommen bei diesem Gespräch ist das Portrait eines *Posers*, der den *double bind* nicht nur beherrscht, sondern ihn wie die Luft zum Atmen braucht – ironische Distanz in allen Lebenslagen ist Bedingung seiner Existenz. Gleichzeitig ist dieser Sozialcharakter auch die funktional zu erwartende Antwort auf die hier behaupteten Kennzeichen der späten Moderne.

Dem Zwang zum ironischen Dauergrinsen kann man nur mit einem dezisionistischen Akt entkommen, der, wie ich zeigen werde, allerdings auch seine Gefahren birgt. Daß damit der Status quo ante wieder hergestellt wird, ist kaum zu vermuten – der Akt der Entscheidung selbst ist ja kaum zu vergessen, und damit ist auch ihre Revision kaum glaubhaft auszuschließen. Die Ordnung der Welt, die durch das 1. und 3. A priori gewährleistet wurde, ist also mehrdeutig geworden. Das bürgerliche Individuum ist damit scheinbar endgültig in die langersehnte Freiheit entlassen. In der Beherrschung dieser Freiheit und der Anerkennung ihrer Grenzen besteht das 4. A priori, das die zu sich selbst gekommene moderne Gesellschaft möglich macht – vermutlich allerdings nur für spezielle Gäste.

7 TRISTESSE BANALE ODER DEZISIONISMUS – DAS VIERTE A PRIORI

Unsere große Gefahr ist gar nicht die Freundschaft,
es ist die Rollenprosa.

Tristesse Royale, 1999

Wir glauben, daß die Gesellschaft funktioniert,
ohne daß man etwas dafür tun muß, so als hätte man
einen ewigen Dauerauftrag aufgegeben.

Generation Golf, 2000

In einem dreitägigen Gespräch im April 1999 im Berliner *Adlon* traten fünf Autoren, das »popkulturelle Quintett«, an, in einer billigen Imitation der Figur des Herrenclubs die *Gestalt* ihrer Generation (die versammelten Geburtsjahrgänge reichen von 1966 bis 1975) zu entwerfen. In dem Gesprächsprotokoll, das im November 1999 unter dem Titel *Tristesse Royale* veröffentlicht wurde, plaudern sich die Teilnehmer durch das *fin de siècle*-Repertoire der Wohlstandsverwahrlosten (Bessing et al. 1999: 138). *Ennui* ist natürlich dabei, und selbst die Sehnsucht nach dem Heldentod scheint den Versammelten nicht zu abgeschmackt, um das Sittenbild einer Generation zu entwerfen, die nur durch zwei Dinge charakterisiert wird: die unendlich vielen Modalitäten des Verschwindens und den *Rock* (ebd. 164), der (so weit drangen die Autoren jedoch nicht zu seinem Wesen vor)[120] allerdings auch nur eine dieser Modalitäten beschreibt.

Was sich zunächst anhört wie »Metaphysik *goes pop*« oder auch einfach nur nach einer Kultivierung von recht grundsätzlicher Verwirrung klingt, stellt sich bei näherem Hinsehen als die Einsicht in

---

[120] Das hat Nick Hornby (1996) besser getroffen.

das Verschwinden des Individuums, der Individualität an und für sich heraus. Gefüllt wird die nun entstandene Leerstelle durch die *Pose* – und *Rock* ist eine der Lieblingsposen dieser Generation. Die Sprecher stilisieren sich folglich als fleischgewordene Zitate – nicht als irgendein bestimmtes Zitat, versteht sich, sondern als *das* Zitat an und für sich. Sie sind so epigonal (und zwar sowohl in ihren Rekursen auf die sogenannte Hoch- als auch die Popkultur, zu der man mittlerweile auch die Werbung zählen muß), daß sie schon fast wieder originell sind, aber nur fast: denn Originalität und Individualität sind aufgelöst in der Vielfalt und Beliebigkeit der Stile der Selbstinszenierungen. So haben die Autoren also begriffen, daß der Zugriff auf Welt in dieser Position nur noch mimetisch, also abbildend, nicht mehr thetisch, also formend, sein kann (ebd. 108).

Das Ende aller Distinktion wird dann auch konsequent in aller Ausführlichkeit, nein, eben nicht analysiert, sondern einfach abgebildet, und selbst die Erschütterung über dieses Ende ist nicht echt (ebd. 29f). »Sich unterscheiden« ist in dieser Welt dann nur noch möglich in der gelebten Beteuerung der Unmöglichkeit der Unterscheidung, also durch den permanenten Wechsel der Pose, der ihre Austauschbarkeit bekräftigt. Das popkulturelle Quintett hat also aus der Lektion 2 aus dem *house of pancakes* seine Schlüsse gezogen und bestellt im Minutentakt ein neues *topping* – schmecken eh alle gleich.

Hinter diesem Verwirrspiel des schnellen Schrittwechsels steckt jedoch mehr als die Ironisierung eines Artefakts des mittelständischen Willens zur Distinktion. Es ist auch nicht Resultat einer narzißtischen Persönlichkeitsstörung, auch wenn sich manche Passagen in *Tristesse Royale* lesen, als hätte sie Christopher Lasch in Auftrag gegeben. Es ist der Versuch, unter der Bedingung der Uneindeutigkeit des Rahmens der eigenen Existenz und der Vieldeutigkeit der durch eigenes Handeln in der Umwelt ausgelösten Resonanzen im Spiel zu bleiben.

Uneindeutigkeit bezieht sich dabei auf zwei Aspekte der Existenz des Bewohners der späten Moderne: erstens auf die (scheinbare)

Fülle des Angebots an Lebensoptionen und die wenigen Hinweise auf die richtige Wahl – weder durch die Struktur des Angebots selbst, also etwa durch eine Hierarchisierung, noch durch eindeutige Pfadabhängigkeiten bereits getroffener Entscheidungen. Hier setzt sich also im ersten Aspekt die Lektion 1 aus dem *house of pancakes* durch.

Für den zweiten Aspekt müssen wir die *location* verlassen, denn wenn ich dort meine Bestellung aufgebe, werde ich absehbarerweise bedient und bekomme in aller Regel das Gericht, das ich bestellt habe. Diese Eindeutigkeit von Reiz und Reaktion ist in der späten Moderne so nicht gegeben, und jede Entscheidung birgt die Gefahr, durch gesellschaftliche Imperative negiert zu werden. Mindestens kann man aber sagen, daß sie immer weniger zukünftige Entscheidungen und Lebensverläufe präjudiziert. Das trifft für den beruflichen wie den privaten Bereich gleichermaßen zu – die Ausbildung im Beruf X oder die Verbindung mit dem Partner Y sagen immer weniger über wahrscheinliche Szenarien meiner zukünftigen Existenz aus.

Da man nicht mehr mit Sicherheit sagen kann, Handlung A wird Reaktion B stabil auslösen, empfiehlt es sich, Handlung A nur anzudeuten und bei den ersten Anzeichen der Bezugnahme der Umwelt auf diese Andeutung auf ein anderes Programm umzuschalten. Das Umschalten erfolgt dann unabhängig davon, ob die Reaktion positiv oder negativ ist, denn es geht hier darum zu vermeiden, als Autor einer Handlung oder Inhaber einer Position erkannt zu werden. Selbst ein zunächst positiver Bezug der Umwelt auf eine Pose muß nicht von Dauer sein und kann letztendlich doch in eine Negation umschlagen.

Die Zielvorgabe heißt hier also »mehrdeutig bleiben«. In dem Bemühen der Umwelt, keine stabile Identität anzubieten, um nicht deren Negation erleiden zu müssen, wird die Umwelt selbst einem *double bind* ausgesetzt. Der wird dann aktiviert, sobald ein konkreter Bezug artikuliert wird. Nichts anderes tun ironische Diskurse: Jede Bezugnahme auf eine Position wird negiert mit dem Verweis auf das Stilmittel der Ironie, die immer präsenten »Gänsefüßchen«.

Strukturelles Pendant zur Pose als letztem Refugium des (natürlich ironischen) Individualismus sind in diesem Bild die »neuen Berufe« in den Medien,[121] in denen nicht produziert, nicht bewegt, nicht »gemacht«, dafür aber angeschoben, eingetütet, angedacht, antelefoniert, abgefeatured usw., letztlich aber nur die eigene Arbeitswelt reproduziert wird – *work goes virtuality* (ebd. 51 f.). Hier ist Arbeit dann nicht einmal mehr entfremdet, denn es fehlt das Produkt ebenso wie ein Produktionsprozeß im engeren Sinne.[122] »Beruf« verliert hier sowohl seinen Charakter als strukturierendes Element von Lebensräumen und -zeiten als auch seine Funktion als Verbindung zwischen der Individualität des Einzelnen durch ein einigermaßen spezialisiertes Anforderungsprofil und seiner Sozialität durch die Vermittelbarkeit und Standardisierung professionsspezifischer Qualifikationen (vgl. Kapitel 4).

Soweit die literarisch nicht wirklich bemerkenswerte Produktion in *Tristesse Royale*, die allerdings trotzdem die selbstgestellte Aufgabe erfüllt hat. Sie lautete ja auch nicht: Produziert Literatur!, es war die Gestalt einer *Generation*, die hier entworfen werden sollte und die die ersten Jahrgänge verbindet, die vollständig unter dem Regime der reflexiven Moderne, wie ich es in den vorhergehenden Kapiteln beschrieben habe, sozialisiert wurde.

Genauso interessant wie das Gesprächsprotokoll selbst ist daher auch das Rauschen, das im November 1999 durch den deutschen Blätterwald ging und das Erscheinen von *Tristesse Royale* begleitete, interessant vor allem wegen der Mißverständnisse, die den Rezensenten, die wohl alle etwas älter als die Plauderer waren, unterliefen.

So konnte man in der *Süddeutschen Zeitung* lesen, es sei wohl der Ekel vor der Welt und vor der Schlechtigkeit derselben, der diese

---

[121] Hübsch besprochen wird dieses Thema u. a. im Abschnitt »Ein Schreibtisch im Nachtleben« (ebd. 48–53).

[122] Ein Beispiel dafür bieten z. B. die sogenannten »event-manager«, deren Qualifikation im wesentlichen aus einem riesigen Bekanntenkreis und einem Blick für »locations« besteht. Dieser Beruf ist eigentlich nur noch Berufung und kann so eben nicht mehr die sozialintegrative Funktion erfüllen, die Simmel ihm zuschreibt.

Generation zusammenhalte, und mit dieser Geste ließen die Plauderer finale Urteilssprüche auf sie niederregnen. Doch nichts am Geplauder ist final, nicht die Plauderschmerzen, die einen der Gesprächsteilnehmer zwischenzeitlich plagen, nicht die vermeintlichen Urteile. Auch die Kälte, die der *Tagesspiegel* in diesem Text zu spüren glaubte, und die Verachtung der Anderen scheint mir wenig dramatisch zu sein. Sie ist völlig nivelliert, es wird eigentlich kaum einer mehr verachtet als ein anderer, und damit wird dann strenggenommen niemand mehr verachtet.

Diese Mißverständnisse illustrieren die Vergeblichkeit eines Zugriffs auf reflexive Strukturen mit den Mitteln der Eindeutigkeit, an der letztendlich auch die Debatte um die narzißtische Gesellschaft scheitert. So wird hier auch behauptet, daß sich die hier versammelte Generation als erste dadurch grundsätzlich von den 68ern unterscheide, daß sie das Utopische nie empfunden habe und ihnen daher nichts heilig sei außer ihrem *ego*. Und genau dadurch unterscheidet sich diese Generation eben nicht: Sie haben das Utopische gespürt – und sie haben sich dabei beobachtet. Die Geste mißfiel und wurde aufgegeben und zu den anderen ins Repertoire verstaut. Auch die Unterstellung der Heiligsprechung des eigenen *ego* verrät Einen, der noch an das Authentische in sich glaubt. Das tut diese Generation eben nicht mehr (im Gegensatz zu den ja nicht gerade Selbst-losen 1968ern), und daher gibt es auch nichts, was heiliggesprochen werden könnte.

Daraus folgt dann allerdings auch eine Definition von Persönlichkeit, die sich in der Tat nicht mehr mit klassischen Vorstellungen über die Formierung des *ego* zur Deckung bringen läßt: Man ist nicht mehr die *Summe seiner Erfahrungen*, man ist die *Summe seiner selbstbeobachteten Gesten*.

Hinsichtlich der permanenten Erwähnung einiger Markierungen der *life-style comedy* in »Tristesse Royale«, wie *GUCCI* oder *comme des garçons* gehen die Rezensenten in dieselbe Falle wie der Kulturchef des Verlags, der in einem etwas platten selbstreferentiellen Schnörkel ebenfalls in der *Tristesse* zu Wort kommt. Er hält die Fixierung der Autoren auf die angesagten *labels* für gar nicht so typisch – mit der Begründung, sein Sohn sei ja ganz anders und wolle gar keine Markenklamotten tragen – im Gegenteil.

Ob er sie trägt oder nicht, ist hier auch völlig nebensächlich, die Markennamen (nicht unbedingt die Ware selbst) kartographieren die Welt, und dies auch für den, der sich mit *no name*-Waren zu verweigern sucht. Bei dem einen oder anderen ist vielleicht auch noch Adorno dabei, aber dann eben in der Reihe *Prada, GUCCI, Adorno, Wallpaper*.

Es geht also um die Herrschaft des *labels*, das an die Stelle des Produkts tritt. Diese Entwicklung verläuft spiegelbildlich zu den Veränderungen der Struktur der Erwerbsökonomie, gerade hinsichtlich ihrer sozialintegrativen Funktion. Nicht der tatsächliche Konsum eines konkreten Gutes, sondern die Kommunikation über einen Stil, der mit einem *label* bezeichnet wird, stellt hier momenthaft so etwas wie Integration her – ähnlich wie das gemeinsame »Eintüten« eines »Projektes«. Allerdings entsteht hier nicht »Gesellschaft«, sondern eher etwas wie eine *Style*-Gemeinde.[123]

Damit verliert auch eine Struktur wie der *double bind* seine verheerende Wirkung – es gibt nämlich nur noch Meta-Kontexte und nicht mehr das, wovon die Kontexte Kontexte sind. Diese Generation *outet* sich in ihrer Selbststilisierung als die eigentlichen Zen-Meister, die die Paradoxa der späten Moderne spielend meistern: Sie zerbrechen permanent die Stöcke, mit denen man sie schlagen will, indem sie un(an)greifbar bleiben und die Existenz des »eigentlich Persönlichen« des zweiten A priori leugnen. Damit stellt sie auch die Wirklichkeit des ersten und des dritten A priori in Frage:

---

[123] Eine interessante Kritik der *label*-Gemeinde findet sich bei Klein (2000). Als ehemaliges Mitglied deutet sie zunächst die Fixierung der jungen Generation auf Marken als Hauptquelle ihrer Identität und problematisiert dann die Bedingungen der Produktion von Markenware in den armen Ländern und die geringe Beteiligung der Markenfirmen am eigentlichen Produktionsprozeß. Einerseits diagnostiziert sie hier die Fetischisierung des *labels* – ich bin was ich kaufe – und identifiziert aber andererseits neue Möglichkeiten des Widerstandes, die auch durch die Globalisierung eröffnet werden, etwa im Sinne von *consumer power* (vgl. dazu auch Beck 2002; zu einer Kritik des dort entwickelten Konzepts des Kosmopolitismus als neue kritische Theorie vgl. Fuchs/Zürn 2006).

Denn hier gibt es keine Individualität mehr, die beunruhigt, die durch den Schleier der Zugehörigkeit zu einem sozialen Kreis abgedämpft werden und durch den Platz in der Gesellschaft, den der Beruf bezeichnet, sozialisiert werden muß. Die *Pose* findet sich in jedem sozialen Kreis zurecht und vermag auch jeden Platz auszufüllen – allerdings nur angedeutet und nie so lange, daß sie zur stabilen Gewohnheit gerinnen könnte.

Mit der Pose jedoch ist keine *Gesellschaft* möglich.

Ich bin dennoch nach wie vor davon überzeugt, daß Simmel mit seinen drei A priori die wesentlichen Bedingungen dargelegt hat, die in der individuellen Wahrnehmung erfüllt sein müssen, damit Gesellschaft möglich ist, und mit dem dritten A priori auch eine wichtige Strukturbedingung für die Vergesellschaftung des modernen Individualisten beschrieb. Genauso bin ich aber auch davon überzeugt, daß die drei A priori nicht mehr und nicht genügend eingelöst werden, um Gesellschaft in Simmels Sinne möglich zu machen, und einer Ergänzung bedürfen, um wieder ins Recht gesetzt werden zu können. Diese Ergänzung läßt jedoch auch die Simmelsche Trias nicht unverändert, ebensowenig wie die Aufgabe und Reichweite soziologischer Theoriebildung.

Das erste A priori funktioniert zwar noch dahingehend, daß es Rollen und soziale Kreise gibt, versagt aber zunehmend, wenn wir Rollen- und Kreiszugehörigkeiten auf ihren Informationsgehalt hinsichtlich der jeweiligen Persönlichkeit für den Betrachter prüfen (Kapitel 2). Das dritte A priori versagt in seiner Funktion als Kategorie des Bewußtseins des vergesellschafteten Individuums und immer sichtbarer auch auf der phänomenologischen Ebene: Nämlich als »Beruf« nicht nur im Sinne des reinen Vorhandenseins einer Stelle für die Individualität des Einzelnen, sondern auch als »Berufung«, als Platz, der a) spezifische Fähigkeiten verlangt, die b) standardisiert zu vermitteln sind, c) der dauerhaft zu besetzen ist und d) Lebenszeit und -räume strukturiert und zwar e) möglichst ähnlich für möglichst viele (Kapitel 4).

Das zweite A priori erfüllt damit weder seine soziale noch seine logische Funktion: Wo Rollen und Kreiszugehörigkeiten kaum etwas über die platte Faktizität der Zugehörigkeit hinaus aussagen, agiert ohnehin nur das Individuum – es gibt also nichts, was noch individualisiert werden könnte. Es gilt dann im Umkehrschluß die totale Kollektivierung des Individuellen und die Herrschaft des *labels* – also das Verschwinden des Individuums, mindestens im Simmelschen Verständnis als Summe der Leiden an der Beschränkung des individuellen Ausdrucks von Präferenzen, das allerdings auch Voraussetzung für ihre Artikulation ist.

Die logische Funktion des zweiten A priori bestand darin, daß der Einzelne gleichermaßen außerhalb und innerhalb einer sozialen Ordnung stehen mußte, um sich als vergesellschaftet zu *erkennen*. Dort aber, wo die Rollenzumutung an das Individuum immer geringer wird und der Zwang, man selbst zu sein, immer größer, bleiben zwei Möglichkeiten: Entweder man ist tatsächlich überall man selbst, mit den in Kapitel 2 und 3 geschilderten Konsequenzen, die eben darin bestehen, daß so etwas wie Selbst nicht mehr existiert und zum Epiphänomen der je aktuellen Kreiszugehörigkeiten oder zum Repertoire der Gesten wird, oder die Aufgabe der Dämpfung/Sozialisierung der Individualität wird als Zumutung mehr und mehr an die Persönlichkeit selbst herangetragen. Daß dies in eine bürgerliche Formierung des *ego* resultiert, ist kaum anzunehmen.[124]

Das Spiel mit der Pose und die Leugnung der Möglichkeit der

---

[124] Um hier nicht mißverstanden zu werden: Ich sage nicht, daß es keine Bereiche und/oder Individuen gibt, die nicht mehr unter Rollenzumutung agieren, ich sage auch nicht, daß es keine Individuen mehr gibt, die einen Platz in der Erwerbsgesellschaft haben und das auch so wahrnehmen, auch behaupte ich nicht (obwohl ich hier äußerst skeptisch bin), daß es niemanden mehr gibt, der für sich ein klassisch bürgerliches Verhältnis zwischen Rollenkompetenz und Eigen-Sinn verwirklicht hat. Ich versuche hier Tendenzen, die spätestens seit 1968 immer wieder sowohl in den Feuilletons als auch in der soziologischen Theoriediskussion beschrieben und diskutiert wurden, mit Hilfe eines Schemas einzuordnen, das die Moderne an einem bestimmten Punkt ihrer Entwicklung abbildet. Und ich behaupte, daß diese Tendenzen in ihrer Richtung in Kapitel 2, 3 und 4 zutreffend beschrieben wurden, daß also Rollenkompetenz als Merkmal des durchschnittlichen Bewohners der modernen Gesellschaft abnimmt, daß die Bedingungen für die Ausbildung einer bürgerlichen Individualität, wie Simmel sie beschrieben hat, prekär geworden sind und daß die Klammer, die beide Aspekte einer personalen Existenz zusammenhält, sowohl als Bewußtseinskategorie als auch in ihrer Phänomenologie brüchig wird.

Distinktion ist dann eine Möglichkeit, nach dem Ende der sozio-moralischen Verbindlichkeiten zu existieren – vielleicht auch in Gesellschaft, aber eben nicht unbedingt vergesellschaftet. Diese Möglichkeit ist auch in dem hier besprochenen Gesprächsprotokoll expliziert, in dem es eben nicht im wesentlichen darum geht, daß die Autoren bereits alles probiert, getrunken und empfunden haben (wie die *Süddeutsche Zeitung* vermutet). Es geht darum, daß es keinen großen Unterschied mehr macht, was man probiert, trinkt und empfindet. Die Gestalten, die sich dauerhaft diesem Spiel hingeben, verlieren allerdings rasch ihren jugendlichen Charme und gewinnen nie ein Gesicht. Denn selbst die Oberfläche ist hier reiner Spiegel und bleibt dauerhaft unbeschriftet. Solange sie nicht an ihrer eigenen Banalität scheitern, tänzeln sie weiter durchs System. Gesellschaft ist mit ihnen allerdings nicht möglich, denn auch die momenthafte Integration durch gemeinsames *name dropping* mit Gleichgesinnten trägt eben eher Züge einer Gemeinschaft oder sogar einer Gemeinde – allerdings einer Gemeinde der Besserverdienenden.[125]

Gelackmeiert sind dagegen jene spiegelbildlich zu denkenden Charaktere, die vom Ende der Distinktion noch nichts gehört und sich ganz fest in einem Lebensentwurf verfangen haben. Sie sind die eigentlich Verletzbaren durch den *double bind*, und sie sind es, die die eigentlichen Verlierer in der *label*-Gesellschaft sind – sie glauben immer noch, es ginge um die Ware. Sie schützen sich entweder mit erheblichem Aufwand vor der Einsicht in die prinzipielle Gleichwertigkeit aller Optionen, verfallen einem gemeinschaftlichen Fundamentalismus und verbeißen jede Andeutung in diese

---

[125] Das Quintett und ähnliche Verdächtige fanden sich auch wieder in der 2004 von Christian Kracht und Eckart Nickel herausgegebenen Kulturzeitschrift *Der Freund* (http://www.derfreund.com/), die, wie von den Herausgebern vorgesehen, nach acht Ausgaben ihr Erscheinen einstellte. Martenstein bemerkte zur ersten Ausgabe im *Tagesspiegel* vom 24. 9. 2004: »Was das Heft geistig zusammenhält, ist allein die Eitelkeit, die wir alle besitzen, die hier aber dem Leser in ungewohnter Radikalität entgegentritt«. Auch wenn man sich dem Charme der Konstruktion »radikaler Eitelkeit« nur schwer entziehen kann, scheint mir Martenstein die Notwendigkeit der radikalen Selbstreferenz in der späten Moderne zu unterschätzen.

Richtung mit dem Verweis auf ihre Letztbegründung. Oder sie gehen unter in der Unübersichtlichkeit des neuen Prekariats – ein Schicksal, das mittlerweile auch den an sich nicht unflexiblen (akademisch gebildeten) Mittelstand immer häufiger heimsucht (vgl. Rambach/Rambach 2001).

Diese Individuen haben ihren Simmel gelesen, so ist man versucht zu sagen, insofern ist mit ihnen auch Gesellschaft möglich – allerdings nur dann, wenn die reflexive Moderne ihre Potenz zur Erzeugung eines *double bind* nicht aktualisiert und gegen sie wendet. Denn dann führt der Weg häufig zurück zur *Gemeinschaft*, oft mit resignativem und ressentimentgeladenem Gestus in Richtung *Gesellschaft*.

Eine andere Variante dieses Rückzugs ist die Flucht in den Tagtraum und/oder die völlige soziale Abschottung – laut einer aktuellen Jugendstudie ist die Jugend 2007 genau durch dieses Verhalten charakterisiert.[126] Einerseits sei bei den Jugendlichen das Gefühl, mindestens potentiell alles haben und alles sein zu dürfen, omnipräsent. Andererseits ist Einsamkeit, das Gefühl, ganz auf sich gestellt zu sein, und Abstiegsangst vorherrschend – der Weg vom Superstar bis Hartz IV ist kurz, es ist schwer zu erkennen, wie er sicher zu vermeiden ist, und er scheint für jeden möglich – auch als biographische Sequenz in beide Richtungen.

Diese Generation scheint die in diesem Buch vorgestellte Analyse der *Gestalt* der späten Moderne zu teilen: Uneindeutigkeit der Systemimperative und globale Affirmation vieler möglicher Lebensentwürfe auf niedrigem Niveau führt zu grenzenloser Unsicherheit.

Opposition, ob akut oder latent, ist dann nur noch durch das tatsächliche oder gedankliche Aufsuchen der entlegensten Außengehege des menschlichen Zoos möglich, alles andere ist bereits realisiert und vor allem auch gesellschaftlich legitimiert. So schwankt diese Generation berechtigt zwischen Allmachtsphantasie und Vernichtungsangst – einerseits scheint die Speisekarte des Lebens über-

---

[126] Eine Veröffentlichung steht noch aus, erste Zusammenfassungen findet man unter http://www.rheingold-online.de.

voll, wie es die erste Lektion aus dem *house of pancekes* nahelegte, andererseits, so lautete die dritte Lektion, ist ein *crêpe* dort nicht so ohne weiteres zu bekommen, und die Bedingungen ebenso wie die Beschränkungen seiner Erreichbarkeit sind insgesamt unklar.

Diese Analyse führt nicht zwangsläufig in eine neokonservativ getönte Abrechnung mit einer pluralistischen Gesellschaft oder zu einem Plädoyer für den Rückwärtsgang, der weder möglich noch wünschenswert ist. Es geht vielmehr darum zu begreifen, wie dramatisch sich die Sozialisationsbedingungen geändert haben, und zwar sowohl hinsichtlich der Formung der privaten als auch der sozialen Komponente des Individuums.

Die Folgen für eine späte Moderne Simmelscher Prägung sind erheblich. Ich werde sie abschließend skizzieren, und zwar mit einer kurzen Beschreibung eines vierten A priori, das unter den gegebenen Umständen vielleicht doch Gesellschaft möglich werden läßt.

Es gibt nämlich noch einen weiteren Typus, der sich mit den in diesem Buch skizzierten Strukturbedingungen arrangieren könnte – wenn man sich ein viertes A priori denkt. Es verhilft den drei »alten« A priori durch Entscheidung wieder zur Geltung. Ich nenne dieses A priori daher das *A priori des individuellen Dezisionismus*.

Damit kann ich aus der *label*-Gesellschaft aussteigen und sogar die klassische Moderne, deren Strukturbedingungen in individueller Wahrnehmung und phänomenologischer Beschaffenheit Simmel dargelegt hat, wieder (be)leben, indem ich mich schlicht und ergreifend dafür entscheide, das zu tun. Ich kann auch entscheiden, *einen* Beruf zu wählen und darin aufzugehen, ebenso wie ich entscheiden kann, mit *einem* Menschen zu leben usw. Es sind dann diese Entscheidungen, die mich wieder individualisieren und im Modus »kontrollierter Selbstverletzung« die Spuren hinterlassen, die wieder etwas schaffen, was man das »eigentlich Persönliche« nennen mag.[127] Was ich allerdings nicht kann, ist, die Entscheidung

---

[127] In der Tat wird hier ein Zirkel konstruiert, weil ja »Persönlichkeit« als Produkt der Leiden an der Beschränkung ihrer unbegrenzten Entfaltung verstanden war. Diese Leiden soll sich der moderne Individualist nun im Modus der kontrollierten Selbstverletzung selbst zufügen. Doch ist nicht jeder Zirkel ein schlechter, und dieser

dauerhaft zu vergessen. Damit kann ich auch nicht ihre prinzipielle, wenn auch faktisch nicht immer vorhandene Revidierbarkeit leugnen. Um wieder zu dem Zen-Beispiel von Kapitel 6 zurückzukehren: Es geht um die Kunst, die Fähigkeit, den Stock zu zerbrechen, temporär zu suspendieren, ohne sie vollständig zu verlieren.

Die Antwort auf die Frage »Wie ist Gesellschaft möglich?« ist also neu zu fassen: Sie ist möglich mit dem Menschen, der sich für sie entschieden hat, der sich also wenigstens temporär für *eine* Möglichkeit des Lebens und damit auch für die Verwundbarkeit durch den *double bind* entschieden hat. Denn dieser Verwundbarkeit entkommen nur Gestalten, die wie die Protagonisten in *Tristesse Royale* ungreifbar und beliebig bleiben. Erst die Entscheidung für einen Entwurf und mehr noch, damit der Ausschluß von anderen Möglichkeiten birgt die Gefahr in sich, negiert zu werden und also auch den Entscheidenden zu negieren.

Deswegen werden auch, wie in Kapitel 3 beschrieben, persönliche Qualitäten des Einzelnen immer wichtiger, und *Zivilisiertheit*, also die Fähigkeit, den Anderen durch Rollenkompetenz mit der Last des eigenen Selbst zu verschonen, kann keine erstrebenswerte Fähigkeit *per se* mehr sein. Nur die *Persönlichkeit* des Anderen kann in dieser Gesellschaft Sicherheit bieten, in der eben anders als in der Figuration, die wir als klassische Moderne bezeichnen, keine sozialen Ordnungsprinzipien, die eigentlich einer vormodernen Logik gehorchen, den Eigen-Sinn des Einzelnen sowohl formen als auch zähmen.

Der Einzelne ist dann in einer solchen Gesellschaft nicht mehr Produkt der Unterwerfung unter bewußtlos wirkende Zwänge, sondern Produkt eigener Entscheidungen. Dieses Postulat läuft zwar in das Paradox der Anfangsunterscheidung hinein, scheitert aber nicht daran. So kann man zwar sicher davon ausgehen, daß wichtige Modalitäten zur Unterscheidung und Bewertung der eigenen

---

scheint mir durchaus gehaltvoll. Man könnte dann sagen, die Frage: »Wie ist Gesellschaft möglich?« wird weitergespielt an die Pädagogik, die unter der Bedingung der Autonomisierung der Kleinfamilie dann Auskunft geben muß über den Erziehungsstil, der Individuen zu solchen Leistungen befähigt.

Umwelt innerhalb der Familie gelernt werden, aber man kann kaum der Schlußfolgerung entgehen, daß, welche Tabus und Verhaltensweisen auch immer hier transportiert werden, kaum eins dauerhaft durch die nichtfamiliäre Umwelt bestätigt werden.

Zudem stellt die späte Moderne vielfältige *tools* zur Bearbeitung und Modifikation der eigenen Geschichte zur Verfügung. Auch das zuerst gelernte wird dadurch reflexiv und auch variierbar. Die Modalitäten sozialen Handelns und der Gestaltung der eigenen Biographie werden so dauerhaft zur Aushandlungs- und Entscheidungssache und auch dort, wo sie es scheinbar nicht sind, sind sie es durch Aushandeln. Damit ist nicht notwendigerweise das Ende jeder Verbindlichkeit, auch nicht der moralischen, gekommen, sondern der Anfang einer voluntaristischen Selbstbindungsethik, die Gesellschaft im Simmelschen Sinne durch Entschluß ermöglicht, sie aber in konsequenter Weiterentwicklung der Simmelschen A priori auch wesentlich prekärer macht und zudem durch fundamentalistische Gegenschläge bedroht und verletzbar sieht (vgl. dazu auch Fuchs 2001). Denn daß die Selbstbindung ähnliche Verpflichtungskraft entfaltet wie die vormodernen Elemente in Simmels Welt, darf bezweifelt werden. Es geht dann also um die Bedingungen für die Ausbildung einer stabilen Präferenzordnung, die in einer Sozialisationstheorie zu benennen wären.

Für soziologische Theorieentwicklung lautet die Kernfrage dann nicht mehr: Wie ist Gesellschaft möglich?, sie ist schon durch Simmel erschöpfend beantwortet. Die neuen Fragen lauten dann: »Für wen ist Gesellschaft möglich?«, also welche Merkmale ermöglichen die durch den einsamen Akt der Dezision verursachte Zugehörigkeit zu Gesellschaft für ein Individuum? »Für wen ist sie nicht nötig?«, also welche Merkmale weist ein Individuum auf, das auch (vielleicht sogar recht komfortabel) außerhalb von Gesellschaft im Simmelschen Sinne, existieren kann? Und zu guter Letzt: »Welche Gesellschaft ist dann noch möglich?«, dann nämlich, wenn der *poser* nicht nur ein generationeller Ausrutscher, sondern tatsächlich ein, wenn nicht sogar *der* dominante Sozialtypus sein sollte.

Danksagung

Je klarer die Grenzen eines Forschungssujets sind, um so einfacher, und hinsichtlich der Adressaten auch übersichtlicher, fällt die Danksagung aus. Meine Themen neigen dazu, in viele Bereiche zu wuchern, entsprechend vielfältig waren die Inspirationen. Manche, die wichtig waren, kann ich hier nicht erwähnen. Sie mögen mir verzeihen.

Meinen Eltern, Heidi und Wolfgang Fuchs, verdanke ich viel mehr als ich hier schreiben kann. Ihnen ist dieses Buch in Liebe und Dankbarkeit gewidmet.

Meine Wurzeln liegen auch bei meiner Großmutter Traute Beier, meinem Onkel Wolfgang Beier, meinen adoptierten Großeltern, Bettina und Walter Hallerstede und meiner Patentante Waltraud Postl, die mich immer ermutigt haben, meinen eigenen Weg zu gehen. Dieter B. Sternweiler, Günther Pointinger und Horst Übelgünn haben mich als wunderbare Lehrer durch Zuneigung und Förderung in meinem Eigen-Sinn bestärkt.

Meine Seelenkatze, Paulinchen Polanski, hat mich mit ihrem liebevollen Schnurren und ihren fröhlichen Katzengesängen nicht nur bei diesem Projekt immer treu begleitet – Danke, dass Du so lange bei mir geblieben bist.

Viele Freunde, so auch Christine Abele, Carsten Johnson, Patricia Keeding, Martina Nalbach und wiederum meine Mutter haben dieses Manuskript korrekturgelesen und hilfreiche Kommentare gegeben. Besonders erwähnt werden soll hier auch Wolfgang Fach von der Universität Leipzig, der Betreuer, mir freien Lauf ließ, dennoch viele Hilfen gab und Erstgutachter meiner Dissertation war, die zur Basis der vorliegenden Studie wurde. Dank gebührt auch meinen beiden Gutachtern Heiner Ganßmann von der Freien Universität Berlin und Otthein Rammstedt von der Universität Bielefeld – sie haben mich in der Schlußphase der Promotion unterstützt und ermutigt. Wichtige Gedankenspuren hinterließen im Laufe der Jahre auch Gespräche mit meinen Kollegen Sigrid Meuschel, Dieter Koop, Annette Ringwald und Holger Wartmann von der Universität Leipzig, Claus Offe und Hans-Peter Müller von der Humboldt-Universität zu Berlin, Jürgen Gerhards von der Freien Universität Berlin, Nicola Lacey von der London School of Economics und David Soskice vom Wissenschaftszentrum Berlin. Konstanza Prinzessin zu Löwenstein vom Wissenschaftszentrum Berlin hat mich über lange Jahre gefördert und unterstützt. Ihr danke ich nicht nur für vieles, was ich von ihr lernen durfte, sondern auch für ihre Freundschaft und Zuneigung. Auch Stephan Ehebald bin ich in vielerlei Hinsicht zu Dank verpflichtet – insbesondere das dritte Kapitel profitierte von unseren Gesprächen. Für einen großzügigen Rahmen meiner ersten Schritte in die Wissenschaft und eine solide Grundausbildung danke ich Thomas R. Cusack und Wolf-Dieter Eberwein vom Wissenschaftszentrum Berlin. Viele meiner Lieblings-Autoren und auch Georg Simmel lernte ich in spannenden und diskussionsreichen Jahren im Privat-Colloquium von Arnhelm Neusüss, Emeritus der Freien Universität Berlin, kennen. Danke für viele Anregungen und viele lustige Abende beim Griechen. Für letzte Hilfen in Bild und Wort danke ich Harry Jesse, Barbara Könczöl und Paul Stoop.

Zu guter Letzt bedanke ich mich bei meinem Verlag – für die Erfahrung eines guten Lektorats, vertreten durch Johannes Czaja, und für notwendigen Korrekturen, vorgenommen durch Renate Warttmann, ein Luxus, den man nicht oft erfährt – vielen Dank!

Finalmente muß hier mein See, der Charlottenburger Lietzensee, gewürdigt werden – ich fasse klare und unklare Gedanken gleichermaßen am besten in anregender und wasserreicher Umgebung.

Die Fehler, die der geneigte Leser finden mag, gehen trotz der oben genannten Paten natürlich allein auf mein Konto.

Berlin, am Lietzensee im Sommer 2007
Susanne Fuchs

LITERATUR

Adorno, Theodor W. 1990 [1952]: Die revidierte Psychoanalyse. in: *Gesammelte Schriften. Band VIII*. Frankfurt am Main. S. 20–41

Adorno, Theodor W. 1990 [1955]: Das Verhältnis von Soziologie und Psychologie. In: *Gesammelte Schriften. Band VIII*. Frankfurt am Main. S. 42–85

Adorno, Theodor W. 1990 [1966]: Poscriptum [zu Adorno, 1955]. in: *Gesammelte Schriften. Band VIII*. Frankfurt am Main. S. 86–92

Adorno, Theodor W. 1995 [1950]: Studien zum autoritären Charakter. Frankfurt am Main.

Adorno, Theodor W/Horkheimer, Max 1988 [1944]: Dialektik der Aufklärung. Philosophische Fragmente. Frankfurt am Main.

Akhtar, Salman 1996: Deskriptive Merkmale und Differentialdiagnose der narzißtischen Persönlichkeitsstörung. In: Kernberg, Otto F. (Hrsg) 1996: *Narzißtische Persönlichkeitsstörungen*. Stuttgart, New York. S. 1–29.

Archives of Pediatric and Adolescence Medicine 2006: Media and Children, Themenheft Archives of Pediatric and Adolescence Medicine, 160, S. 160–335.

Ariès, Philippe 1992: Geschichte der Kindheit. München.

Baacke, Dieter/Frank, Günter/Radde, Martin/Schnittke, Manfred 1989: Jugendliche im Sog der Medien. Opladen.

Bateson, Gregory et al 1984: Schizophrenie und Familie. Frankfurt am Main.

Bateson, Gregory 1992 [1942–1971]: Teil III: Form und Pathologie in der Beziehung. in: Bateson, Gregory 1992: *Ökologie des Geistes. Anthropologische, psychologische, biologische und epistemologische Perspektiven*. Frankfurt am Main. S. 219–440

Bauer, Karl-Oswald/Zimmermann, Peter 1989: Jugend, Joystick, Music-Box. Die Medienwelt Jugendlicher in Schule und Freizeit. Opladen.

Beck, Ulrich 1986: Risikogesellschaft. Auf dem Weg in eine andere Moderne. Frankfurt am Main.

Beck, Ulrich 1993: Die Erfindung des Politischen. Frankfurt am Main.

Beck, Ulrich (Hrsg.) 1997: Kinder der Freiheit. Frankfurt am Main.

Beck, Ulrich/Sopp, Peter (Hrsg.) 1997: Individualisierung und Integration. Neue Konfliktlinien und neuer Integrationsmodus?. Opladen.

Beck, Ulrich/Bonß, Wolfgang (Hrsg.) 2001: Die Modernisierung der Moderne. Frankfurt/M.

Beck, Ulrich 2002: Macht und Gegenmacht im globalisierten Zeitalter. Neue weltpolitische Ökonomie. Frankfurt am Main.

Beck, Ulrich/Lau, Christoph (Hrsg.) 2004: Entgrenzung und Entscheidung: Was ist neu an der Theorie reflexiver Modernisierung? Frankfurt a. M.

Becker, Oskar 1990: Grundlagen der Mathematik in geschichtlicher Entwicklung. Frankfurt am Main.

Beebe, Beatrice/Lachmann, Frank M. 2004: Säuglingsforschung und die Psychotherapie Erwachsener. Wie interaktive Prozesse entstehen und zu Veränderungen führen. Stuttgart.

Berg, Klaus/Kiefer, Marie-Luise (Hrsg.) 1978: Massenkommunikation. Mainz.

Berg, Klaus/Kiefer, Marie-Luise (Hrsg.) 1992: Massenkommunikation IV. Baden-Baden.

Berger, Peter/Luckmann, Thomas 1996: Die gesellschaftliche Konstruktion der Wirklichkeit. Frankfurt am Main.

Bessing, Joachim et al. 1999: Tristesse Royale. Das popkulturelle Quintett mit Joachim Bessing, Christian Kracht, Eckhart Nickel, Alexander v. Schönburg und Benjamin v. Stuckrad-Barre. Berlin.

Bessing, Joachim 2001: Wir Maschine. Berlin.

Bongard, M. 1970: Pattern Recognition. New York, Washington.

Bonß, Wolfgang/Kesselring, Sven/Weiß, Anja 2004: »Society on the move«. Mobilitätspioniere in der zweiten Moderne. in: Beck, Ulrich/Lau, Christoph (Hrsg.) 2004: Entgrenzung und Entscheidung: Was ist neu an der Theorie reflexiver Modernisierung? Frankfurt a. M. S. 258–279.

Bonß, Wolfgang/Esser, Felicitas/Hohl, Joachim/Pelizäus-Hoffmeister/Zinn, Jens 2004: Biographische Sicherheit. in: Beck, Ulrich/Lau, Christoph (Hrsg.) 2004: *Entgrenzung und Entscheidung: Was ist neu an der Theorie reflexiver Modernisierung?* Frankfurt a. M. S. 211–233.

Bust-Bartels, Axel 1999: Vollbeschäftigung ohne Niedriglohn. Opladen.

Chasseguet-Smirgel, Janine 1996: Das helle Antlitz des Narzißmus und seine schattigen Tiefen – einige Reflexionen, in: Kernberg, Otto F. (ed.) 1996: *Narzißtische Persönlichkeitsstörungen*. Stuttgart, New York., S. 233–247.

Cremerius, Johannes 1982: Kohuts Behandlungstechnik. Eine Kritik in: *Psyche*, 36, 1, S. 17–46.

Cremerius, Johannes 1982a: Die Bedeutung des Dissidenten für die Psychoanalyse. in: *Psyche*, 36, 6, S. 481–514.

Dahmer Helmuth 1982: Libido und Gesellschaft. Studien über Freud und die Freudsche Linke. Frankfurt am Main.

Dahmer, Helmuth 1994: Pseudonatur und Kritik. Freud, Marx und die Gegenwart. Frankfurt am Main.

Dambmann, Ulrike 1985: Narzißtische Jugend? Frankfurt am Main.

Deleuze, Gilles/Guattari, Felix 1997 [1972]: Anti-Ödipus. Kapitalismus und Schizophrenie. Frankfurt am Main.

Deutsche Shell 1997: Jugend '97. Hamburg.

Diamond, Diana 2005: Narzißmus als gesellschaftliches und klinisches Phänomen. in: Kernberg, Otto F./Hartmann, Hans-Peter 2005: *Narzissmus. Grundlagen – Störungsbilder – Therapie*. Stuttgart. S. 171–204.

Döcker, Ulrike 1994: Die Ordnung der bürgerlichen Welt. Verhaltensideale und soziale Praktiken im 19. Jahrhundert. Frankfurt am Main, New York.

Dümpelmann, Michael/Meyer zum Wischen, Michael 1994: Gibt es neue Grenzfälle? in: Seidler, Günther H. (Hrsg.) 1994: *Das Ich und das Fremde. Klinische und sozialpsychologische Analysen des destruktiven Narzißmus*. Opladen. S. 135–155

Ehrenberg, Alain 2004: Das erschöpfte Selbst. Depression und Gesellschaft in der Gegenwart. Frankfurt am Main.

Eicker-Wolf, Kai 1998: Die arbeitslose Gesellschaft und ihr Sozialstaat. Marburg.

Elster, Jon 1981: Logik und Gesellschaft. Widersprüche und mögliche Welten. Frankfurt am Main.

Feierabend, Sabine/Rathgeb, Thomas 2005: Medienverhalten Jugendlicher 2004. Neueste Ergebnisse der JIM-Studie Jugend Information (Multi-)Media. *Media Perspektiven*, 7, S. 151–162.

Fenichel, Otto 1981 [1938]: Psychoanalyse und Gesellschaftswissenschaften, in: *Psyche*, 35, 11, S. 1056–1071.

Freud, Sigmund 1989 [1914]: Zur Einführung in den Narzißmus. Studienausgabe, Bd. III. Frankfurt am Main. S. 41–68.

Freud, Sigmund 1989 [1933]: Vorlesungen zur Einführung in die Psychoanalyse und neue Folge. Gesamtausgabe Bd. I. Frankfurt am Main.

Freud, Sigmund 1974 [1930]: Das Unbehagen in der Kultur. Studienausgabe, Bd. IX. Frankfurt am Main. S. 197–270

Fromm, Erich 1987 [1936]: Theoretische Entwürfe über Autorität und Familie. in: Horkheimer, Max/Fromm, Erich/Marcuse, Herbert et al. 1987 [1936]: *Studien über Autorität und Familie. Forschungsberichte aus dem Institut für Sozialforschung*. Lüneburg. S. 77–135

Fuchs, Susanne 1996: Niklas Luhmanns Aufklärung der Soziologie und andere Wege der Erleuchtung. in: *Berliner Debatte Initial*, Jahrgang 7, Heft 4. S. 84–95.

Fuchs, Susanne 2001: Tristesse banale. in: *Simmel Studies*, Heft 1, 2001. S. 3–21

Fuchs, Susanne 2007: Weltgesellschaft und Modernisierung – eine Skizze der Dynamik des Formwandels des Systems internationaler Beziehungen. SP IV 2007–302. Wissenschaftszentrum Berlin für Sozialforschung. <http://skylla.wzb. eu/pdf/2007/iv07-302.pdf>.

Fuchs, Susanne/Zürn Michael 2006: Kosmopolitismus als Großtheorie? in: *Zeitschrift für Internationale Beziehungen*, Heft 2, Jahrgang 13. S. 247–254.

Gast, Lilli 2005: Metamotphosen des Narzissmus. Ein Beitrag zur psychoanalytischen Ideen- und Begriffsgeschichte. in: Kernberg, Otto F./Hartmann, Hans-Peter 2005: *Narzissmus. Grundlagen – Störungsbilder – Therapie*. Stuttgart. S. 132–157.

Gleba, Kerstin/Schuhmacher, Eckhard 2007: POP seit 1964. Köln.

Gödel, Kurt 1931: Über formal unentscheidbare Sätze der Principia Mathematica und verwandter Systeme. in: *Monatshefte für Mathematik und Physik*, Bd. 38. S. 173–198.

Gourgé, Klaus 2000: Ökonomie und Psychoanalyse. Perspektiven einer Psychoanalytischen Ökonomie. Frankfurt am Main.

Greß, Herbert/Archilles, Peter/Seel, Dietmar 1994: Ausdrucksformen des Narzißmus in Individuum und Gesellschaft. in: Seidler, Günther H. (Hrsg.) 1994: *Das Ich und das Fremde. Klinische und sozialpsychologische Analysen des destruktiven Narzißmus*. Opladen. S. 91–112

Habermas, Jürgen 1985: Die neue Unübersichtlichkeit. Frankfurt am Main.

Habermas, Jürgen 1988: Theorie des kommunikativen Handelns. Bd. 1 & 2. Frankfurt am Main.

Hacket, Anne/Janowicz, Cedric/Kühnlein, Irene 2004: Erwerbsarbeit, bürgerschaftliches Engagement und Eigenarbeit. in: Beck, Ulrich/Lau, Christoph (Hrsg.) 2004: Entgrenzung und Entscheidung: Was ist neu an der Theorie reflexiver Modernisierung? Frankfurt a. M. S. 281–306.

Häsing, Helga/Stubenrauch, Herbert/Ziehe, Thomas (Hrsg.) 1980: Narziß. Ein neuer Sozialisationstyp? Bensheim.

Hancox, Robert J./Milne, Barry J./Poulton, Richie 2005: Association of Television Viewing During Childhood With Poor Educational Achievement. in: *Archives of Pediatric and Adolescence Medicine* ,159, S. 614–618.

Hartmann, Hans-Peter 2005: Narzißtische Persönlichkeitstörungen – ein Überblick. in: Kernberg, Otto F./Hartmann, Hans-Peter 2005: *Narzissmus. Grundlagen – Störungsbilder – Therapie*. Stuttgart. S. 3–36.

Hirschman, Albert O. 1988: Engagement und Enttäuschung. Über das Schwanken der Bürger zwischen Privatwohl und Gemeinwohl. Frankfurt am Main.

Hofstadter, Douglas R. 1979: Gödel Escher Bach. Ein Endloses Geflochtenes Band. Stuttgart.

Hornby, Nick 1996: High Fidelity. Köln.

Horkheimer, Max 1972 [1968]: Die Psychoanalyse aus der Sicht der Soziologie. in: ders.: *Gesellschaft im Übergang. Aufsätze, Reden und Vorträge 1942–1970*. Frankfurt am Main. S. 134–143.

Horkheimer, Max/Fromm, Erich/Marcuse, Herbert et al. 1987 [1936]: Studien über Autorität und Familie. Forschungsberichte aus dem Institut für Sozialforschung. Lüneburg.

Houellebecq, Michel 1999: Elementarteilchen. Köln.

Illies, Florian 2000: Generation Golf. Eine Inspektion. Berlin.

Illies, Florian 2006: Generation Golf zwei. München.

Kant, Immanuel 1993 [1783]: Schriften zur Metaphysik und Logik. Frankfurt am Main.

Karlson, Peter 1984: Kurzes Lehrbuch der Biochemie für Mediziner und Naturwissenschaftler. Stuttgart, New York.

Kernberg, Otto F. 1975: Zur Behandlung narzißtischer Persönlichkeitsstörungen. in: *Psyche*, 29, 10, S. 890–905.

Kernberg, Otto F. 1988: Schwere Persönlichkeitsstörungen. Theorie, Diagnose, Behandlungsstrategien. Stuttgart.

Kernberg, Otto F. 1993: Borderline-Störungen und pathologischer Narzißmus. Frankfurt am Main.

Kernberg, Otto F./Hartmann, Hans-Peter 2005: Narzissmus. Grundlagen – Störungsbilder – Therapie. Stuttgart.

Kernberg, Otto F. 2006: Narzißmus, Aggression und Selbstzerstörung. Stuttgart.

Klein, Melanie 1962: Das Seelenleben des Kleinkindes. Stuttgart.

Klein, Naomi 2000: No Logo: No Space, No Choice, No Jobs. New York.

Kohut, Heinz 1976: Narzißmus. Eine Theorie der psychoanalytischen Behandlung narzißtischer Persönlichkeitsstörung. Frankfurt am Main.

Kohut, Heinz 1977: Die Heilung des Selbst. Frankfurt am Main.

Kommission für Zukunftsfragen der Freistaaten Bayern und Sachsen 1997: Erwerbstätigkeit und Arbeitslosigkeit in Deutschland. Entwicklung, Ursachen und Maßnahmen. Teil III. Maßnahmen zur Verbesserung der Beschäftigungslage. Bonn.

Kracht, Christian 1995: Faserland. Köln.

Kracht, Christian 2001: 1979. Köln.

Krappmann, Lothar 1988: Soziologische Dimensionen der Identität. Strukturelle Bedingungen für die Teilnahme an Interaktionsprozessen. Stuttgart.

Kuhn, Thomas S. 1979: Die Struktur wissenschaftlicher Revolutionen. Frankfurt am Main.

Lasch, Christopher 1987: Geborgenheit. Die Bedrohung der Familie in der modernen Welt. München.

Lasch, Christopher 1995: Das Zeitalter des Narzißmus. Hamburg.

Lichtenberg, Joseph D. 1990: Einige Parallelen zwischen den Ergebnissen der Säuglingsbeobachtung und klinischen Beobachtungen an Erwachsenen, besonders Borderline-Patienten und Patienten mit narzißtischer Persönlichkeitsstörung. in: *Psyche*, 44, 10, S. 871–901.

Luhmann, Niklas 1987: Soziologische Aufklärung 4. Beiträge zur funktionalen Differenzierung der Gesellschaft. Opladen.

Luhmann, Niklas 1987a: Archimedes und wir. Berlin.

Luhmann, Niklas 1988: Soziale Systeme. Frankfurt am Main.

Luhmann, Niklas 1990: Ökologische Kommunikation. Kann die moderne Gesellschaft sich auf ökologische Gefährdungen einstellen? Opladen.

Luhmann, Niklas 1996: Protest. Systemtheorie und soziale Bewegungen. Frankfurt am Main.

Marcuse, Herbert 1965: Das Veralten der Psychoanalyse. in: ders.: Kultur und Gesellschaft. Bd. II. Frankfurt am Main. S. 85–106.

Marcuse, Herbert 1994 [1964]: Der eindimensionale Mensch, München.

Marcuse, Herbert 1995 [1955]: Triebstruktur und Gesellschaft. Frankfurt am Main.

McGlashahn, Thomas H./Heinssen, Robert K. 1996: Langzeitverlauf bei narzißtischen, antisozialen und nichtkomorbiden Subgruppen der Borderline-Störung. in: *Kernberg*, Otto F. (ed.) 1996: *Narzißtische Persönlichkeitsstörungen.* Stuttgart, New York. S. 165–188.

Mitscherlich, Alexander 1966: Das soziale und das persönliche Ich. in: *Kölner Zeitschrift für Soziologie und Sozialpsychologie*, Jg. 18, 1, S. 21.36.

Mitscherlich, Alexander 1970: Über Psychoanalyse und Soziologie. in: *Psyche*, Jg. 24, 2, 157–187.

Offe, Claus 1998: Vier Hypothesen über historische Folgen der Studentenbewegung, in: *Leviathan*, 26,4, S. 550–556.

Offe, Claus/Fuchs, Susanne 2002: Germany: The Decline of Social Capital? in: Putnam, Robert D. (ed.) 2002: *Democracies in Flux.* Oxford. S. 189–243.

Parsons, Talcott 1967: Sociological Theory and Modern Society. New York.

Plessner, Helmuth 1928: Die Stufen des Organischen und der Mensch. Einleitung in die philosophische Anthropologie. Berlin, Leipzig.

Plessner, Helmuth 1946: Mensch und Tier. in: Plessner Helmuth 1983: *Gesammelte Schriften VIII. Conditio Humana.* Herausgegeben von Günter Dux. Frankfurt am Main. S. 52–65

Plessner, Helmuth 1967: Der Mensch im Spiel. in: Plessner Helmuth 1983: *Gesammelte Schriften VIII. Conditio Humana.* Herausgegeben von Günter Dux. Frankfurt am Main. S. 307–313

Postman, Neil 1993: Das Verschwinden der Kindheit. Frankfurt am Main.

Putnam, Robert D. 1995: Tuning In, Tuning Out: The Strange Disappearance of Social Capital in America. in: *Political Science and Politics*, December 1995, S. 664–683.

Quine, Willard V. O. 1990: Grundzüge der Logik. Frankfurt am Main.

Rambach, Anne/Rambach, Marine 2001: Les intellos précaires. Paris.

Reiche, Reimut 1991: Haben frühe Störungen zugenommen? in: *Psyche*, 45, 12, S. 1045–1066.

Riesman, David 1956: Die einsame Masse. Eine Untersuchung der Wandlungen des amerikanischen Charakters. Darmstadt, Berlin-Frohnau, Neuwied am Rhein.

Röhr, Heinz-Peter 2002: Narzißmus – das innere Gefängnis. Düsseldorf, Zürich.

Ruesch, Jurgen/Bateson, Gregory 1968: Communication. The Social Matrix of Psychiatry. New York.

Russell, Bertrand/Whitehead, Alfred N. 1990 [1925]: Principia Mathematica. Frankfurt am Main.

Sachße, Christoph 1986: Mütterlichkeit als Beruf. Opladen.

Schepank, Heinz 1987: Psychogene Erkrankungen der Stadtbevölkerung. Eine epidemiologisch-tiefenpsychologische Feldstudie. Berlin, Heidelberg.

Schepank, Heinz 1994: Haben die psychogenen Erkrankungen wirklich zugenommen? Zur Epidemiologie der sog. Zeitkrankheiten. in: Buchheim, Peter/Cierpka, Manfred/Seifert, Theodor (Hrsg.) 1994: *Lindauer Texte. Texte zur psychotherapeutischen Fort- und Weiterbildung. Neue Lebensformen und Psychotherapie. Zeitkrankheiten. Leiborientiertes Arbeiten.* Berlin, Heidelberg. S. 159–182.

Schmid, Günther 2006: Der kurze Traum der Vollbeschäftigung: Was lehren 55 Jahre deutsche Arbeitsmarkt- und Beschäftigungspolitik? in: Schmidt, Manfred G./Zohlnhöfer, Reimut (Hrsg.) 2006: *Regieren in der Bundesrepublik Deutschland. Innen- und Außenpolitik seit 1949.* Wiesbaden. S. 177–201.

Schorb, Bernd 1995: Der Umgang Jugendlicher mit dem Medium Fernsehen. in Kofler, Georg/Graf, Gerhard (Hrsg.) 1995: *Sündenbock Fernsehen?* Berlin. S. 81–106.

Schüssler, Gerhard 1994: »Was Hänschen nicht lernt, lernt Hans nimmermehr?« – Zur Kritik der narzißtischen Entwicklungstheorie. in: Seidler, Günther H. (Hrsg.) 1994: *Das Ich und das Fremde. Klinische und sozialpsychologische Analysen des destruktiven Narzißmus.* Opladen. S. 24–30

Schulte, Günter 1993: Der blinde Fleck in Luhmanns Systemtheorie. Frankfurt am Main.

Sennett, Richard 1995: Verfall und Ende des öffentlichen Lebens. Die Tyrannei der Intimität. Frankfurt am Main.

Sennett, Richard 1998: Der flexible Mensch. Die Kultur des neuen Kapitalismus. Berlin.

SevenOne Media 2005: TimeBudget 12. Aktuelle Ergebnisse der Langzeitstudie zur Mediennutzung 1999 – 2005. http:/www.sevenonemedia.de/unternehmen/bibliothek/publikationen/

Shorter, Edward 1977: Die Geburt der modernen Familie. Reinbek bei Hamburg.

Sieder, Reinhard 1987: Sozialgeschichte der Familie. Frankfurt am Main.

Simmel, Georg 1989a [1892]: Die Probleme der Geschichtsphilosophie. Frankfurt am Main.

Simmel, Georg, 1989b [1907]: Die Philosophie des Geldes. Frankfurt am Main.

Simmel, Georg 1992 [1908]: Soziologie. Untersuchungen über die Formen der Vergesellschaftung. Gesamtausgabe Bd. 2. Frankfurt am Main.

Spitzer, Manfred 2005: Vorsicht Bildschirm! Elektronische Medien, Gehirnentwicklung, Gesundheit und Gesellschaft. Stuttgart.

Steinvorth, Ulrich 1994: Warum überhaupt etwas ist. Kleine demiurgische Metaphysik. Reinbeck bei Hamburg.

Stimmer, Franz 1987: Narzissmus. Zur Psychogenese und Soziogenese narzißtischen Verhaltens. Berlin.

Stolz, Matthias 2005: Generation Praktikum. DIE ZEIT 31. März 2005. http://www.zeit.de/2005/14/Titel_2fPraktikant_14.

Sturm, Hertha 1991: Fernsehdiktate: Die Veränderung von Gedanken und Gefühlen. Gütersloh.

Tress, Wolfgang 1986: Das Rätsel der seelischen Gesundheit. Traumatische Kindheit und früher Schutz gegen psychogene Störungen. Göttingen.

Veblen, Thorstein B. 2000 [1899]: The Theory of the Leisure Class. An Economic Study in the Evolution of Institutions. Düsseldorf.

Vobruba, Georg 1998: Ende der Vollbeschäftigungsgesellschaft. in: Eicker-Wolf, Kai (Hrsg.) 1998: *Die arbeitslose Gesellschaft und ihr Sozialstaat.* Marburg. S. 21–52

Vobruba, Georg 2000: Alternativen zur Vollbeschäftigung. Die Transformation von Arbeit und Einkommen. Frankfurt am Main.

Wangh, Martin 1983: Narzißmus in unserer Zeit. in: *Psyche,* 37, 1, S. 16–40.

Wiederkehr-Benz, Karin 1982: Kohut im Überblick. in: *Psyche,* 36, 1, S. 1–16.

Wirth, Hans-Jürgen 2002: Narzißmus und Macht. Zur Psychoanalyse seelischer Störungen in der Politik. Gießen.

Wittgenstein, Ludwig 1984 [1945]: Philosophische Untersuchungen. in: *Werkausgabe Bd. 1.* Frankfurt am Main. S. 225–580.

Wittvogel, Karl A. 1987 [1936]: Wirtschaftsgeschichtliche Grundlagen der Entwicklung der Familienautorität. in: Horkheimer, Max/Fromm, Erich/Marcuse, Herbert et al. 1987 [1936]: *Studien über Autorität und Familie. Forschungsberichte aus dem Institut für Sozialforschung.* Lüneburg. S. 473–522

Ziehe, Thomas 1975: Pubertät und Narzißmus. Sind Jugendliche entpolitisiert? Frankfurt am Main, Köln.

Zimmerman, Frederick J./Christakis, Dimitri A. 2005: Children's Television Viewing and Cognitive Outcomes. in: *Archives of Pediatric and Adolescence Medicine,* 159, S. 61–625.

Zinnecker, Jürgen 1987: Jugendkultur 1940–1985. Opladen.